내러티브 탐구와 제2언어 학습

내러티브 탐구와 제2언어 학습

초판 1쇄 발행 2020년 6월 29일
초판 2쇄 발행 2021년 12월 20일

지 은 이 김신혜
펴 낸 이 신일희
펴 낸 곳 계명대학교출판부
출판등록 제347-1998-1호(1970. 9. 1)
주 소 대구광역시 달서구 달구벌대로 1095
대표전화 053-580-6233
팩 스 053-580-6235
홈페이지 www.kmupress.com

ISBN 979-11-6516-046-3 93370 정가 18,000원

이 도서의 국립중앙도서관 출판예정도서목록(CIP)은 서지정보유통지원시스템 홈페이지(http://seoji.nl.go.kr)와 국가자료종합목록 구축시스템(http://kolis-net.nl.go.kr)에서 이용하실 수 있습니다. (CIP제어번호 : CIP2020024017)

"본 연구는 2016년도 계명대학교 비사연구기금으로 이루어졌음"

내러티브 탐구와 제2언어 학습

김신혜

계명대학교출판부

들어가는 말

나는 이야기를 좋아한다. 어릴 적에 할머니를 졸라서 이야기해 달라고 했던 기억이 난다. 할머니는 동네에서 일어난 이야기를 마치 본인이 목격한 듯이 이야기를 해 주셨다. 사실은 할머니도 다른 사람에게서 들은 이야기였지만 할머니가 직접 목격하신 것이었는지, 그 일이 사실이었는지는 상관없었다. 뜻하지 않은 사건이 생기고, 누가, 무엇을, 어떻게 했는지를 듣는 것은 스릴 만점이었다. 다음 날도 이야기해 달라고 조르면 또 같은 이야기를 해 주셨다. 그래도 지루하지 않았다. 아이들은 읽었던 동화책을 수십 번 다시 읽어도 지루해하지 않는다. 또 다시 이야기를 읽어달라고 한다. 누구나 이야기를 듣고, 읽고 자란 기억이 있다. 우리는 끊임없이 우리의 이야기를 하고, 다른 사람의 이야기를 듣는다. 살아가는 이야기를 하고, 이야기를 살아간다. 이야기는 우리 삶의 일부이다.

나는 비교적 최근에 연구 방법으로 내러티브에 관심을 가지게 되었다. 질적 연구 방법에 관심을 가지고 이런저런 질적 연구 방법론 서적을 뒤적였지만 내러티브 탐구에 본격적인 관심을 가지게 된 것은 연구학기 동안 내러티브 관련 수업을 듣게 되면서부터이다. 2014년 9월부터 2015년 2월까지 Fulbright 재단의 지원을 받아 Georgetown 대학에서 연구학기를 보내게 되었다. 마침 내러티브 탐구에 대한 강의를 하고 있는 De Fina 교수를 알게 되어 그의 수업을 청강할 수 있었다. 내러티브 탐구에 대한 진지한 관심이라기보다 새로운 주제에 대한 단순한 호기심, 그리고 다시 학생처럼 수업을 듣는 데 대한 기대감에서 청강한 수업이었다. 연구 학기 동안 미국 대학의 조기 유학생들의 이야기를 수집하는 것이 나의 목표였기 때문에 막연하게 내러티브 탐구에 대한 귀동냥이 도움이 되지 않을까 생각하기도 하였다. 수업 시간마다 읽어야 할 자료와 과제에 적잖이 당황하면서도, 청강하는 학생으로서 성실하게 수업에 참여해야겠다는 생각에 나름 열심히 읽고, 수업에 참여하려고 했었다. De Fina 교수와의 만남, 수업 참여, 조기 유학생들의 자료 수집 등의 과정을 거치면서 나도 모르는 사이 내러티브 탐구가 나의 주요 관심사가 되어 있었다.

나의 내러티브 탐구의 대상은 영어를 배우기 위해 애쓰는 한국인 학습자들이다. 미국에서 만난 조기 유학생들은 원어민 수준의 영어를 위해 초, 중, 고 시기에 부모 없이 혼자 미국으로 온 학생들이었다. 이들은 어린 나이에 낯선 곳에 적응하기 위해 그리고 영어를 배우기 위해 겪어야 했던, 부모에게도 말하기 어려웠던 이야기들이 하나씩 있었다. 이들은 모두 '이제는 말할 수 있어요'하는 이야기를 하나씩 털어놓았다. 조기 유학생뿐 아니라 부모님과 함께 이민 온 학생들도 '유학생들은 몰라요. 우리가 이민 와서 얼마나 고생했는지'하는 이야기가 하나씩 있었다. 또한 한국에 와서 만난 대학생들은 '영어를 잘 하고 싶은데 영어 때문에 자신이 얼마나 작아지는지'에 대한 이야기를 들려주었다. 이런 이야기를 들려준 학생들의 목소리가 묻히지 않고 세상에 들리도록 하는 것이 영어를 가르치는 사람으로서, 연구자로서 나의 책임이라는 생각이 들었다.

이런 책임감으로 공부를 시작했지만 내러티브 탐구에 대해서 여전히 흐릿하고, 혼돈스럽고 잘 이해되지 않는 부분이 많다. 이 책은 내러티브 탐구에 대한 나의 공부를 정리하고, 앞으로 듣고 말하게 될 내러티브를 어떻게 탐색할지를 찾기 위한 중간 점검이라고 하면 좋을 것 같다. 내가 하는 이야기는 나를 그대로 보여준다. 끊임없이 이야기를 통해 나를 구성하고, 이야기 속에 구성된 나를 살아간다. 나의 이야기, 다른 사람의 이야기, 우리가 함께 살아가는 이야기를 딱딱한 연구의 언어가 아닌 어릴 적 할머니에게 들었던 중독성 있는 이야기처럼 들려줄 수 있기를 바라면서 이 책을 썼다. 그러나 그런 바람과 달리 쉽게 읽히지 않는 글이 되었다면 전부 나의 짧은 이해와 부족한 글재주 탓이다.

본 연구는 계명대학교 비사연구비 지원이 있었기에 가능했다. 책을 쓰기 시작하고 다른 업무를 핑계로 좀처럼 쓰지 못하다가 다시 마음을 다잡아 쓰기 시작하여 이제야 마치게 되었다. 가독성이 낮은 초고를 꼼꼼히 읽어주고 참고문헌을 정리해준 이유화, 권은숙, 이영해 선생에게 감사한다. 책을 마칠 수 없을 것 같다는 나의 지루한 이야기를 넓은 마음으로 들어준 동료들에게도 감사의 말을 전하고 싶다. 나와 살아가는 이야기를 이야기하고, 이야기를 함께 살아가는 동생 김윤혜 박사가 기꺼이 윤문을 해 주었다. 꼼꼼한 윤문과 정직한 비판에 감사한다. 늘 새로운 이야기의 원천이 되어주는 조카 이서윤에게도 고마운 마음이다. 느리고 답답하게 진행되는 작업을 핑계로 가족과 같이하는 시간에 인색했다. 인내심으로 지켜봐 준 가족에게 무엇보다 감사한다.

이 책의 원고를 마무리하는 시점에서 코로나19 감염사태라는 한 번도 겪어 보지 못한 상황을 겪고 있다. 교수도 학생도 학교에 오지 못하고 온라인 수업을 통해서 겨우 수업의 모양을 이어가고 있다. 디지털 기기에 익숙하지 못한 교수들은 기술을 익혀 서툴게나마 강의 자료를 만드느라 진땀을 흘리고, 학생들은 봄기운이 가득한 교정을 한 번 밟지도 못한 채 컴퓨터를 통해서만 바깥세상을 만나는, 이전에 상상하지 못했던 경험을 한다. 바이러스가 질병을 일으킬 뿐만 아니라 학교, 수업의 풍경, 교수와 학생, 동료 간의 관계를 맺는 방법에도 변화를 가져오고 있다. 이러한 새로운 경험이 교수와 학생들에게 어떤 의미가 있는지, 우리를 어떤 사람으로 살아가게 하는지에 관한 이야기를 듣고 싶다. 어려움을 살아낸 이야기, 살아가는 이야기, 그리고 앞으로 살아갈 이야기를 들으며 오늘을 돌아볼 수 있는 날이 오기를 간절히 기다린다.

2020. 3.
코로나를 이기는 봄을 맞으며
김 신 혜

차례

● 제2장 ●

내러티브 탐구 자료 수집

● 제3장 ●

내러티브 탐구 자료 분석

● 제4장 ●

내러티브 탐구 결과 기술

● 제5장 ●

내러티브 탐구 적용 사례

서 론

1. 저서의 목적

19세기 이후 외국어 교수법에 관한 관심이 높아지면서 여러 가지 교수법이 실험되던 시기에는 교사가 어떤 방법으로 외국어를 가르치는가, 학습자의 성취도를 높이는 데 효과적인 방법이 무엇인가에 관심이 집중되어 있었다. 이러한 관심은 다양한 교수법 이론과 언어습득 이론의 발전을 가져왔다. 또한, 제2언어 학습자 개인에 대한 관심이 높아지면서 제2언어 학습에서 개인 차이를 가져오는 요인들에 관심을 두게 되었다. '학습자의 언어적성, 학습 스타일, 학습전략, 학습 불안감, 학습동기 등 다양한 요인들이 학습자들의 언어 성취도에 미치는 영향'에 대한 연구가 활발하게 진행되었다. 학습자 개인 차이에 관한 연구가 주로 학습자의 인지적 요인에 초점을 두었다면 최근에는 제2언어 학습이 일어나는 사회문화적 상황이 학습자의 제2언어 학습에 미치는 영향에 관심을 가지게 되었다. 이는 학습자가 어떤 방법으로 어느 정도의 성취를 했는가보다 어떤 언어학습을 경험하고, 이 과정에서 사회문화적 요인이 어떤 영향을 미치는지, 학습자가 자신의 학습 경험을 어떻게 의미 있는 과정으로 만들어 가는가에 관심을 두는 것이다.

내러티브 탐구(narrative inquiry)는 이러한 학습자들의 경험에 관한 이야기이다. 실증주의적 학습이론이 주류를 이루던 시기에는 특정 학습자 집단 전체가 어떤 행동유형을 보이는가를 관찰하고, 이를 바탕으로 일반적인 제2언어 습득과정을 이해하고자 했다. 이러한 관점에서는 학습자 개인의 경험보다는 학습자 집단 전체의 특징을 파악하는 것이 중요하게 여겨졌다. 그러나 집단보다 학습자 개인의 경험을 중시하는 관점에서는 일반화보다 개별 학습자의 경험이 어떻게 인식되고 전달되는지에 관심을 가지게 되면서, 학습자가 자신의 경험을 어떻게 구성하고 전달하는지가 연구의 주제로 자리 잡게 되었다. 학습자들은 이야기를 통해 자신의 제2언어 학습 경험을 구성하고, 재인식하고, 의미를 부여한다. 내러티브 탐구는 학습자가 이야기 속에서 자신과 다른 사람들, 목표어, 자신이 속한 사회문화적 환경을 어떻게 이해하고 이를 어떻게 표현하는지를 관찰하는 연구 방법이라고 할 수 있다.

이 책은 제2언어 학습관련 연구가 객관적, 실증적 연구라는 전제하에 보편적이고 일반적인 이론을 수립하려는 연구 경향에 의문을 제기하는 데서 출발한다. 인지주의 관점의 제2언어 학습 연구도 학습자의 개인적 특징에 관심을 두었다. 그러나 이는 학습자를 학습 상황에 따라 유동적일 수 있는 존재로 보지 않고, 특정한 자질을 고정적으로 가지고 있다고 본다. 예를 들면 학습동기가 높은 학습자, 낮은 학습자, 혹은 학습 전략을 효과적으로 사용하는 학습자와 그렇지 않은 학습자 등으로 구분하여 이들이 제2언어 학습과정에서 어떤 차이가 있는지를 관찰하고자 했다. 이러한 연구는 제2언어 학습에 영향을 미치는 요인들을 분리해 내고 성공적인 학습을 위해 교실수업에서 어떤 방법을 사용해야 하는가에 대한 함의점을 제공한다는 점에서 의의가 있다. 그러나 제2언어 학습자는 한 가지 유형으로 고정되어 있지 않고, 환경에 영향을 받기도 하지만 주어진 환경에 영향을 미치는 주도성(autonomy)을 가진 존재라는 점에 대한 인식이 부족하다. 제2언어 학습은 학습자의 언어적 기술 습득만을 의미하는 것이 아니라 학습자 자신에 대한 인식의 변화를 동반한다. 이 점에서 제2언어 학습을 언어적 성과 면에서만 관찰하지 않고 학습자의 정체성과 관련된 문제로 인식할 필요가 있다. 따라서 제2언어 학습자가 학습 과정에서 경험하는 인지적, 감정적 변화, 그리고 그 변화에 어떻게 대응하는지에 대한 전반적인 과정을 살펴볼 필요가 있다. 무엇보다 제2언어 학습의 주체인 학습자의 목소리는 반영되지 않았기 때문에 학습자가 어떤 어려움을 겪고, 이를 극복하기 위해 어떤 주도적인 노력을 하고, 이러한 노력이 제2언어 학습 성취에 어떤 연관이 있는지를 기술함으로써 제2언어 습득 분야에서 관심의 주체적인 대상이 되지 못했던 학습자의 목소리를 조명할 필요가 있다.

내러티브 탐구는 학습자의 경험에 관심을 가진다. 학습자가 자신의 경험을 어떻게 표현하고, 어떤 의미를 부여하는지를 학습자의 목소리로 이야기하도록 하는 방법이 내러티브 탐구이다. 디지털 문화가 보편화되고 학습자들의 이동성이 높아지면서 제2언어 학습 환경 및 학습 방법도 다양해지고 있다. 이러한 환경의 변화는 학습자들의 언어학습 경험에

도 변화를 가져온다. 학습자 경험의 다양성과 개별성은 일관성과 보편성을 추구하는 양적 연구 방법으로 파악하는 데에는 한계가 있을 수 있다. 내러티브 탐구는 학습자의 이야기를 통해 제2언어 학습이 학습자의 삶에서 어떤 의미를 가지는지를 조명하고자 한다. 이 책에서는 다양한 환경의 제2언어 학습자에 대한 내러티브를 소개함으로써 내러티브 탐구에 대한 이해를 높일 뿐 아니라 독자들이 나름의 내러티브 연구를 할 수 있도록 하는데 목표를 둔다.

2. 저서의 구성 및 개요

이 책은 들어가는 말과 나가는 말, 서론, 그리고 본문 5장으로 구성되어 있다. 서론에서는 내러티브 탐구에 대한 연구가 필요한 이유와 목표를 제시한다. 1장에서는 내러티브 탐구란 어떤 연구 방법인지를 기술한다. 실증주의적 관점과 비교하여 내러티브 탐구의 존재론적, 인식론적, 방법론적 근거를 설명한다. 내러티브 탐구의 분석 방법 및 장르에 따른 내러티브의 유형을 구분하고 이에 대해 간단한 소개를 한다. 또한 내러티브 탐구의 주요 개념인 시간성, 장소, 상호작용에 대해 기술하고, 내러티브 탐구의 연구 절차를 소개하여 내러티브 탐구에 대한 전반적인 개관을 한다.

2장에서는 내러티브 탐구의 자료 수집 방법에 대해 자세히 설명한다. 내러티브 자료는 구어 자료와 문어 자료, 그리고 다중모드 자료로 구분될 수 있는데, 각 자료를 수집하는 방법의 예시가 되는 사례를 포함하여 기술하였다.

3장에서는 내러티브 분석 방법을 소개한다. 내러티브 분석은 크게 내러티브에 대한 분석 혹은 내러티브의 분석(analysis of narratives)과 내러티브 분석(narrative analysis)으로 나눌 수 있다. 각 분석 방법의 특징과 분석의 예가 되는 연구를 제시하여 분석 방법에 대한 이해를 돕고자 하였다. 분석의 신뢰도, 타당도를 높이기 위한 논의도 포함하여 기술하였다.

4장에서는 분석 결과를 기술하는 방법을 소개한다. 다른 연구 방법과 달리 내러티브는 기술 자체가 분석 방법일 수 있다. 일반적인 학술논문 양식을 따라 기술하는 방법 외에 내러티브를 구성하는 기술방식, 특히 예술기반 내러티브 방식에 대한 소개를 포함하여 연구 결과를 기술하는 새로운 방식에 대한 시도가 필요함을 보여주고자 하였다.

5장에서는 제2언어 학습과 관련된 내러티브 연구의 사례를 기술하여 어떠한 연구들이 진행되었는지 보여주는 동시에 앞으로의 연구 설계를 하는 데 도움이 되고자 하였다. 사례로 제시된 연구들은 ESL(English as a Second Language)/EFL(English as a Foreign Language)등의 학습 환경에 따라 나누고, 각 학습 환경의 학습자 유형에 따라 연구의 요약을 제시하여 학습자 내러티브의 다양성을 보여주고자 하였다.

3. 저서의 활용

이 책은 질적 연구에 관심 있는 대학원생과 연구자들이 질적 연구의 한 가지 방법인 내러티브 연구의 기본 개념을 이해하도록 하는 데 일차적인 목표를 두었다. 질적 연구 방법에 관한 저서들은 사회학적 문헌을 바탕으로 저술되는 경향이 있는데, 내러티브 탐구 역시 사회과학, 특히 교육학 분야의 연구 방법을 기초로 기술되는 경우가 많다. 이러한 저술들은 내러티브 탐구의 개념을 이해하는 데 도움이 되는 것은 사실이나 제2언어 학습과 관련된 구체적인 사례를 다루고 있지는 않기 때문에 거리감을 느끼게 된다. 일반론적인 개념을 이해하고 이를 다시 제2언어 학습 분야에 어떻게 적용해야 할지 고민해야 하는 부담이 독자에게 크게 느껴질 수 있다. 교육학 분야에서 Clandinin과 Connelly(2000)가 *Narrative inquiry: Experience and story in qualitative research*를 펴낸 이후로 교사들의 성찰적 교수법을 살펴보는데 내러티브 탐구가 활용되기 시작했고, 이후 제2언어 습득 분야에서도 교사들의 이야기를 수집하고 분석하는 방법으로 활발하게 논의되었다. 제2언어 학습자들의 학습 경험에 대한 내러티브는 상대적으로 많지 않지만, 다양한 학습 환경 학습자들의 경험을 다루는 연구 방법으로 조금씩 활용되고 있다. 이런 시점에서 제2언어 학습자들의 이야기를 수집하고 분석하여 소개하는 방법으로 내러티브 탐구가 사용될 수 있는 가능성을 소개하여 영어교육, 응용언어학 분야의 새로운 연구 주제, 연구 방법을 찾는 데 도움이 되고자 한다.

이 책은 내러티브 탐구에 관한 관심과 호기심을 가진 연구자들이 사례를 통해 내러티브 탐구를 이해하도록 하는 데 초점을 두었다. 자료 수집, 분석, 결과 기술 부분에서 다소 중복이 되더라도 관련 연구를 상세히 기술하여 내러티브 탐구에 관련된 주제를 파악하고 새로운 연구를 수행하고자 할 때 참고하도록 하였다. 내러티브 탐구의 중요한 과제는 연구 결과를 어떻게 기술하는가 하는 것이다. 기존의 논문 형식과는 다른 새로운 시도를 할 수 있다는 점에서 연구자들이 새로운 글쓰기를 시도하는 데 참고할 수 있는 연구들도 포함하였다.

질적 연구 방법을 잘 알고 있는 독자라면 내러티브의 개념에 대한 이해보다는 사례를 중심으로 읽어도 될 것이다. 질적 연구에 대한 이해가 필요하다면 1장부터 순서대로 읽는 것이 좋을 것이다. 대학원 과정을 시작하는 학생이라면 논문의 방향, 주제를 탐색하기 위해 본문에서 언급하고 있는 사례들을 찾아 읽는 것이 도움이 될 것이다. 질적 연구 방법으로 논문을 쓰고 있다면 결과 보고서 기술에서 언급하고 있는 연구를 참고하면 도움이 될 것이다. 각 장은 연구의 절차를 따라 구성하였지만, 꼭 순차적으로 읽어야 하는 것은 아니기 때문에 필요에 따라 참고가 될 만한 사례연구 중심으로 읽어도 된다. 아무쪼록 이 졸작이 제2언어 학습 분야의 연구자들이 새로운 질적 연구 방법을 모색하고 시도하는데 지침으로 활용될 수 있기를 바란다.

제1장

내러티브 탐구란 무엇인가?

1.1 내러티브 탐구의 정의

1.2 내러티브 탐구의 특징

1.3 내러티브 탐구의 유형

1.4 내러티브 탐구의 절차

1.5 응용언어학 분야 내러티브 탐구

제1장

내러티브 탐구란 무엇인가?

1.1 내러티브 탐구의 정의

1.1.1 내러티브 탐구와 실증주의

내러티브(narrative)라는 용어는 라틴어 narrat-("related", "told"), narrare("to tell"), 혹은 narrativus("telling a story")라는 용어에서 유래한 것으로 라틴어 gnārus("knowing")와 관련 있다(J. Kim, 2016). 즉 내러티브는 이야기를 하는 것(telling)과 아는 것(knowing)의 양면성을 가진 지식의 형태라고 할 수 있다. 흔히 내러티브 탐구의 시작으로 Aristotle의 「시학」과 Augustin의 「참회록」을 언급한다. 내러티브는 인간의 경험에 기초를 두고 있기 때문에 교육을 포함한 여러 학문 분야에 활용되어 왔다. 사회언어학적 관점에서 가장 많이 인용되고 논의되는 내러티브의 정의는 시간적 순서를 중요시하는 Labov와 Waletzky(1967)의 정의이다. 이들은 내러티브를 과거의 경험을 실제 일어난 사건의 순서대로 다시 언어로 재현하는 방법 중의 하나라고 하였다. Labov와 Waletzky(1967)는 내러티브를 정의하는 데 시간적 순서가 중요한 요인인 반면 상황의 반전을 내러티브의 구성 요인으로 보기도 한다. 또한 내러티브는 이야기를 하는 화자와 독자의 존재를 중요하게 간주하여 내러티브를 화자와 독자의 공동행위라고 보는 견해도 있다(Chase, 2005). 이처럼 내러티브는 초점을 어디에 두는가에 따라 다르게 정의될 수 있지만 다음과 같은 특징을 가진다고 요약할 수 있다.

- 인공적 가미(A degree of artificial fabrication or constructedness)
- 정형성(A degree of prefabrication)
- 궤도성(Having a 'trajectory')
- 이야기 화자(Having a teller)
- 탈시공간(Displacement) (Toolan, 1988, 김해연, 2016, p. 74에서 재인용)

즉 내러티브는 이야기를 하는 화자(teller)의 시점에 따라 이야기의 순서, 강조 등에 변화를 줄 수 있으며, 정형화된 삶의 모습이 되풀이해서 나타날 수 있다. 또한 내러티브는 시작, 중간, 끝이라는 구조를 가지고 있고, 발화시점에서 시공간을 이동하여 일어나는 사건들을 기술한다. 내러티브는 일어난 사건을 시간적으로 기술한다기보다 화자가 시공간을 넘어 내러티브 구조에 따라 이야기를 구성한 것이라고 할 수 있다.

이러한 내러티브가 사회과학 분야의 연구 대상이자 연구 방법으로 사용된 것은 실증주의 패러다임에 대한 대안을 추구하는 연구 문화가 확산된 것과 관련 있다. 인간의 경험을 객관화하고 보편적인 진리를 찾는 데 초점을 둔 실증주의는 인간 경험의 복잡하고 다양한 면을 충분히 설명하지 못한다는 인식이 생겨났다. 이에 따라 인간 경험을 이해하기 위한 방법론으로 내러티브 탐구가 이론화되고, 이것이 질적 연구의 새로운 방법으로 자리잡게 되었다.

1990년 이전 사회과학의 연구 방법은 '과학적', '객관적' 과정을 거쳐 보편적인 진실을 찾아내려는 실증주의적 입장이 지배적이었다. 이러한 입장에서 연구자는 연구 대상과 객관적인 거리를 유지함으로써 자료 수집, 분석 결과의 객관성을 확보하고자 하였다. 과학적, 객관적 연구를 위해서는 인간 행동을 관찰 가능한 개념으로 규정하고, 이를 측정할 수 있는 단위로 분리하는 것이 필요하였다. 실증주의는 측정된 자료를 분석하여 인간 행동의 보편적인 경향을 파악하여 미래를 예측하는 데 목표를 두었다. 그러나 이러한 방식은 관찰할 수 없는 인간 사고의 많은 부분을 간과하고 있다는 비판을 받는다. 인간의 행동이 내면을 모두 보여주는 것은 아니며, 관찰 가능한 것은 아니다. 또한, 인간 행동의 단편적인 면을 관찰하고 측정한 자료에 기초하여 일반화하고, 예측하는 것은 결과를 지나치게 확대하여 해석하는 것이라는 비판도 있다. 결과의 객관성, 보편성을 강조하는 실증주의적 입장에서 연구 참여자는 연구의 '대상'으로만 존재한다. 개별성과 차별성을 가진 개인으로 간주하기보다 집단을 이루는 부분으로만 가치가 있다. 내러티브 탐구는 이러한 실증주의적 관점에 반하여 보편적이지 않은 특성을 찾고, 집단보다는 개별적 경험에 초점을 두고자 한다. 내러티브 탐구와 실증주의적 연구의 차이는 다음과 같이 요약될 수 있다.

표 1. 실증주의 연구와 내러티브 탐구의 차이
(Morgan-Fleming, Riegle, & Fryer, 2007, p. 82 이상우, 2017, p. 571에서 재인용)

실증주의자의 연구	내러티브 탐구
일반화, 표본추출 (generalization, distillation)	특정한 사실 (understanding the particular)
결과물들(findings)	의미들(meanings)
단일한 목소리(single voice)	다양한 목소리(multiple voices)
주변적 요소 제거(discard outliers)	차이 유지하기(maintain distinctions)

실증주의적 관점의 연구는 표본을 토대로 관찰한 결과를 일반화하는 데 목표를 두기 때문에 단일한 목소리를 발견하는 것이 중요하다. 따라서 연구에 관련된 변인을 통제하고 불필요한 변인을 제거하여 인과관계를 분명하게 보이는 것이 중요하다. 이런 점에서 실증주의 연구는 환원주의적이다. 반면 내러티브 탐구는 특정한 사실에 어떤 의미가 부여되는지를 파악하는 것이 중요하기 때문에 연구 참여자의 다양한 목소리를 듣는 것이 필요하다. 내러티브 탐구는 연구 참여자가 현상을 어떻게 다르게 경험하고 이해하는지를 분석하는 데 중점을 두기 때문에 결과를 일반화하려고 시도하지 않는다.

Schön(1983)은 인간을 연구함에 있어서 거대담화(grand narrative 혹은 big stories), 기술적 합리주의(technical rationalism)를 경계하면서 행동 중 성찰(reflection-in-action)에 기반을 둔 실제(practice)를 인식할 필요가 있다고 주장한다. 연구자는 미리 정해진 이론과 기술의 범주에 의존하지 않고, 독특한 사례에 대한 새로운 이론을 구성해야 한다. 내러티브는 이처럼 거대담화를 거부하는 동시에 세계가 어떤 모습인가를 신의 관점(god's eye view)에서 보는 객관주의에 저항한다(Johnson, 1987). 내러티브 탐구는 전체를 형식화된 일련의 규칙으로 환원하고, 세계에 관한 옳고 진실한 관점이 있다고 보는 객관주의적 관점이 개인을 비인격화한다고 보고 이를 거부한다. 이처럼 내러티브 탐구는 인식의 틀 내에서 현상을 규정하는 데 반대한다. 개인이 특정 상황에서 경험하는 현상은 개별적 의미가 있는 것으로 이해되기 때문에 이미 정해진 언어로 규정하는 것은 의미가 없다고 본다. 따라서 내러티브적으로 생각한다는 것은 환원주의와 형식주의를 경계한다는 의미라고 할 수 있다.

내러티브 탐구는 이성적 지식을 추구하던 연구 경향에서 벗어나 실제적인 삶과 유사성을 가진 지식을 추구하는 경향이 강해지면서 질적 연구자들의 관심의 대상이 되었다. 이러한 경향은 1980년대 이후 사회과학 분야에 "내러티브적 전환" 혹은 "내러티브적 전회"(narrative turn, De Fina & Georgakopoulou, 2012, p. 19)라는 변화가 생기면서 내러티브적 사고가 연구의 축을 이루게 되었다.[01] 내러티브적 전환은 1980년대 이후 사회학, 심리학, 인류학 등의 학문 분야에서 질병, 건강, 사회적 착취, 소외, 종속관계, 이민 등의 다양한 주제를 분석하는 도구로 내러티브를 사용하면서 지속적으로 연구의 관심이 되어왔다. 내러티브 분석은 1인칭의 이야기 형식을 포함하는 일반적인 용어로 전기, 자서전, 생애사, 구술 역사, 자문화민족지학(autoethnography) 등에 나타난 이

01 Bruner(1986)는 인간의 사고양식을 패러다임적 사고양식과 내러티브적 사고양식으로 구분하였다. 그는 내러티브적 사고양식을 명확하게 정의하지는 않지만 패러다임적 사고를 설명함으로써 그에 대비되는 사고방식을 내러티브적 사고로 설명한다. 패러다임적 사고는 논리적 진술문의 관계를 가지며 인과관계에 의한 논리적 사고에 근거한 사고방식인 반면 내러티브적 사고는 서술된 이야기 구조로 임의적이고 비논리적인 사고양식이다. 내러티브적으로 사고한다는 것은 인간의 삶에 대한 의미를 파악하는 데 초점을 두고 인과적 관계를 따지지 않는 것을 말한다.

야기를 통해 개인의 삶의 특이성에 초점을 두는 연구 방법을 말한다. 이때 내러티브는 연구 대상일 수도 있고 연구 방법일 수 있다. 내러티브 탐구는 1980년대 이후 전기, 생애사(life story)에 관한 관심이 고조되면서 개인의 이야기를 질적 연구의 자료로 사용하면서 시작되었다. 연구자와 연구 대상의 관계, 일반적인 것에서 구체적인 것으로의 관심, 실증주의와 차별화되는 인식론의 추구 등의 흐름이 내러티브 연구 방법에 영향을 미쳤다고 할 수 있다. 교육학 분야에서는 1980년대 초 캐나다 앨버타대학교 CRTED(Center for Research for Teacher Education and Development)의 Clandinin 교수와 토론토대학교 OISE(Ontario Institute for Studies in Education)의 Connelly 교수가 교사교육을 위한 연구에 적용하여 정착시킨 연구 방법이다.

내러티브 탐구에서 연구자는 이야기 듣기와 질문과정을 통해 경험을 있는 그대로 참여자의 관점(emic 관점, 내부자적 관점)에서 탐구하고자 한다. 따라서 탐구의 방향이 미리 결정되어 있지 않다.[02] 홍영숙(2019)은 내러티브 탐구에서 연구의 결과로서 어떠한 답을 제시하지 않기 때문에 연구 문제(questions)라는 용어 대신 연구 퍼즐(puzzles)이라는 용어를 사용하여 무엇(what)보다 어떻게(how)에 대한 탐구를 하는 것이 적절하다고 주장한다. 내러티브 탐구는 '모든 인간의 경험은 다르고 독특하다'는 전제하에 경험에 대한 궁금증, 의아함에서 시작된다. 따라서 양적 연구처럼 일반화와 객관성을 평가 기준으로 삼아서는 안 되며 탐구 초기

---

02 내부자적 관점(emic perspective), 외부자적 관점(etic perspective)은 언어학적 자료 분석의 두 가지 대조적인 방식을 설명하기 위한 용어이다. 'emic'은 문화기술지 연구에서 현지인의 개념과 논리 속에서 문화를 이해하고자 하는 접근법을 말하고, 'etic'은 비교문화연구에서 외부적 기준, 용어, 도구 등을 활용하여 문화를 연구하는 접근법을 말한다(홍영숙, 2019, p. 85).

에 연구 참여자들 간의 공통점이나 차이점을 찾으려는 시도를 해서는 안 된다고 본다(홍영숙, 2019, p. 85).

1.1.2 내러티브의 3차원적 공간

Connelly와 Clandinin(2006)은 내러티브는 개인의 경험에 관한 연구로 개인의 경험을 표현하고 이해하는 가장 좋은 방식이라고 한다. 내러티브 탐구의 목적은 연구 참여자들의 이야기를 통해 그들의 경험에 대한 의미를 고양시키는 데 있다. 내러티브 탐구는 독자들에게 확실한 답을 제공하는 대신 독자의 상상에 의해 채워질 필요가 있는 여백을 남겨둔다는 점에서 미적 탐구라고 할 수 있다. Clandinin과 Connelly(2000)는 내러티브 탐구는 전통적인 연구 방법과 다음과 같은 점에서 다른 연구 방법과 차별된다고 주장한다.

- 시간성, 맥락, 사람, 행동, 확실성 등의 용어는 내러티브 탐구를 전통적인 연구와 구분 짓는 용어이다. 전통적인 연구 방법은 거대 내러티브를 생성하는 데 목적을 둔다.[03] 이는 경험주의적 연구 방법으로 일

03 질적 연구자들은 존재론적(실재에 대한 질문), 인식론적(앎에 대한 질문), 방법론적(어떤 방식으로 알게 되는가에 관한 질문) 믿음에 근거하여 자료를 해석하게 된다. Denzin과 Lincoln(2011)은 이러한 신념을 패러다임 혹은 해석적 프레임(interpretive framework, p. 13)이라고 부르고 이에 기반하여 현상을 관찰하고 해석한다고 하였다. 마찬가지로 Creswell(2007)도 질적 연구자들이 자신의 연구에 영향을 미치는 가정, 패러다임, 이론적 프레임을 명시하는 것이 필요하다고 지적한다. J. Kim(2016)은 연구의 바탕이 되는 이론의 층위를 3단계로 구분한다. 거시적 단계 이론(macro-level theory, holistic level)이란 해석적 틀을 말하는 것으로 현상학, 후기구조주의, 비판적 이론과 같이 질적 연구에 적용되는 전체적이고 통합적인 이론을 말한다. 중간 단계 이론(meso-level theory, methodology level)은 사례연구, 근거이론, 민속기술지처럼 연구의

반화를 연구의 목적으로 삼기 때문에 시간에 구애받지 않는 보편적인 인간의 특성을 연구한다. 반면 내러티브 탐구는 시간에 따라 변화하는 독특한 점을 살핀다. '맥락'이란 3차원적 탐구공간이라는 연구틀에서 나오는 용어로 시간적, 공간적 상호작용을 가리킨다. 전통적인 연구는 모든 맥락에 적용 가능한 개념을 찾는 데 목적을 두고, 변인 통제를 통해 특정 맥락에서 나타나는 일반화된 행동특징을 찾지만 내러티브 탐구는 맥락이라는 관점을 통해 해석의 다양성을 열어둔다. 전통적인 연구에서 추구하는 보편적 진리는 인간의 삶을 온전히 이해하기 어렵기 때문에, 내러티브 탐구는 거대담화와 달리 특정한 진리가 가지는 의미에 주목한다.

- 전통적인 연구는 기존 연구에서 출발하여 연구 방법의 구조를 결정하고 결과는 이론에 의해 정당화되며, 검증된 실제는 새로운 이론을 만드는 도구가 된다. 반면 내러티브 탐구에서 이론적 근거는 연구의 틀을 제공하기보다 연구의 시작, 다시 말하기를 연결하는 가교 역할을 위해서 필요하다. 또한 내러티브 탐구는 일반화를 지향하는 것이 아니기 때문에 다양한 목소리가 재현된 플롯을 구성하는 데 목표를 둔다. 이 점에서 기존 이론은 연구에 장애가 될 수 있다고 보고 기존의 이론은 정해진 틀을 제공한다기보다 이야기 구성을 위해 활용할 수 있는 아이디어로만 사용될 것을 주장한다.
- 내러티브 탐구에서는 연구자와 연구 참여자의 관계가 내러티브의 성격을 규정한다. 연구자는 연구 참여자로부터 자료를 수집하고 현장을 영원히 떠나는 것이 아니라 서로 도우며 변화에 참여하는 존재로 여기기 때문에 이들 간의 관계가 내러티브 구성에 영향을 미치게 된다. 내러티브 탐구 학자들은 객관화, 일반화를 시도하는 정량적 연구 방법을 반대할 뿐 아니라 연구 참여자를 단순히 정보를 전달하는

방법과 관련된 이론이다. 미시적 단계 이론(micro-level theory, content level)은 개별 내용, 주제와 관련된 이론을 말한다.

수단으로 간주하는 데에도 반대한다. 연구 참여자를 내러티브 생성 과정에 함께 참여하는 공동 작업자로, 내러티브는 공동의 노력으로 생성되는 담화라고 가정한다.

이처럼 내러티브 탐구는 실증주의적 관점의 정량 연구와 다를 뿐 아니라 다른 질적 연구 유형과도 차이가 있다. Barkhuizen과 Wette(2008)는 내러티브 탐구가 인간의 경험을 다룬다는 점에서 그리고 내러티브 자료를 분석하는 방법에서 일반적인 질적 연구와 다르다고 한다. 일반적인 질적 연구는 연구자의 질문에 관한 연구 참여자의 응답을 자료로 하여 이를 분석하고 의미를 해석하는 과정을 거친다. 내러티브 탐구의 핵심은 하나의 이야기 혹은 여러 개 이야기이다. 내러티브 탐구를 한다는 것은 결국 이러한 이야기를 수집하고 기록하는 것을 말한다. 이야기를 이루는 내러티브는 시간적 연속성 안에 구성된 일련의 사건들로 구성된다. 즉 내러티브는 사건을 구성하는 특정한 순서(sequence)와 사건이 만들어내는 이야기로 구성된다. 내러티브는 하나의 핵심 플롯을 중심으로 인물, 배경, 행위, 사건의 시작, 전개, 결말이라는 형식에 따라 구조화된 일련의 이야기라고 할 수 있다.[04] Polkinghorne(1995)은 이야기를 시작, 중간, 끝의 구조를 지닌 "일련의 사건의 통합된 에피소드(stories that combine a succession of incidents into a united episode)"로 정의하면서 경험에 시간성을 부여하고 있다. 내러티브에 부여되는 이러한 시간성과 함께 이야기에 등장하는 인물 간의 상호작용(interactions with

---

04 내러티브는 의미 만들기의 한 가지 형식인 동시에, 이야기를 만드는 과정과 결과로 보기도 한다(Polkinghorne, 1988). 또한 내러티브는 담론, 혹은 담론의 대상의 되는 스토리, 말하는 행위 자체로 간주하기도 한다(Conle, 2003).

others), 그리고 이야기가 전개되는 상황(places)이라는 요인이 3차원적 공간을 구성하고, 이러한 공간 안에서 내러티브를 이해해야 함을 특징으로 한다.

내러티브 탐구의 3차원적 공간(three-dimensional narrative inquiry space)이란 내러티브 탐구의 연구 방법을 제시하기 위해 Clandinin과 Connelly(2000)가 사용한 은유적 용어이다. 내러티브의 3차원적 공간이란 과거, 현재, 미래라는 시간의 연속성, 장소 개념의 맥락 혹은 상황, 그리고 개인적, 사회적 상호작용을 말한다. 내러티브 탐구는 또한 내러티브 분석 방법 측면에서 다른 질적 연구와 구분된다. 내러티브 탐구는 이야기를 하는 사람의 살아온 경험을 설명하고자 한다. 이야기를 말하는 화자가 특정 시간과 장소에서 다른 사람과 어떻게 상호작용하는지에 대한 의미를 파악하는 것을 분석의 내용으로 한다. 이를 통해 행동에 대한 인과관계를 파악하기보다 화자가 경험에 부여하는 의미를 이해하고자 한다. 따라서 내러티브 속의 사건이 실제 일어났는가 하는 진위가 중요한 것이 아니라 특정한 방식으로 구성된 내러티브를 통해 화자가 어떤 방식으로 서술된 경험을 이야기하고, 다시 이야기한 경험을 어떻게 살아가는지를 이해하는 데 초점을 둔다. 이러한 내러티브 탐구의 개념을 도식화하면 다음과 같다.

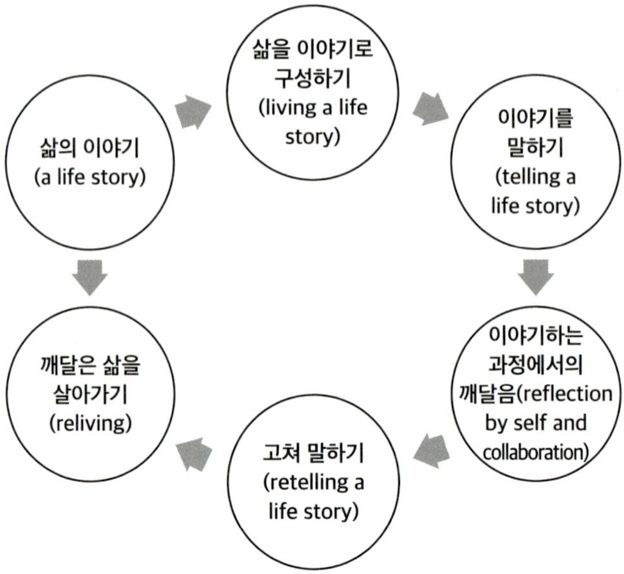

그림 1. 내러티브 탐구의 개념적 요소(강현석, 2016, p. 534 그림 수정)

위 그림에서 보여주듯이 내러티브는 삶에 대한 이야기를 구성하고 이를 이야기하고, 이야기하는 과정에서 깨달음을 얻게 되어, 다시 말하고, 그렇게 말한 삶을 살아가는 과정을 통해 경험의 의미가 끊임없이 재구성되는 과정이라고 볼 수 있다. Clandinin과 Connelly(2000)는 이야기를 구체적인 상황에 대한 일화로, 내러티브는 긴 시간에 걸쳐있는 삶에 대한 사건을 뜻하는 용어로 구분한다. 즉 내러티브를 구성하는 것은 사건들을 단순히 나열하는 것이 아니라 특정한 방식으로 구조화하는 것을 의미한다.

실증주의적 연구자들(혹은 형식주의자들)은 이론에서 탐구를 시작한다. 반면 내러티브 탐구자들은 체험하고 이야기된 경험을 가지고 탐구를 시작하기 때문에 종종 연구 퍼즐과 관련된 연구자의 자서전적 이야기로 시작한다. 문헌 연구 여부, 기존의 이론적 틀을 수정하거나 이론을 수립하는 데 공헌하는 정도가 중시되는 실증주의적 연구와 비교해 내러티브 탐구는 기존 지식에 새로운 지식을 덧붙이기보다는 연구 주제와 관련된 새로운 의미를 창출하고자 한다. 내러티브 탐구는 다른 사람들이 읽을 수 있는 문학적 텍스트가 될 때 비로소 중요성이 있는 것으로 판단하여, 연구가 보여주는 지식보다 독자들에게 있음직한 삶에 관한 이야기를 들려준다는 점 때문에 가치가 있다고 본다. 따라서 내러티브 탐구자는 일반적인 적용이나 활용을 처방하지 않고 독자들에게 자신의 활용과 적용을 상상할 수 있도록 하는 텍스트를 제공하는 데 관심을 둔다. Polkinghorne(1988)은 내러티브의 의미를 다음과 같이 요약한다.

> We make our existence into a whole by understanding it as an expression of a single unfolding and developing story. . . we achieve our personal identities and self concept through the use of narrative configuration. . . configuring of personal events into a historical unity which includes not only what one has been but also anticipations of what one will be. (Polkinghorne, 1988, p. 150)

내러티브는 개별적인 사건을 일관성 있는 이야기로 묶도록 해주고, 내러티브의 내용과 구조는 화자의 자아 인식, 다른 사람과 자신의 관계에 대한 인식을 보여준다. 또한 내러티브는 개인의 경험에 일관성과 체계를 부여하여 의미 있는 하나의 이야기로 구성된 개인적 담론이라고 할 수 있다. 이를 통해 개인은 자신이 어떠했는가를 이야기할 뿐 아니라 앞으로 어떨 것이라는 기대를 담게 된다. 이런 점에서 강현석(2016)은 내러티브는 "단순한 사건과 경험 그 이상으로, 그 안에는 인간 문화의 가치 있고 의미 있는 것을 담게 되고, 이러한 점에서 내러티브 사고는 인간이 과거와 대화할 수 있는 소통의 끈이며, 미래를 투시하고 계획하는 현재의 창"이라고 하였다(p. 4). 요약하면 내러티브 탐구는 거대이론에 바탕한 실증주의적 패러다임에서 벗어나 개인의 일상적인 경험이 내러티브를 통해 어떻게 구성되는지를 보여줌으로써 인간의 사고, 행동을 이해하는 새로운 대안을 제시하는 연구 방법이라고 할 수 있다.

국내 내러티브에 대한 논의는 교사교육, 교육과정, 질적 연구 방법에서 활발하게 이루어지고 있다(강현석, 1998, 2005; 소경희, 2004; 한승희, 2006). 특히 교육학 분야에서 교수 활동을 이해하고 보다 타당한 교육과정과 수업 활동을 구성하고자 하는 것이 내러티브 연구의 주요 주제이다. 한걸음 더 나아가 강현석(2016)은 인문, 사회과목 분야의 새로운 연구 방법으로 내러티브 탐구 활용의 가능성을 제시하고, 나아가 내러티브를 통해 학제 간 융합을 모색하였다. 교육학 및 사회과학 분야에서 내러티브 탐구를 활용한 연구가 활발한 데 비해 응용언어학 분야에서 내러티브 탐구에 관한 연구는 아직 미흡한 편이다. 신동일과 유주연(2016)이 내러티브 탐구 방법으로 수업을 진행한 예를 보임으로써 국내에서도 내러티브에 관한 관심이 생기기 시작하였으나 실증적인 연구들이 많지는 않다. 이는 영어교육, 응용언어학 분야에서 아직 정량적 연구 경향이 지배적인 점과 관련이 있는 것으로 보인다. 다양한 사회 환경에 있는 다양한 학습자들의 이야기를 수집하고 조명하기 위해서는 이전의 패러다임을 벗어나 새로운 연구 방법론적 패러다임을 수용할 필요가 있다. 이런 점에서 이 책이 내러티브 탐구에 대한 이해를 확대하고 연구 방법에 대한 논의를 촉진하는 데 기여할 수 있기를 바란다.

1.2 내러티브 탐구의 특징

1.2.1 경험의 구조화, 인식의 틀

내러티브 탐구에서는 '경험'이 핵심용어로 내러티브는 경험을 이해하고 표현하는 방법이라고 본다. 내러티브는 단순히 이야기나 이야기하기를 넘어 이야기를 만드는 데 필요한 사고양식을 의미하는 것으로, 내러티브 사고양식은 임의적, 비논리적, 주관적 특징을 지니는 것으로 지식이나 의미를 발견하기보다 구성하는 것으로 본다. 이 점에서 내러티브는 구성주의에 맞닿아 있다. 내러티브 탐구는 경험을 핵심으로 하여 이를 바탕으로 의미를 구성하는 과정에 관한 연구에서 유사한 점이 있다. 내러티브 탐구는 삶에 대한 경험의 연속성과 총체성을 전제로 한다. 따라서 개인의 삶이 시간, 장소, 사회, 상황적 맥락의 연속선에 있다는 점과 끊임없는 상호작용을 통해 개념을 새롭게 만들어 가는 과정임을 전제로 한다. 내러티브는 안과 밖, 앞과 뒤를 탐구함으로써 현상이 가지는 연속성, 상호작용을 살펴본다. 안이란 개인적, 내면적 요인을 말하고, 밖이란 외부적 요인들을 말한다. 시간적인 면에서 현재는 과거, 미래와 연결되어 있기 때문에 앞, 뒤의 연속성을 살펴보는 것이 중요하다. 홍영숙(2019)은 내러티브의 이러한 특징을 두고, 내러티브 탐구는 개인의 경험을 시간의 흐름(over time)과 상황(in context)을 고려하여 이해하는 탐구방식이라고 정의한다. 그는 내러티브가 근본적으로 인간 경험에 관한 이야기임을 다음과 같이 기술한다.

> 내러티브는 한 곳 또는 여러 곳에서, 그리고 환경과의 사회적 상호작용 속에서 시간에 걸쳐 일어나는 연구자와 참여자 간의 협동 작업이다. 연구자는 사람들의 개인적, 사회적 삶을 구성하는 경험 이야기의 중심으로 들어가서 그들이 경험을 살고, 말하고, 다시 말하고, 다시 하는 현장을 함께 하게 된다... 내러티브 탐구는 살고 말해진 이야기이다. (홍영숙, 2019, p. 84)

"살고 말해진 이야기"는 곧 경험을 말하는 것으로서 내러티브 탐구자는 이야기된 경험(storied experience)을 탐구한다. 내러티브 탐구에서 경험이란 이야기화된 현상(storied phenomenon)으로, 이는 경험이 '이야기를 통해 드러나는 것'임을 뜻한다. 즉 내러티브 탐구는 경험을 이해하는 방법이라고 할 수 있다. 이는 Dewey(1997)가 주장하는 '삶(life)=경험(experience)'이라는 경험이론을 근간으로 한다. 내러티브 연구자는 인간 경험을 들여다보고, 드러내고, 의미형성을 통해 이해로 이끌어 가는 역할을 한다. 말하기, 다시 말하기, 살아가기, 다시 살아가기 등은 내러티브 탐구의 대표적인 표현으로, 경험에 대한 묘사에 초점을 두는 동시에 경험에 대해 경험을 하는 것이라고 본다. 즉 연구자는 내러티브 탐구 과정을 거치면서 연구 참여자의 경험에 대한 묘사와 해석에 따라 다른 경험을 경험하게 되고 이 과정에서 정신적, 신체적, 사회적 변화를 경험할 수 있음을 뜻한다.

마찬가지로 Connelly와 Clandinin(2006)도 내러티브 탐구를 이야기로써 경험을 연구하는 것(the study of experience as story, p. 477)으로 정의한다. 이들은 Dewey(1997)의 경험의 속성에 근거하여 내러티브 탐구는 시간성(the times – past, present and future – in which experiences are lived), 장소(the place or sequence of places in which experiences are lived), 그리고 사회성(sociality, personal emotions and desires, and the people narrators interact with) 면에서 분석해야 한다고 주장한다. 내러티브 탐구에서 시간성이란 경험의 시간성이라는 의미로 개인의 경험이 큰 맥락에서 어떤 의미를 주는지, 이 의미가 시간에 따라 어떻게 변화하는지에 관심을 가지는 것을 말한다. 또한, 특정 장소, 또는 여러 장소에서, 그리고 환경과의 사회적 상호작용 속에서 시간이 지나면서 이루어지는 연구자와 연구 참여자들 간의 협동 연구라고 할 수 있다. 내러티브 탐구의 시간성, 장소, 사회성 개념은 다음과 같이 설명할 수 있다.

- 시간성: Dewey의 계속성(continuity)과 통하는 개념으로 과거, 현재, 미래로 이어지는 시간의 연속성을 말한다. 인간의 경험은 시간의 연속선상에서 영향을 주고받으며 형성된다는 의미로 경험은 시간적 관계 속에서 형성된다는 점을 전제한다. 이는 모든 사건이나 사람들은 항상 과거, 현재, 미래를 가지고 있으며, 내러티브 탐구에서는 사람이나 장소, 사건을 늘 변화하는 과정으로 이해하려고 노력하는 것이 매우 중요함을 말한다.
- 장소: 장소는 탐구나 사건이 일어나는 특정의 구체적이면서 물리적인 장소나 일련의 장소들(Connelly & Clandinin, 2006)을 가리키며 이는 특정 장소에 따라 형성되는 경험의 이야기가 달라지기 때문에 이를 내러티브를 구성하는 중요한 축으로 삼아야 한다는 것이다.[05]

---

05 홍영숙(2019, p. 88)은 Dewey의 경험의 속성인 계속성과 상호작용성은 Clandinin과 Connelly(2000)의 3차원적 내러티브 탐구 공간(시간성, 장소, 사회성)의 세 차원과 대치할 만큼 유사하지만 동일 개념은 아니라고 본다. 즉 계속성과 상호작용성이 활성화되면서 발생하는

- 사회성: Dewey가 제시하는 경험의 상호작용성(interaction)에 상응하는 개념으로 개인의 내재적 조건(감정, 희망, 기질, 도덕, 신념 등)과 외재적 조건(환경, 문화적, 사회적, 기관의 내러티브)의 상호작용 때문에 경험이 형성된다는 의미이다. 즉 개인의 내적 조건과 이를 둘러싸고 있는 외적 환경이 내러티브 형성에 어떻게 작용하는지 관찰해야 할 필요가 있다는 것이다.

요약하면 내러티브는 인간의 경험을 구조화하는 것이며, 삶의 내용에 형식을 부여하는 방식으로 경험을 구조화한다. 인간의 경험을 구조화하는 틀을 제공한다는 점에서는 강현석(2005)은 내러티브를 "이야기, 사고양식을 넘어서 인간이 삶을 해석하는 데 있어서 사람이 경험하는 사건, 인물, 행위, 감정과 정서, 의도와 생각, 그리고 상황과 장면 등을 총체적으로 통합시켜 주고 특정 경험이 이루어지는 맥락 속에 위치시켜 주는 인식의 틀"(강현석, 2005, p. 92)이라고 보았다. 김병극(2012)은 내러티브 탐구가 경험을 탐구한다는 것은 결국 개인의 삶을 시간, 맥락, 그리고 관계 측면에서 어떤 의미가 있는지를 탐구하는 것이라고 규정한다. 그는 이를 다음과 같이 기술한다.

> 내러티브 탐구가 참여자의 경험을 탐구한다는 것은 과거, 현재, 미래 시간의 지속성 속에서 살며 말하는 개인 삶의 시간성, 사회적인 맥락과 관계적인 개인 삶의 사회성, 그리고 개인 삶의 위치성을 고려하는 가운데 참여자의 경험을 탐구한다는 의미이다. (김병극, 2012, p. 7)

'상황'은 '장소'와 동일 개념이 아니며, '상황'은 계속성, 상호작용성, 장소가 통합된 개념인 반면 '장소'는 특정의 구체적이고 물리적인 공간을 의미한다고 설명한다.

1.2.2 내러티브적 인식/내러티브적 앎

앞서 언급한 대로 내러티브 탐구는 객관적인 사실보다 경험에 관심을 둔다. 인간은 경험적인 존재이기 때문에 이야기를 통하여 자신의 경험에 의미를 부여한다. Dewey(1997)는 경험이라는 평범한 용어를 탐구의 언어로 바꾸면서 경험은 개인적인 동시에 사회적인 것이라고 보고, 인간은 개인적으로 이해되어야 하지만 항상 사회적 관계와 사회적 맥락 내에서 존재하기 때문에 단지 개인으로만 이해될 수 없음을 강조하였다. 그는 현재, 미래의 상상은 과거의 경험에 토대를 두고 있고, 미래의 경험을 이끌어낸다는 점에서 경험의 연속성을 강조하였다. 또한, 사람들은 자신과 다른 사람들에 관한 이야기를 통하여 우리 자신이 누구인지, 다른 사람이 누구인지, 자신과 다른 사람의 관계가 무엇인지 파악한다는 점에서 경험은 사회적 성격을 가진다고 보았다. 이 점에서 이야기를 하는 방식, 경험을 이야기하는 방식이 곧 개인이 자신의 삶을 이해하고 의미를 부여하는 방식이 된다.

Riessman(1993)은 일어난 일, 사건에 관해 이야기한다는 것은 보편적인 인간 행동으로 인간의 경험이 유의미하게 되는 주요한 형식이라고 보았다. 마찬가지로 Bruner(1990)도 내러티브가 삶의 의미를 이해하는 수단이 된다고 보았다. Bruner(1990)는 두 가지 유형의 사고 과정을 제시하면서 사고 유형에 따라 경험을 이해하고 의미를 정리하는데 차이가 있다고 하였다. 그는 인간의 사고양식을 패러다임적 사고양식(paradigmatic thought)과 내러티브 사고양식(narrative thought)으로 구분하였다. 패러다임적 사고양식은 자연 세계의 사물을 다루는 형식과 관련 있는 것으로 공식적이고 경험적인 증거를 수립하기 위한 절차에 근거하여 설득하고자 하는 논증과 관련 있는 반면, 내러티브 사고양식은 그럴듯함(likeliness), 신빙성(verisimilitude)이라는 기준을 바탕으로 인간 삶의 문제를 이야기 형식으로 들려주고자 한다. 내러티브는 사건이 얼마나 사실에 가까운 것인가보다 어떻게 사실을 구성하는지에 초점을 둔다. 내러티브 탐구는 내러티브적 사고양식에 기초하는 것으로 객관적인 진리를 찾기보다 그럴듯하고 신빙성 있는 이야기를 통해 삶에 대해 알게 되는 것이 무엇인지 파악하고자 한다.

1.2.3 능동성, 유동성

내러티브에서 지식은 개인의 경험을 통해 구성되기 때문에 개인이 부여하는 의미에 초점을 두고 의미구성의 다양성과 능동성에 초점을 둔다. 예를 들면 교사들은 자신이 가르치는 일의 방향을 결정하기 위해 사용하는 이해체계를 가지고 있는데 이를 실천적 지식(practical knowledge)이라고 한다. 이러한 지식은 개인의 경험에 영향을 받아 형성되고, 교사들의 이야기 속에는 이러한 지식이 그대로 담겨 있다. 실천적 지식이란 "인간 개인이 가지고 있는 이론적 지식을, 그가 관여하는 실제 상황에 맞도록 자신의 가치관이나 신념을 바탕으로 종합하고 재구성한 지식"이다(강현석, 2016, p. 365). 이러한 실천적 지식은 인간 행위의 근거로 작용하고, 이러한 지식의 구현을 통해 인간은 성장하게 된다. 내러티브는 이러한 실천적 지식 형성에 중요한 기재가 된다. 내러티브는 실천적 지식을 형성해가는 과정에 중요한 매커니즘이다. 내러티브에서 지식은 사람들이 다른 사람들과 자신의 이야기를 공유하는 과정에서 개인적, 사회적으로 구성되고 재구성되기 때문에 내러티브는 실천적 지식의 원천인 동시에 내용이 된다.

내러티브 탐구는 연구 자료를 가리키는 동시에 분석 도구가 되기도 하고 결과를 보여주는 방법이 되기도 한다. 어떤 쪽을 가리키든 내러티브 탐구는 이야기를 포함하는 연구를 통칭하는 용어라고 볼 수 있다. Barkhuizen, Benson과 Chik(2014)은 내러티브의 이러한 특징을 다음과 같이 진술한다.

> Narrative inquiry brings storytelling and research together either by using stories as research data or by using storytelling as a tool for data analysis or presentation of findings. Narrative inquiry is an established umbrella term for research involving stories. (Barkhuizen et al., 2014, p. 3)

이들은 내러티브 경험에 대한 의미부여 과정을 지식화(knowledging)라고 규정하고 의미를 부여하는 과정이 능동적임을 강조한다. 이들은 의미형성, 학습, 그리고 지식 구성 과정 전체를 지칭하는 용어로 내러티브 지식화(narrative knowledging)라는 용어를 사용하였다. 이는 내러티브 연구 과정에서 일어나는 내러티브 구성, 분석, 결과 보고 및 결과 읽기 전 과정에서 일어나는 지식 구성 과정을 가리키는 것으로 자료 분석 과정뿐 아니라 내러티브 연구 참여자와 연구자 모두 의미형성 과정에 참여하고 있음을 말한다.

> Narrative knowledging, then, is the meaning making, learning, or knowledge construction that takes place during the narrative research activities of (co)constructing narratives, analyzing

> narratives, reporting the findings, and reading/watching/listening to research reports. (Barkhuizen et al, 2014, p. 395)

내러티브 지식화 개념은 Swain(2006)이 제시한 언어화(languaging) 개념과 유사한데 이는 지식이 고정된 것이 아니라 능동적인 구성을 통해 형성되고, 따라서 고정되는 것이 아니라 유동적이라는 점을 강조한다. Swain의 언어화 개념은 다음과 같다.

> Languaging is a process which creates a visible or audible product about which one can language further. (Swain, 2006, p. 97)
> ... the process of making meaning and shaping knowledge and experience through language. It is part of what constitutes learning. (Swain, 2006, p. 98)

Swain은 언어화란 언어를 통해 의미를 생산하고, 지식과 경험에 형태를 부여하는 과정으로 이 과정 자체가 학습의 일부를 이룬다고 한다. 이는 또한 시각적, 청각적 결과물을 창조하는 과정이기도 하다. Swain의 언어화가 언어를 매개로 하여 학습자가 의미를 구성하는 과정을 일컫듯이 내러티브 지식화 역시 내러티브를 매개로 하여 지식을 구성하는 과정을 말한다. Swain은 내러티브가 언어화의 한 가지 방식이라고 주장하기도 하였다(Narrative, therefore, mediates knowledging, just as languaging serves to mediate cognition, Swain, 2006, p. 97). 내러티브 지식화, 언어화는 모두 학습자가 지식 생산 과정에 능동적인 주체로 참여하는 것을 강조하는 개념으로 인간은 단순히 경험의 대상이 아니라 경험에 의미를 부여하는 과정을 통해 실천적 지식을 구성한다고 할 수 있다.

1.2.4 주관적, 과정 중심적

내러티브 탐구는 형식적 범주보다 연구 참여자의 독특한 경험에 관심을 둔다는 점에서 실증주의적 연구에서처럼 연구자가 객관적으로 멀리 떨어져서 관조하는 위치에 있는 것이 아니라 연구자의 관점, 태도, 사고방식을 가지고 탐구 과정에 참여함을 인정한다. 따라서 연구자는 연구 참여자와 분리될 수 없으며 공동의 내러티브를 구성해 간다고 본다. 예를 들면 Connelly와 그의 박사과정 학생 Ming Fang은 캐나다에 이주한 중국인 여성들의 삶을 조명하는 과정에서 Connelly 자신이 어린 시절 보았던 중국인 Long Him에 대한 기억을 끌어낸다(Clandinin & Connelly, 2000). 이 과정을 통해 Ming Fang의 이야기와 Connelly의 이야기가 별개의 이야기가 아니라 하나의 내러티브로 연결될 수 있음을 보여준다. 시간적으로 과거의 중국인 이민자 Long Him은 현재의 중국인 여성과 연결되고, 캐나다 중소마을은 세계에서 가장 다문화적인 토론토라는 도시와 연결된다. 이러한 시간과 장소를 축으로 개인적인 차원과 사회적인 차원에서 어떠한 상호작용이 일어나는가에 관한 이야기가 내러티브를 구성하는 축이 된다.

이상우(2017)는 내러티브가 이처럼 상호작용을 통해 의미를 구성한다는 점이 내러티브 탐구를 다른 질적 연구 방법과 구분하는 특징이 되는 동시에 연구를 어렵게 한다고 지적한다.[06] 내러티브 탐구는 인간 삶의

06 내러티브 탐구는 한 사람의 인식에 기초하지 않고 인간 간의 상호작용에 인식의 바탕을 둔다. 이상우(2017)는 "상호작용으로 이루어진 의미의 구성이 익숙하지 않은 개념이며, 이것이 내러티브 연구를 수행하는 데 걸림돌이 되어 왔다"(p. 550)고 지적한다.

보편적 가치보다는 개별적이고 특정한 삶을 조명하고, 결과로서의 명제를 제시하기보다 이를 밝혀가는 과정에 초점을 두는 연구라고 할 수 있다. 그 과정에서 연구자와 연구 참여자가 객관적으로 존재하는 것이 아니라 내러티브를 통한 의미를 구성하기 위해 협동하는 과정이라고 할 수 있다. 이상우(2017)는 이를 다음과 같이 예술 행위에 비유하고 있다.

> 내러티브에 관련된 연구가 내러티브를 통해 인간의 삶을 조명하고, 보편적 가치를 밝히는 데 비해 내러티브 탐구는 인간 삶의 변화를 이해하고 보편적 가치보다 특정한 삶을 긍정하는 데 있다. 내러티브 탐구는 하나의 결과물이 아니라 결과에 이르는 과정을 보여 주는 탐구라 할 수 있으며, 예술에 비유한다면 예술 작품이 아닌 예술 행위와도 같다. (이상우, 2017, p. 550, 밑줄 필자 삽입)

즉 내러티브 탐구는 결과로서 산출되는 내러티브만을 의미하는 것이 아니라 내러티브를 구성하기 위해 자신의 경험을 끌어내고, 관련 요인들 간의 상호관련성을 파악하고 의미를 부여하는 과정 자체를 의미한다고 볼 수 있다. 따라서 내러티브는 얼마나 사실에 가까운 묘사를 하고 있는가가 초점이 아니라 내러티브를 구성하기 위해 거친 과정에 어떤 의미가 있는가 하는 점이 중요하다는 것이다.

1.2.5 관계적 탐구

내러티브 탐구는 무엇보다 '관계적 탐구'이다(홍영숙, 2019). 연구자와 참여자 간의 관계성, 연구자/참여자와 연구 환경과의 관계성이 바탕이 되어 있다. 이는 내러티브 탐구가 연구의 주제가 되는 집단이나 개인을 참여시키고 힘을 부여해야 한다는 전제와 연결되어 있다. 다음 인용문은 내러티브 탐구의 관계적 성격을 기술한다.

> Narrative inquiry expands the range of voices that are heard in research reports often highlighting the experiences of marginalized groups outside the academy, although we should always bear in mind the ways in which these voices are mediated through those of the researcher in published work. (Casey, 1995, p. 215, Barkhuizen et al., 2014, p. 2에서 재인용)

실증주의적 연구에서 연구 참여자는 단순히 연구의 대상으로 아무런 힘을 가지지 않는다. 연구자는 개인적인 감정이나 편견을 배제하고 객관적이고 합리적으로 대상을 관찰할 수 있는 존재로 인식되어 연구의 설계, 자료 수집, 분석, 결과 기술 과정에서 절대적인 힘을 가진다. 내러티브 탐구는 연구 참여자가 단순히 연구의 대상이 아니라 라포를 형성하고, 연구자의 시각에 통찰력을 제공하고, 경우에 따라서는 함께 결과를 구성해 가는 협력적 관계의 조력자로 본다. 따라서 연구자가 질문을 던지고 이에 대해 어떤 답을 하는가 뿐 아니라 그 과정에서 연구자와 어떻게 상호작용하며 어떠한 태도를 보이는가 하는 것도 연구의 대상으로 중요성을 가진다. Clandinin과 Connelly(2000)는 연구자는 연구 참여자로부터 자료를 수집하고 현장을 영원히 떠나는 것이 아니라 서로 도우며 변화에 참여하는 존재로 여기기 때문에 이들 간의 관계가 내러티브 구성에 영향을 미치게 된다는 점에서 기존의 실증주의적 연구와는 다르다는 점을 강조한다. 내러티브 탐구의 관계적 성격을 김병극(2012)은 다음과 같이 기술한다.

> 내러티브 경험을 통해 알게 된 지식은 연구자가 참여자들과 연구 장소에서 연구 기간 동안 같이 가지게 되는 시간성 속에서 맺게 되는 관계성을 바탕으로 참여자들이 살며, 말하며 탐구하도록 도와줌으로써 그들의 경험을 유의미하게 만드는 연구자와 참여자의 공동작업의 산물이라고 할 수 있다. <u>각자의 삶이 독립적으로 계속해서 성장해 가는 가운데 연구를 통해 만나 서로의 관계성을 진전시켜 가면서 같이 구성한 공유된 지식은 연구자와 피연구자의 미래의 삶에 울림을 줄 수 있는 무엇이 되어야 한다</u>는 점에서 방법론적 입장과 인식론적인 입장은 항상 관계론적 입장을 바탕으로 연구가 행해져야 함을 인식할 필요가 있다. (김병극, 2012, p. 24, 밑줄 필자 삽입)

그에 따르면 내러티브는 연구자와 연구 참여자의 삶에 "울림"을 줄 수 있는 이야기여야 한다. 이러한 이야기는 결국 연구자와 연구 참여자의 관계성에 바탕을 두고 구성되는 공동작업이라는 점이 내러티브 탐구를 다른 질적 연구와 구분하는 중요한 특징이라고 할 수 있다.

1.3 내러티브 탐구의 유형

1.3.1 내러티브 분석 방식에 따른 분류

내러티브 탐구는 분석 방법, 자료 양식에 따라 몇 가지 유형으로 분류할 수 있다. Creswell(2007)은 연구자의 분석 전략과 내러티브 양식의 다양성에 따라 내러티브 탐구 유형을 분류하였다. 이를 요약하면 다음 표와 같다.

표 2. 내러티브 탐구의 유형화 방식(강현석, 2016, p. 533)

<table>
<tr><th colspan="4">내러티브 탐구의 유형화 방식</th></tr>
<tr><td>연구자의
분석 전략</td><td colspan="2">내러티브의 분석
(analysis of narrative)</td><td>내러티브 분석
(narrative analysis)</td></tr>
<tr><td rowspan="2">내러티브
양식의 다양성</td><td colspan="2">자전체적 연구
(biographical study)</td><td rowspan="2">구술연구
(oral history)</td></tr>
<tr><td>자서전적 연구
(autobiography)</td><td>생애사 연구
(life history)</td></tr>
</table>

연구자의 분석 전략에 따라 내러티브를 유형화하면 내러티브 탐구를 내러티브의 분석(analysis of narrative)과 내러티브 분석(narrative analysis)으로 나눌 수 있다(Polkinghorne, 1995). 내러티브의 분석은 패러다임적 사고에 바탕을 두어 이야기 혹은 이야기 유형을 가로지르는 주제를 기술하는 데 초점을 둔다. 내러티브의 내용에 중점을 두는 이러한 분석은 주제, 관련된 사람, 상황, 사건 등에 관심을 둔다는 점에서 일반적인 질적 연구의 주제분석과 유사하다. 이러한 분석은 다른 질적 연구와 마찬가지로 코딩 과정을 거쳐 범주를 형성하고 확인하는 과정을 거치기 때문에 비교적 객관적인 방법을 택한다고 할 수 있다. 반면 내러티브 분석은 일어난 사건에 대한 내러티브를 수집하고 이를 하나의 줄거리가 있는 이야기로 재구성하는 것을 말한다. 내러티브 분석은 이야기가 어떻게 전개되었는가에 관심을 가지고 사건이나 일어난 일을 수집하여 이를 하나의 플롯을 가진 이야기로 구성하고자 한다. 내러티브의 분석은 내러티브를 자료로 사용한 경우라면 내러티브 분석은 내러티브를 분석

과 자료를 제시하는 방식으로 사용한 경우라고 할 수 있다.

응용언어학 분야의 내러티브 연구는 내용분석에 치우친 경향이 있는데 이는 제2언어 학습을 어떻게 하는가의 답을 찾는 것이 연구 주제이기 때문에 이야기를 구성하는 방식보다는 이야기의 내용에 관심을 두게 되기 때문일 것이다. 내용분석은 Riessman과 Lee(2005)의 주제분석(thematic analysis)에 상응한다. 주제분석은 내러티브의 내용에 초점을 두는 것으로 인물과 주제에 따라 분류하고 공통 주제를 찾는 데 사용하는 방법이다. 다수의 내러티브를 분석하여 그 결과의 의미와 방향을 가늠하고자 할 때 유용하다. 그러나 이러한 내러티브의 내용분석은 내러티브 화자나 연구자의 해석보다는 내용에 관심을 두기 때문에 내러티브가 생겨난 개인적, 사회적 맥락이 고려되지 않는다는 단점이 있다.

내러티브의 내용과 더불어 어떤 방식으로 내러티브가 구성되는가 하는 것도 연구의 중요한 주제로 떠오르기 시작했다(예: Barkhuizen, 2010). 특히 내러티브는 연구 참여자 단독의 이야기가 아니라 연구자와 참여자가 공동으로 구성하는 과정이라는 관점에서 연구자와 참여자가 어떤 방식으로 상호작용하며 이야기를 구성하는지 살펴보기도 한다.

1.3.2 내러티브 양식에 의한 분류

Creswell(2007)의 두 번째 분류는 내러티브의 다양한 양식에 따른 것이다. 이는 크게 자전적 연구와 구술연구로 구분된다. 자전적 연구는 연구자가 대상의 경험을 기록하고 작성하게 되는데 연구 주제에 해당하는 연구 참여자의 경험과 에피소드를 기록하면 자서전적 연구이고, 연구 참여자의 삶 전체를 기록하면 생애사 연구라고 한다. 구술연구는 사건에 대한 개인의 반성과 성찰에 대한 기록으로 대화나 인터뷰의 형태로 수집된다. 연구자의 역할에 따라 연구자가 다른 사람의 이야기를 다루는 경우를 전기적(biographical) 연구로, 연구자 자신의 이야기를 다루면 자전적(autobiographical) 연구로 구분할 수도 있다. 내러티브의 형태에 따라 생애사(life history), 자서전(autobiography), 저널, 회고록(memoir), 학습사(learning history) 등이 있다. 생애사가 개인의 삶 전체에 일어난 일에 초점을 둔 반면 자서전, 저널, 회고록 등은 내러티브의 형태로 간주되기도 하고 자료 수집 방법으로 간주되기도 한다. 예를 들어 Coffey와 Street(2008)는 성인 학습자의 전 생애에 걸친 제2언어 학습과정을 다룬 내러티브로 생애사 연구라고 할 수 있다. 이들은 인터뷰를 통해 수집한 구어 내러티브와 저널을 바탕으로 한 문어 내러티브를 자료로 하여 학습자들의 제2언어 학습동기와 학습자 정체성이 어떻게 구성되는지 보여주었다. 이들의 연구는 학습자의 전 생애에 걸쳐 자료를 수집했다는 점에서 내러티브 문화기술지(narrative ethnographic study)로 분류되기도 한다. 각 연구 유형을 예시를 통해 좀 더 자세히 살펴보자.

1) 언어학습 회고록(Language memoirs)

언어학습 회고록은 특별히 학문적인 주제를 다루는 것이 아니라 일반인을 대상으로 한 기술을 말하는 경우로 Eva Hoffman(1989)의 *Lost in Translation*과 Alice Kaplan(1993)의 *French Lesson: A memoir* 등이 대표적 예이다. 이는 연구를 위해 기록된 것이 아니기 때문에 개인적이고 자기성찰적인 성격이 강하다(예: Nunan & Choi, 2010). 언어학습이 아니라 교수 활동에 관한 회고록도 있다(예: Casanave & Schecter,

1997; Johnson & Golombek, 2002). 언어회고록은 자아를 유동적, 다면적, 분열적으로 보는 포스트모던적 관점을 반영하는 경우가 많다. 이러한 관점은 인종적, 민족적, 젠더적 정체성에 대한 고정적인 자아개념을 부인하고, 언어와 유동적이고 변화하는 자아와의 관계를 탐구하려는 시도를 보여준다. 언어학습 회고록에서 젠더는 중요한 차이를 보여주는데 Pavlenko(2001)는 학습자 회고록에 나타난 이민자 내러티브가 대부분 남성 중심의 영웅적인 이야기를 담고 있는 반면, 여성의 전문적인 위치 혹은 성공은 평가절하되고, 어쩌다 생긴 행운으로 표현하는 경향이 있음을 지적한다. 여성들은 수동적인 목소리 뒤에 자신의 자율성을 숨기는 경향이 있지만, 남성 저자들은 언어학습을 개인의 업적으로 표현함으로써 남성적 자아를 수행하는 차이를 보인다고 하였다.

Pavlenko(2001)는 이미 출판된 회고록을 자료로 하여 북미 이민자의 영어학습 경험을 분석하였다. 그는 언어회고록이 사실적이기보다 담화적 구성이라고(language memoirs as discursive constructions, rather than as factual statement, p. 214) 하였다. 사회역사적 영향이 언어학습 회고록에 영향을 미친 예는 미국 초기 이민자들의 내러티브에서 관찰된다. 이민자들의 내러티브는 개인적인 언어학습 경험에 대한 기록이라기보다 이민자 집단 전체가 경험하는 언어학습에 대한 기록이다. 개인의 언어학습사에 역사적, 사회적 역사가 고스란히 녹아 있는 것이다. 역사적, 사회적 사건, 배경이 개인의 삶에 어떤 영향을 미치고 이를 어떻게 삶의 일부로 수용하고 이해하는지를 들여다볼 수 있는 방법이다.

2) 자서전적 사례연구

자서전적 사례연구는 언어학습 회고록과 매우 유사한 형태지만 학문적 목적으로 쓰였다는 점과 내러티브의 분석과 내러티브 분석 두 가지 분석 방법을 모두 적용한다는 점에서 차이가 있다. Sakui(2002)는 영어 학습 및 교수경험에 대한 내러티브를 통해 연구자 자신의 이야기를 하고 있다. 그는 작문 교사로서 경험이 자신의 학습에 어떠한 영향을 미치는지 분석하고 있다. 이러한 자서전적 사례연구의 경우 자서전적 내러티브를 추가로 분석한다는 점에서 언어학습 회고록보다 연구 자료의 성격이 강하다고 할 수 있다.

3) 전기적 사례연구

전기적 사례연구는 연구 대상의 이야기를 자료로 사용하는 연구이다. 이러한 연구의 예로 중국의 영어 교사 Minfang에 대한 Tsui(2007)를 들 수 있다. Tsui(2007)는 전통적인 형식의 교수법으로 수업을 하던 교사가 의사소통 중심 교수법에 대한 외부적 요구와 기대에 부응하기 위해 어떻게 자신의 교수법에 변화를 가져오는지, 자신이 믿고 있는 교수법과 외부적으로 요구되는 교수법과의 갈등을 어떻게 수용하는지 보여주는 연구이다.

4) 다중모드 내러티브(Multiple narratives)

내러티브 탐구는 연구 자료 유형에 따라 구어/문어/디지털/다중모드로 구분할 수 있다. 내러티브 자료는 대부분 인터뷰 자료를 통한 구어 내러티브가 많은 편이나 저널, 학습사 등의 문어 자료를 함께 수집하기도 한다. 또한, 다수 참여자의 내러티브를 수집하는 경우 문어 내러티브를 수집하는 경우가 많다. 최근에는 온라인에서 이루어지는 담화가 내러티브를 구성하는 경우도 있다. 또한, 텍스트뿐 아니라 그림, 비디오, 사진 등 다중모드의 자료를 통해 내러티브를 수집하는 다중모드 내러티브도 있다. 다중 내러티브는 전기적 내러티브 사례연구와 유사하나 연구 참여자의 수가 수백 명에 이르기까지 전기적 사례연구에 비해 많을 수 있다는 차이가 있다. 예를 들면 Menard-Warwick(2004)는 두 개의 전기적 사례연구를 통해 여성 이민자들의 삶을 비교한다. Oxford(2001)의 경우 교사에 대한 학생들의 인식을 알아보기 위해 473개의 짧은 내러티브에 사용된 은유(metaphors)를 분석하였다.

Garcia-Pastor(2018)는 디지털이라는 도구가 새로운 장르, 새로운 사회적 상호작용을 가능하게 하면서 학습자들이 단일모드로 자신을 표현하던 방식에서 벗어나 다양하고 입체적인 방법으로 자신의 언어학습 내러티브를 구성하는 예를 보여준다. 그는 스페인 대학의 초등 영어교사 프로그램에서 영어를 배우는 51명의 대학생(남 7명, 여 44명, 22~25세)을 대상으로 영어학습 내러티브를 작성하도록 하였다. 학생들은 비디오 사진 편집 프로그램(Movie Maker, Audacity, Powtoon 등)을 활용하여 디지털 스토리를 작성하고, 다른 학생들의 디지털 정체성 텍스트(Digital texts of identity)를 평가하는 의견을 쓰도록 하였다. 학습자의 디지털 스토리를 분석한 결과, 사물, 사람과의 관계, 신념, 언어사용, 학습과 교수 등에 관한 내용이 이미지, 비디오, 음악 등의 인공물을 통해 드러나고, 학생들이 작성한 디지털 정체성 텍스트는 학습자 정체성을 강화하는 잠재성이 있음을 발견하였다. 이 연구는 전기적 내러티브 방법을 사용하여 대학생들이 다면적인 인공물을 사용하여 자신의 가족, 학교, 외국어학습 커뮤니티라는 영역에서 학습과 삶의 경험을 연결하고, 이를 통해 자신들의 일관성 있는 학습자, 언어학습자 정체성을 구성함을 보여준다.

Garcia-Pastor(2018)는 학습자 내러티브가 대부분 구어 언어 형태로 수집되는 반면 문어 자료는 많지 않은 점을 보완하는 연구라고 할 수 있다. 이때 문어는 텍스트뿐 아니라 그림, 비디오 등의 다양한 방법을 포함하는 다중모드 텍스트로 더 입체적인 내러티브를 구성할 수 있도록 해 준다. 이러한 문어 자료는 단순히 자료의 다양성을 넘어서 학습자가 자신이 선호하는 방식으로 보다 적극적으로 자신의 목소리를 낼 수 있도록 할 수 있다는 점에서 학습자에게 힘을 실어주는(learner empowering) 방법이라고 할 수 있다. 또한, 디지털 의사소통 방식이 학습자 정체성에 어떤 영향을 미치는지 연구될 필요를 보여주었다는 점에서 의의가 있다.

1.4 내러티브 탐구의 절차

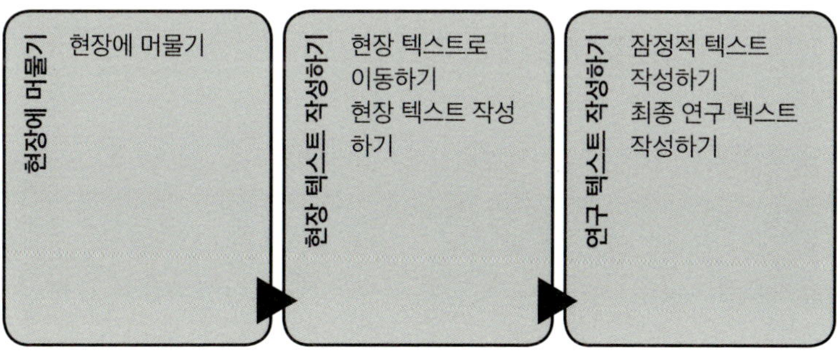

그림 2. 내러티브 탐구의 절차 (이상우, 2017, p. 580)

내러티브 탐구의 절차는 크게 현장에 머물기, 현장 텍스트로 이동하기, 현장 텍스트 작성하기, 잠정적 연구 텍스트 작성하기, 연구 텍스트 작성하기, 최종 연구 텍스트 작성하기로 구분되며 이 절차는 단선적으로 이루어지기보다 순환적 관계 속에서 이루어진다.

1.4.1 현장에 머물기

현장은 현장을 구성하기 위한 시간적, 공간적, 관계적 장소를 제공한다. 따라서 좋은 텍스트가 나오기 위해서는 좋은 현장이 구성되어야 한다. 연구자가 현장 텍스트를 구성하기 위해서는 반드시 학습해야 할 요소로 관계성 협상하기(negotiating relationship), 목적 협상하기(negotiating purposes), 전환 협상하기(negotiating transitions), 유용해지기 위한 방법 협상하기(negotiating ways to be useful)를 꼽는다. 연구자는 현장에 머물면서 참여자의 이야기를 듣거나 관찰을 통해 내러티브를 형성하기도 하고, 연구자의 상상을 통하여 내러티브 구조를 형성하기도 한다. 내러티브 탐구에서는 연구자가 현장에 머물면서 현장이 지닌 3차원적 구조와 현장이 지닌 이야기를 학습하는 것이 필수적이다. 현장으로 들어간다는 것은 연구 퍼즐에 대한 탐구가 시작되는 것뿐 아니라 관계성에 대한 협의가 시작된다는 의미이다. 즉 연구자와 참여자의 관계성을 수립하면서 참여자들은 연구자를 관계 속에 있는 사람으로 알고 이해하게 되고, 연구자로 하여금 윤리적 책임을 지도록 촉구하게 된다.

1.4.2 현장 텍스트로 이동하기

현장 텍스트로 이동하기는 어떤 종류와 내용의 현장 텍스트에 접근하고 수집하는가에 관련된 문제로 연구자는 현장 자료를 그대로 재현하는 것이 아니라 가공하는 절차를 거치게 된다. 경험이라는 매개를 통해 현장이 가공되는 과정이라고 할 수 있다. 현장 텍스트는 연구자의 경험을 배제하고 이루어지는 것이 아니라, 연구자의 경험을 통해 가공된 텍스트이며 연구자가 현장 텍스트에 들어간다는 것은 연구자의 눈으로 현장에 들어간다는 것을 의미한다. 현장 텍스트는 현장에 대한 기록으로 현장에 대한 묘사, 객관적 모습과 주관적 비평을 동시에 포함한다. 현장 텍스트는 연구자보다 연구자와 연구 참여자의 관계를 중심으로, 연구자와 연구 참여자가 함께 무엇을 했는지 기록한다. 따라서 현장 텍스트의 내용은 현장에 관한 연구 참여자의 묘사 범위를 넘어서는 성격을 가진다. 내러티브 탐구는 일반적 질적 연구와 달리 현장 텍스트를 구성할 때 연구자의 성찰적 자료가 반영된다.

1.4.3 현장 텍스트 작성하기

현장 텍스트란 대화, 인터뷰, 참여자 관찰, 인공물(artifacts, 미술 작품, 사진, 서류, 기록물 등) 등의 자료를 말한다. 그러나 현장의 모습을 재현하는 것은 사진처럼 그대로 옮기는 것이 아니라 해석을 포함한 재현을 의미한다. Clandinin과 Connelly(2000, p. 118)는 자료라는 용어보다 현장 텍스트라는 용어를 선호하는데 이는 자료란 단순히 발굴되는 것인 데 비해 현장 텍스트는 현장 경험이 지닌 여러 가지 특징을 재현하기 위해 연구자와 연구 참여자에 의해 창조된 텍스트를 의미하기 때문이다. 현장 텍스트는 이야기, 자서전적 글쓰기, 일기, 현장노트, 편지, 대화, 인터뷰, 가족사, 문서, 사진, 기억 상자, 개인-가족-사회의 가공물 등의 다양한 형태를 띨 수 있다. 이러한 현장 텍스트는 현장 경험의 종류와 성격에 따라 다양한 형태로 구성되며, 현장의 경험은 세 가지로 구분될 수 있다.

- 들리는 이야기(telling stories): 일대일 혹은 2~3명의 그룹이 질문지, 대화, 면담을 통해 이야기하는 형태, 사진, 추억물건과 같은 인공물을 이용하여 이야기를 촉발할 수 있다.
- 살아가는 이야기(living stories): 내러티브 탐구를 시작하면서 생긴 긴장, 삶의 모습을 담은 사진, 내러티브 탐구를 시작하면서 생긴 변화 등을 담은 이야기를 말한다.
- 연구자의 자서전적 이야기: 연구 과정을 거치면서 연구자 개인이 겪는 감정, 자신의 경험과 연구 참여자의 경험 공유 등을 담은 이야기를 말한다.

홍영숙(2016)은 내러티브 탐구를 시작하는 방법으로 이야기를 하거나(beginning with telling stories), 이야기를 살아가는(beginning with living stories) 방법을 언급한다. 이야기하는 방법으로 가장 많이 사용되는 것은 '대화'이다. 이는 질적 연구에서 사용하는 단순한 자료 수집 방법으로써의 인터뷰가 아니라 연구자와 연구 참여자 간의 대화가 이루어지면서 이들 간에 더욱 더 협동적이고 동등한 관계성을 확보하게 된다. 이야기를 살아가는 방법으로 내러티브를 시작한다는 것은 참여자가 그들의 이야기를 살고 말할 때 그들 옆에서 함께 살아가는 방법을 말한다. 연구자가 탐구에 앞서 참여자가 속한 커뮤니티에 관여하여 참여자가 가는 장소에 가고, 이들이 만나는 사람들을 만나면서 참여자의 사회적 환경으로 들어가는 것을 말한다. 두 가지 방법 모두 참여자의 경험이 사회적, 문화적, 언어적, 가족, 기관의 내러티브로부터 어떤 영향을 받고 어떻게 녹아 있는지 탐구할 필요가 있음을 보여준다.

김병극(2012)은 내러티브 탐구에서는 연구자의 입장에서 일방적으로 답을 얻고자 하는 자세로 대화를 하는 것이 아니라, "관계적인 연구대화"(p. 14)를 통해 이야기를 풀어가야 한다고 강조한다. 연구자는 연구자 참여자와 동반자적 관계를 가지면서 참여자의 이야기를 듣고, 서로의 이야기를 교환하지만 동시에 한걸음 물러나 이야기를 바라볼 수 있어야 한다는 점도 잊지 않아야 한다. Clandinin과 Connelly(2000)는 연구자로서 두 가지 입장-동반자적 입장, 냉담한 관찰자- 사이의 긴장을 유지하는 것이 요구됨을 지적한다.

1.4.4 잠정적 텍스트 작성하기

현장 텍스트와 연구 최종 텍스트 사이에 위치하여 다양한 종류의 글쓰기가 시도된다. 잠정적 텍스트는 이야기된 경험으로써의 현장 텍스트를 연구 참여자들과 공동으로 해석하고 작성하는 과정으로 연구자와 연구 참여자 간의 상호 해석이 강조되고 이를 통해 초안을 작성한다. 잠정적 텍스트는 현장 텍스트에 가까울 수도 있고, 연구자의 해석이 많을수록 연구 텍스트에 가까운 경향을 보인다. 잠정적 텍스트를 작성하면서 연구 참여자와의 관계를 중심으로 읽기와 글쓰기를 시도할 수 있다. 연구 결과를 공식적으로 발표하는 과정을 통하여 참여자와 관계적 방법으로 살아가는 이야기를 계속할 수 있다.

1.4.5 연구 텍스트 작성하기

내러티브 탐구에서 연구 텍스트는 연구 문제에 관한 결과를 제시하는 성격이 아니라 내러티브적으로 사고하는 과정을 보여주는 데 초점을 둔다. 연구 텍스트는 내러티브로 살아가기, 내러티브적으로 사고하기, 3차원적 탐구 공간 속에 머물기로 요약될 수 있다. 연구자가 3차원적 탐구 공간에 머물기를 통해 내러티브적 사고와 살아가기를 보여 주는 것이 연구 텍스트의 특징이다. 최종 텍스트가 질문에 대한 답을 제공한다기보다는 독자로 하여금 협력적이고 윤리적인 방법으로 경험을 다시 생각하고(rethinking), 다시 말하며(retelling) 탐구할 수 있도록, 그리고 그들이 다른 사람들과 관계 맺는 방식과 실제적 삶의 방식을 바라보도록 이끌어가는 것을 내러티브 탐구의 목적으로 한다(홍영숙, 2019, p. 98). 내러티브 탐구는 연구자 자신의 이야기 탐구로부터 시작한다. 내러티브 탐구는 지속적이고 반성적으로 되돌아보는 방법이기 때문에 내러티브 탐구자는 연구의 전, 중, 후에 대한 자신의 경험을 계속 탐구해야 한다. 연구자로서 내러티브적 시작(narrative beginnings)을 작성하고 탐구하는 과정에서 3차원적 내러티브 공간을 통해 연구자 자신의 경험을 바라보아야 한다. 이는 연구 퍼즐과 연구 결과를 독자가 좀 더 잘 이해하도록 돕고자 하는 것으로 최종 연구 텍스트에 반드시 포함되어야 하는 것은 아니다.

현장 텍스트 작성과정에서 연구 참여자는 자신에 대해 이야기하고, 또한 연구자에 대해 이야기한다. 연구자 역시 자신에 대해 이야기하고, 연구자는 연구 참여자가 한 이야기를 다시 이야기한다. 연구자는 잠정적 텍스트를 소설화시킨다. 연구 텍스트는 참여자의 이름을 익명으로 바꾸고, 시간, 장소 등과 같은 다중적 탐구 공간을 허구적 요소로 바꾼다. 최종 텍스트를 작성할 때 연구자는 플롯 간의 긴장을 경험한다. 연구자는 플롯을 잇는 거대 내러티브를 제공하기보다 다양한 플롯을 보여 주려고 노력한다. 이는 내러티브 탐구 논문이 연구자와 연구 참여자와의 관계를 중심으로 기술한다는 점과도 흐름을 같이 한다.

1.5 응용언어학 분야 내러티브 탐구

응용언어학, 영어교육 분야에서 내러티브 탐구 연구 방법이 진행된 것은 제2언어 학습과정에 참여하는 교사와 학습자에 관한 관심이 증대된 흐름과 관련 있다. 영어교육 분야에서의 내러티브 연구가 시작된 것은 이민자의 제2언어 학습과정, 초보 교사, 비원어민 교사의 교사로서의 성장 과정을 다루는 연구를 시작으로 전개되었다(Bell, 2002; Johnson & Golombek, 2002; Pavlenko, 2002). 이후 *TESOL Quarterly* 특별호, *Teaching and Teacher Education* 특별호 등에서 내러티브 관련 연구를 집중적으로 다루면서 내러티브 탐구에 관한 관심이 증가해 왔다(예:

Barkhuizen, 2008, 2010; Benson & Nunan, 2004; Curtis & Romney, 2006; Golombek & Johnson, 2004; Kalaja, Menezes & Barcelos, 2008; Liu & Xu, 2011; Simon-Maeda, 2004; Tsui, 2007).

이러한 연구들은 제2언어 교사와 학습자가 제2언어 교수, 학습과정을 거치면서 어떠한 경험을 하는가, 이런 경험에 어떤 의미를 부여하는가에 관한 관심을 둔다. 내러티브는 주로 교사의 경험을 수집하고, 이들의 이야기가 전해주는 이야기가 무엇인지 파악하는 데 초점을 두었다. 다양한 상황의 학습자들이 어떤 방식으로 언어학습을 경험하는지에 대한 내러티브도 수집되었다. 학습자들은 주로 국경을 넘어 다른 나라로 이주하거나 어학연수, 유학 등을 통해 새로운 환경을 접하면서 학습자의 이전 경험과 새로운 경험이 어떻게 조화를 이루는지 혹은 갈등을 일으키는지 살펴보고자 하였다.

내러티브 연구는 내러티브 자체가 연구의 대상, 혹은 내러티브를 연구의 방법으로 사용하는데 응용언어학에서는 주로 후자를 택하는 경향이 있다. 예를 들면 영어학습 동기(Norton Pierce, 1995; Schumann, 1997; Shoaib & Dörnyei, 2004), 학습자 정체성(Benson, Chik, & Lim, 2003; Kanno, 2003; Murphey, Chen, & Chen, 2004; Norton, 2000), 다중언어주의(Block, 2006; Pavlenko & Blackledge, 2004), 언어 소실(Kouritzin, 1999), 학습자 주도성(Murray & Kojima, 2007) 등의 주제를 연구할 때 학습자의 내러티브를 수집함으로써 새로운 주제를 찾을 수 있다.

내러티브 탐구는 학습자 개인이 언어학습 과정에서 어떤 의미를 부여하고 이것이 사회적, 문화적으로 어떤 의미가 있는가를 살펴볼 수 있다는 점에서 제2언어 학습자를 관찰하는 유용한 도구가 될 수 있다. 또한 내러티브 탐구는 교사, 학습자의 내면적 사고, 교수학습 활동의 사회적 특징을 이해하는 데 도움을 줄 수 있다. 내러티브 연구는 특히 개인이 사회적 정체성을 구성하는 것을 보여 준다는 점에서 교사, 학습자의 정체성 연구에 유용하게 사용될 수 있다. Barkhuizen 외 2인(2014)은 제2언어 학습 분야에서 내러티브 탐구의 유용성을 다음과 같이 기술한다.

> Narrative inquiry can help us to understand how language teachers and learners organize their experiences and identities and represent them to themselves and to others. (Barkhuizen et al, 2014, p. 5)

즉 내러티브 탐구는 학습자와 교사가 자신의 경험과 정체성을 어떻게 구성하고 자신과 다른 사람들에게 표현하는가를 이해하도록 도와준다. 내러티브 탐구는 실증주의적 전통의 연구가 학습자들의 보편적인 특징을 찾아내는 데 초점을 두는 것과 달리 개인의 독특한 경험, 이 경험이 어떻게 구성되고 전달되는가에 초점을 두기 때문에 존재론적, 인식론적 차이가 있다. 이야기(stories), 목소리(voices) 등의 제목이 붙은 연구들은 학습자의 '이야기'를 다루고 있다는 점에서 넓은 의미에서 학습자 내러티브라고 할 수 있다. 이러한 연구들은 학습자가 들려주는 이야기의 내용에 관심을 둔다. 그러나 좀 더 좁은 의미에서 내러티브 탐구는 연구자와 연구 참여자가 공동으로 3차원적 요소로 구성된 이야기를 가리킨다. 내러티브를 구성하는 방식에서도 일반적인 질적 연구처럼 주제 중심으로 연구자의 해석을 담아 기술할 수 있고, 이야기 자체를 내러티브로 구성할 수 있다. 왜 이런 방식으로 연구 결과를 기술해야 하는가를 질문할 수 있다. 이는 기존의 연구자 중심, 객관성 중심의 연구 전통에서 벗어나 연구 과정 자체를 연구자와 연구 참여자의 공동작업으로 이해하려는 노력이라고 할 수 있다. 또한, 연구 참여자가 들려준 이야기의 내용이 무엇인가도 중요하지만, 그 이야기가 어떤 상호작용을 통해 구성되고, 이야기를 통해 연구 참여자가 자신을 어떻게 규정하는가를 분석함으로써 이야기의 표면적인 내용뿐 아니라 심층적인 의미를 읽어내고자 하는 노력을 한다고 할 수 있다.

Barkhuizen 외 2인(2014, p. 3)은 제2언어 학습, 응용언어학 분야에서 내러티브 탐구 방법을 사용하는 것이 적절한지 결정하기 위해서는 다음과 같은 질문을 할 것을 제안한다.

- 다수 참여자에게서 수집한 자료를 통계적으로 분석한 연구보다 풍부한 묘사를 기초로 하는 개인의 사례연구에 확신이 더 가는가?(Are you more convinced by a richly described individual case study than you are by statistical analysis of experimental data collected from large numbers of people?)
- 개인이 언어 교수, 학습과정에 부여하는 의미, 그 결과가 개인의 삶에 미치는 결과에 관해 연구하고 싶은가?(Would you like research to tell us more about the meanings that individuals attach to teaching and learning languages and the consequences that teaching and learning have for their lives?)
- 교사나 학습자의 교수, 학습 경험에 대한 보다 다양한 이야기를 듣고 싶은가?(Would you like to hear more about the diversity of language teaching and learning experiences through the words of teachers and learners themselves?)

위에서 언급한 질문은 곧 내러티브 탐구의 목적 및 방법과 관련 있다. 제2언어를 배우거나 가르치는 학습자, 교사가 누구인가, 이들의 이야기에서 연구 주제와 관련하여 어떤 "울림"(resonance, 김병극, 2012, p. 20)이 있는 이야기를 추출할 것인가, 그리고 이들의 이야기를 통해 무엇을 어떻게 하자는 것인지('so what', 'who cares?')라는 질문에 대한 답을 하는 과정을 거친다. 이러한 질문에 대한 답은 결국 제2언어 학습에서 연구 참여자가 누구인지, 어떤 의미 있는 이야기를 하고 있는지, 이들의 이야기가 다른 제2언어 학습자, 학습 상황에 대해 어떤 함의점이 있을지가 중요하다.

제2언어 학습 분야의 내러티브 연구 분석 방법의 발달을 추적한 Vasquiez(2011)는 내러티브 연구의 지배적인 연구 방식은 사건, 경험, 생애의 중요한 부분 혹은 전체에 대한 중요한 성찰을 수반하는 자서전적 이야기 혹은 거대 담론을 다룬다고 하였다. 반면 특정 상황의 학습자가 개별적인 학습 경험을 어떻게 전달하는가를 살펴보는 연구는 많지 않다. 60~70년대에는 내러티브 구조와 내용에 초점을 맞춘 구조주의가 강세였다면 이후에는 인터뷰에 의한 인위적인 내러티브가 아니라 상호작용 속에 자연스럽게 나오는 내러티브에 관한 연구가 활발해졌다. 또한, 내러티브는 단일 화자의 이야기가 아닌 화자들의 공동행위(joint action, co-authorship)의 산물로써 간주되는 경향이 있다. 단순한 언어적 전사 작업에 의한 내러티브가 아닌 시선, 제스처, 운율, 억양 등의 다양한 모드(multi-modal, multi-semiotic)를 포함한 내러티브 연구로 변화하고 있다고 할 수 있다(김해연 외 7인, 2016, p. 92). 따라서 제2언어 학습 분야의 내러티브 연구는 학습자들의 보편적인 이야기, 거대 내러티브에 관한 관심에서 방향을 전환하여 작은 이야기 분석(small story analysis)을 통해 내러티브의 내용과 구조를 함께 분석하는 것이 필요하다.

내러티브는 한 마디로 관계성에 관한 연구이다. 이러한 입장에서 내러티브는 제2언어 학습자와 교수자의 관계, 교사의 역할, 제2언어 학습의 결과를 기술할 수 있는 유용한 도구가 된다. 다음 Connelly와 Clandinin(1999)의 기술은 이를 뒷받침한다.

> 관계적, 존재론적인 입장에 비추어 교사는 학생과의 관계성을 이해함으로써 피상적인 서로의 직위에 의해 교사는 단순히 학생을 가르쳐야만 하는 지식의 전달자로서 학생은 전수자로서의 관계성으로 인해 서로의 단절성을 경험하기보다는 교사와 학생이 서로의 삶을 공유하고 이에 따라 진전되어 가는 관계성을 통해 서로의 고정된 정체성이 언제든지 변하며 구성해 갈 수 있는 것으로 이해되는 내러티브 정체성(stories to live by, Connelly & Clandinin, 1999)에 대한 가능성을 열어둘 필요가 있다. (김병극, 2012, p. 25)

제2장

내러티브 탐구 자료 수집

2.1 연구자와 연구 참여자

2.2 자료 유형

2.3 자료 수집 절차

제2장

내러티브 탐구 자료 수집

2.1 연구자와 연구 참여자

내러티브 탐구의 가장 큰 특징은 연구자와 연구 참여자가 각자의 신념, 태도, 감정을 담아 공동으로 내러티브를 구성한다는 점이다. 즉 연구자가 일방적으로 질문하고 연구 참여자가 답하는 방식이 아니라 연구자와 참여자가 공동의 이해를 구성하기 위해 서로 묻고 답하는 과정을 통해 내러티브를 구성하는 것이다. 따라서 내러티브는 참여자만의 이야기가 아니라 연구자와 함께 구성하는 공동의 저작이라고 할 수 있다. Simon-Maeda(2004)는 일본 대학에서 영어를 가르치는 교사들의 정체성 형성에 관한 연구에서, 생애사 인터뷰를 통해 연구자와 연구 참여자들이 공동의 대화를 어떻게 구성하는지 보여준다. Norton과 Early(2011)

는 우간다 교사들의 이야기를 수집하는 과정에서 연구자이자 연구 참여자로서 역할을 하게 된다. 이들은 외국인 손님, 교사, 교사 교육가, 팀의 협동적인 멤버 등의 역할에 따라 내러티브가 다르게 구성됨을 보여 준다. 이는 내러티브 탐구의 텍스트가 연구자와 연구 참여자의 목소리가 함께 녹아 있는 이야기를 담고 있음을 의미한다.

반면 연구자가 최소한으로 개입하거나 개입하지 않고 연구 참여자가 긴 말차례(turn)로 이야기하는 방식으로 내러티브를 구성할 수 있다. 언어학습에 대한 회고록은 이러한 형태의 내러티브라고 할 수 있다. Holmes와 Marra(2011)는 이민 노동자의 일터에서의 일상적인 대화를 내러티브 자료로 수집하였는데, 이때 연구자들은 내러티브 구성 과정에 참여하지 않고 연구자로서 이민자들의 이야기를 듣기만 한다. 이처럼 연구자와 연구 참여자가 화자와 청자로서 어느 정도 개입하는가에 따라 다양한 형태의 내러티브가 구성될 수 있으므로 최근 연구자들은 상호작용이 일어나는 맥락에 관해 관심을 가지게 되었다(Bamberg & Georgakopoulou, 2008; Coffey & Street, 2008; De Fina, 2019). 상호작용 맥락에 관한 관심은 이야기의 내용뿐 아니라, 이야기를 하는 과정 자체가 참여자들이 자신의 '정체성 수행(performing themselves)', '정체성 하기(doing identities)'를 하는 것이라고 본다. Watson(2007)은 정체성과 내러티브의 관계를 다음과 같이 기술한다.

> If identification is conceived as an ongoing performance accomplished locally in and through our everyday interactions then it is the narratives that emerge in this context that become the focus of interest. (Watson, 2007, p. 372)

Watson(2007)에 따르면 정체성이 일상의 상호작용을 통해 지속적으로 성취되는 수행이라고 간주한다면 이러한 맥락에서 생겨나는 내러티브가 연구의 관심이 되어야 한다고 하였다. 즉 여러 가지 형태의 상호작용이 일어나는 다양한 맥락(예: 저녁 식사, 게임, 수업 등)에서 구성되는 내러티브를 통해 화자와 청자가 자신을 어떻게 구성하고, 보여 주는지를 살펴보는 것이 내러티브 연구의 주요한 주제가 될 수 있다는 것이다. 따라서 내러티브가 일어나는 맥락, 화자와 청자의 관계 등이 모두 내러티브 분석의 내용이 될 수 있다. 예를 들어 Gao(2011)는 영국에서 어학연수 프로그램(Study Abroad Program)에 참여하는 중국 학생들을 대상으로 한 문화기술지적 사례연구로 학생들이 영어를 사용하면서 민족적 정체성이 어떻게 형성되는지 살펴보았다. 그는 연구자와 연구 참여자의 관계가 이들이 공유하는 경험에 따라 복잡한 양상을 띨 수 있음을 보여 준다. 이 연구에서 연구자는 연구의 각기 다른 단계마다 참여자와 다른 관계를 형성하고, 이런 점에서 외부인이라기보다 내부자적인 입장에서 연구를 진행했다고 기술하고 있다. Gao(2011)는 연구자와 연구 참여자의 관계를 다음과 같이 기술하고 있다.

> My perspective and background affected how I spoke to and was heard by the participants. This often meant modifying my own discourse to facilitate comprehension and interaction. Besides being a researcher, a sense of other identities that I have claimed or had attributed to me was clear to me at different times in relation to the participants. The focal students and I shared a similar background. In 2003, I travelled to the UK and became one of the thousands of Chinese learners who leave their home to experience the world

and, more specifically, to further my postgraduate education and improve my English. In many ways, I was an insider to them: we all spoke Chinese; we had received similar primary and secondary education in Mainland China; and we were studying in Britain as international students. This helped me to better understand their needs and perspectives, develop rapport, and create opportunities for reciprocity as well as for highly interactive and dialogic research. At the same time, we occupied slightly different social (e.g., social class) and institutional positions (e.g., language school students versus PhD students), which also shaped our relationships. The relationship between my participants and me is not as simple as the relationship between the researched and the researcher. I was not merely recording and analysing the language output of the students but engaging them as joint participants in discursive work, in which my own voice was also present. We not only met each other in the classroom but also in various casual contexts, such as the city center, supermarkets, coffee shops, my house, or their houses. We shopped together, had dinner together, and called each other. They treated me as a friend, supporter, and researcher, and I regarded them as my participants and my friends. This complicated relationship between the researcher and the researched offers different opportunities for interaction on the findings of the research, acknowledging that divergent interpretations by the researcher and the researched may arise. (Gao, 2011, pp. 292-293, 밑줄 필자 삽입)

위에서 기술하듯이 Gao는 연구 참여자와 중국어를 모국어로 사용한다는 점, 중국에서 초, 중등학교에 다닌 경험을 공유한다. 또한, 영어를 배우기 위해 영국에 체류한다는 점에서도 유사점이 있으나 사회적인 위치 면에서 차이가 있다. Gao는 수업에서 연구 참여자를 만날 뿐 아니라 일상의 많은 부분을 함께 하기 때문에 이들을 연구 참여자이자 친구로 여기게 된다. 이러한 관계는 이들을 단순히 연구자-연구 대상자로만 규정할 수 없고, 다양한 상호작용이 다양한 해석을 낳을 수밖에 없다고 고백한다. 연구자와 연구 참여자 간의 밀접한 관계 연구 참여자를 더 잘 이해하는 데 도움이 되는 동시에 매우 상호작용적이고, 대화적인 연구를 가능하게 한다. 연구자와 연구 참여자 간의 가까운 거리, 이들의 공동 내러티브 저작은 내러티브를 다른 질적 연구와 차별화하는 특징이라고 할 수 있다.

2.2 자료 유형

내러티브 탐구는 주로 ESL, EFL 환경의 제2언어 교사가 학교 현장의 경험을 통하여 교사로서 성장하고 발전해 가는 이야기를 담은 내러티브에 관한 연구가 많이 진행된 반면 학습자에 관한 연구는 상대적으로 미흡하다. 본 장에서는 내러티브 자료의 유형에 따라 학습자 내러티브 연구를 구분하여 살펴봄으로써 학습자 내러티브의 방법 및 주제를 파악하고자 한다. 표 3은 학습자 내러티브 자료 유형으로 구분하여 보여 준다.

표 3. 자료 유형에 따른 내러티브 탐구 연구

자료 유형	관련 연구
구어 내러티브	Coffey & Street(2008), 김신혜(2015), Lee & Chern(2011), Miller(2010), Menard-Warwick(2004)
문어 내러티브 내러티브 프레임	김신혜(2019a), Barkhuizen et al. (2014), Macalister(2012), Murphey & Carpenter(2008), Murphey et al. (2004)
온라인/다중모드	Chick & Breidach(2011), Gao(2007), Garcia-Pastor(2018), S. Kim(2018) Lee & Paktin(2017)

위에서 보듯이, 학습자 내러티브의 자료를 수집하는 방법에 따라 구어, 문어, 그리고 다중 내러티브로 구분할 수 있다. 학습자 내러티브의 대부분은 인터뷰를 통한 구어 내러티브 형태로 수집된다. 그러나 구어 내러티브는 많은 학습자를 대상으로 하기 어렵고, 학습자 개인차가 크기 때문에 주로 소수의 학습자가 한 번 혹은 여러 번에 걸쳐 내러티브를 진술하는 과정으로 수집한다. 반면 문어의 경우 많은 학습자를 대상으로 할 수 있다는 장점이 있기 때문에 특정 집단을 대상으로 한꺼번에 자료를 수집할 수 있고, 이를 바탕으로 아카이브(archives)를 구축할 수도 있다. 학습자들이 무엇에 대해 이야기를 할지 잘 모르는 경우가 있기 때문에 구체적인 내러티브 프레임을 제시하여 문어 내러티브를 작성하도록 할 수 있다. 온라인 혹은 다중모드 내러티브는 구어나 문어 자료 외에도 시각 자료(그림, 비디오), 온라인 자료(소셜미디어 사이트, 다자간 회의 사이트 등) 등을 혼합하여 한 가지 이상 다른 유형의 내러티브를 구성하는 것을 말한다. 학습자들은 말이나 글로 내러티브를 구성할 뿐 아니라 그림, 비디오 영상, 사진 등의 자료를 사용하여 내러티브를 구성할 수 있다. 말로 다 표현하지 못한 내용을 그림으로 나타낼 수 있기 때문에 한 가지 방법으로만 내러티브를 수집하는 것보다 자료의 타당성을 높일 수 있다.

2.2.1 구어 내러티브

구어 내러티브는 내러티브를 진술하는 가장 보편적인 방법으로 연구의 목적에 따라 특정 사건에 대한 짧은 이야기, 개인의 삶에 관한 이야기를 재구성하는 생애사(life history), 개인적인 삶을 넘어서 집단의 역사와 관련되는 주제를 다루는 구술사(oral history)로 나뉠 수 있다. 또한, 인터뷰의 형태에 따라 구어 내러티브를 구분할 수 있다. 질문을 미리 준비하여 사용하는가 그렇지 않은가에 따라 구조적(structured), 반구조적(semi-structured), 개방형(open-ended)으로 구분한다. 어떤 형태의 인터뷰이든 질적 연구에서 인터뷰는 연구 참여자들이 살아온 세계, 경험의 의미를 참여자들의 관점에서 밝히는 데 있다. 다음 인용문은 인터뷰의 목적을 잘 기술하고 있다.

> [t]he qualitative research interview attempts to understand the world from the subjects' points of view, to unfold the meaning of their experiences, to uncover their lived world prior to scientific explanations. (Kvale & Brinkmann, 2009, p. 1, Barkhuizen et al., 2014 p. 16에서 재인용)

다음에서는 각 형태에 따른 인터뷰에 대해 좀 더 자세히 기술하고자 한다.

(반)구조적 인터뷰

구조화된 인터뷰에서는 연구자가 미리 준비한 질문을 그대로 하는 것으로 이는 구어 설문(oral questionnaires, Richards, 2003, p. 69)이라도 할 수 있다. 이러한 형태의 인터뷰는 많은 수의 연구 참여자를 대상으로 할 때 동일 질문을 사용함으로써 일관성을 유지할 수 있다는 장점이 있다. 그러나 구조화된 인터뷰는 연구 참여자가 추가적인 정보를 제공할 기회가 없기 때문에 풍부한 자료를 얻지 못할 위험성이 있다.

반구조적 인터뷰는 제2언어 학습 연구에 가장 많이 사용되는 형태로 연구자가 질문을 준비하되 인터뷰의 방향에 대한 가이드로만 사용하고, 참여자가 자유롭게 말하도록 하여 연구 목적에 부합하는 자료를 최대한 끌어내는 도구로 사용된다(a resource that can be drawn on in whatever way and to whatever extent is appropriate, Richards, 2003, p. 69). 반구조적 인터뷰는 내용의 통일성을 유지하기 위해 질문을 사용하지만, 연구자가 응답에 대한 후속 질문을 함으로써 참여자가 내용을 좀 더 상술하도록 하거나 명확하게 설명하도록 할 수 있다. 인터뷰 질문은 일반적인 배경을 묻는 데서 보다 구체적인 연구 문제와 관련된 질문으로 옮겨간다. 효과적인 인터뷰 질문을 하기 위해서는 다양한 종류의 인터뷰 가이드를 참고하는 것이 필요하다. 예를 들면 Block(2002)은 인터뷰 질문 외에 언어, 정체성, 문화가 연결되어 있음을 소개하는 문구를 포함하여 연구 참여자가 특정한 방향의 답을 하도록 할 뿐 아니라 연구의 목적을 분명히 함으로써 이에 부합하는 자료를 수집하도록 하였다.

인터뷰 끝부분에서는 연구 참여자가 앞서 말한 내용을 종합적으로 요약할 수 있도록 하는 질문이 필요하다. 예를 들어 Bellingham(2004)은 뉴질랜드에 이민 온 성인 학습자의 영어학습에 대한 인터뷰 마지막 부분에 40세가 넘어 새로운 언어를 배우는 사람에게 어떤 조언을 하시겠습니까?(What advice would you give to a person over 40 starting to learn a new language?)라는 질문을 통해 참여자가 인터뷰 중에 한 이야기를 돌아보고 요약할 기회를 제공하였다. 어떤 인터뷰든 인터뷰 끝에 참여자가 인터뷰 주제와 관련하여 더 하고 싶은 말이 있으면 하도록 기회를 주는 것이 필요하다. Reeves(2009)는 신임교사를 대상으로 한 반구조적 인터뷰에서 "영어 선생님이 되기까지의 여정에 대해 더 추가하실 이야기가 있나요?(Do you have any other comments on your journey to become an ESL teacher?)"라는 질문을 하여 참여자에게 인터뷰 내용에 대해 보완할 기회를 제공하였다.

Coryell, Clark과 Pomerantz(2010)는 언어학습사 연구를 위해 어떠한 인터뷰 질문을 사용하였는지를 자세히 보여 준다. 이들은 스페인어-영어 이중언어 구사자들이 왜 대학의 스페인어 온라인 강좌를 수강하는지에 관심을 가지고, 참여자의 공식, 비공식적 언어학습 경험이 온라인 학습에 어떠한 영향을 미치는지 파악하고자 하였다. 7명의 여성 학습자를 대상으로 면대면 인터뷰를 하였다. 이들은 연구를 위하여 미국 텍사스 주 내 2개 기관에 연구 참가자 모집 공고를 내고, 이를 통해 7명의 스페인어 여성 학습자를 연구 참여자로 선정하였다. 이들을 대상으로 면대면 혹은 전화로 반구조적 인터뷰를 하였다(평균 1.5~2시간 소요). 인터뷰는 영어로 실시되었고, 필요한 경우 스페인어를 사용하였다. 이들이 사용한 인터뷰 질문은 일반적인 언어학습 배경에 관한 질문과 온라인 학습 및 스페인어 학습에 관련된 구체적인 질문으로 구성되어 있다. 질문의 내용은 다음과 같다.

Language Learning History(LLH) 인터뷰 질문

일반적 배경에 관한 질문

1. Which language do you consider your native or first language? Why?
2. In what other languages do you consider yourself fluent?
3. Do you consider yourself a good language learner?

온라인 언어학습에 관한 질문

4. Why did you decide to take this class online?
5. How do you feel about using computers and technology in your learning?
6. How do you know you are learning in your online course?
7. What kinds of online learning activities do you like best? Worst? Why?
8. How do you describe your own ethnicity or culture?
9. Tell me about your experience in learning languages other than English.
10. Tell me about online language learning experiences you have liked.
11. Tell me about experiences that may have been uncomfortable or disturbing with regard to your learning or practice in Spanish classes online.

스페인어 학습 및 사용에 관한 질문

12. How do you feel when you need to speak Spanish? (examples)
13. How do you feel using Spanish while native Spanish speaking people are present or when bilingual Americans learning

Spanish are present? Why? How is the experience different? Can you give me some examples?

14. How do you feel writing in Spanish? (examples)
15. Do you think learning online is better or worse for learning a new language?
16. How do you feel now after addressing this issue? (Coryell 외 2인, 2010, p. 469)

이러한 질문을 바탕으로 하여 연구자들은 7명의 여성 학습자를 대상으로 면대면 인터뷰를 하였다. 연구자들은 전사 과정 중 보충 설명 혹은 명확한 설명을 위해 개별적으로 연락을 취하기도 하였다. 총 13시간의 인터뷰를 통해 17개의 전화 및 이메일 교환 자료를 수집하였다. 연구 결과 참가자들은 공식적인 스페인어를 가르치는 수업을 통해 진정한 스페인어(true Spanish)를 배우고자 하였는데, 이들은 자신이 일상생활에서 사용하는 Tex-Mex 스페인어와는 다른 진정한 스페인어를 사용함으로써 진정한 스페인어 구사자로서의 정체성을 추구하였다.[07] 즉 학습자들에게는 적법한 '진정한 스페인어=스페인 사람'이라는 등식이 성립하는 것으로 이는 제2언어 악센트와 학습자 정체성이 밀접한 관련이 있음을 보여준다.

---

07 Tex-Mex란 텍사스와 멕시코를 결합한 단어로, 멕시코와 국경을 맞댄 텍사스 주에서 멕시코의 영향을 받은 요리를 뜻한다. 여기서는 정통적인 스페인어가 아닌 영어와 혼합된 형태의 스페인어를 가리키는 용어로 사용되었다.

개방형 인터뷰

Riessman(2003)은 되도록 개방형 질문을 통해 화자의 이야기를 끌어내도록 해야 한다고 주장한다. Labov가 내러티브를 도출하기 위해 사용한 질문, "여러분은 죽을지도 모른다고 생각할 만큼 위험한 상황에 처해 본 적이 있습니까?"(Were you ever in a situation where you thought you were in serious danger of getting killed?, Labov, 1972)는 가장 대표적인 개방적 인터뷰 질문의 예이다. Riessman(2003)은 시각적 자료 등을 인터뷰에 사용할 수 있으나, 대체로 구조를 많이 부여하지 않도록 해야 한다고 주장한다. 그는 화자가 이야기하는 데 어려움이 있을 때 보조적으로 사용할 수 있는 주제 관련 질문(Can you tell me morc about that?, What was the experience like for you?)을 5~7개 정도만 준비하는 것이 적절하다고 하였다. 그러나 연구 참여자의 응답이 불분명하거나 이해할 수 없을 때는 후속 질문을 하고, 참여자가 응답을 쉽게 할 수 있도록 지속해서 대화를 이어가도록 해야 함을 강조한다. 개방형 인터뷰에서는 참여자의 응답이 대화를 지속하는 것이 매우 중요하기 때문에 참여자가 쉽게 인터뷰에 참여할 수 있도록 하는 것이 필요하다.

개방형 인터뷰에서 연구자는 보통 참여자에게 인터뷰를 위한 일반적인 틀을 제공함으로써 시작한다. 예를 들어 제2언어 학습자의 경험을 묻기 위해 "왜 영어를 배우기 시작했는지, 영어학습 과정에서 어떤 감정, 이해에 변화가 있었는지 말해 주십시오.", "중학교 이후부터 지금까지 영어 학습은 어떤 과정을 겪었나요?"와 같은 유도 질문(elicitation question)을 사용한다. Malcom(2004)은 참여자에게 첫 번째 인터뷰를 위한 질문을 연구 참여자에게 제공한 후, 2주 동안 4번에 걸쳐 인터뷰를 진행하였다. Cotterall(2004)은 학습자의 학습계획 및 협상 과정에 대한 장기간 연구에서 연구자와 연구 참여자의 상호작용이 인터뷰의 방향을 결정하는 데 결정적인 역할을 하는 것을 발견하였다. 따라서 연구자는 '인터뷰'가 아니라 '대화'를 하는 것으로, 비격식적 대화를 이끌어내도록 하는 것이 중요하다고 강조한다. 그는 인터뷰를 공동으로 구성하는 담화적 사건(co-constructed discourse events, Block, 2000, p. 759)이라고 정의하고, 인터뷰는 인터뷰하는 사람과 대상자의 상호작용의 결과물(a product of the interaction between interviewer and interviewee, Block, 2000, p. 759)이라고 하였다. Cotterall은 9개월 동안 6번 인터뷰를 하면서 연구 참여자인 Harry를 연구 동료(partner)로 인식하게 된다. 그는 Harry에게 어떤 내용이든 그에게 중요하다고 생각되는 점을 이야기해 달라고 하여 내러티브를 생산하도록 한다. 이를 통해 그는 학습자의 목표가 점점 좁혀져 가는 과정, 감정의 기복, 그리고 언어학습에 대한 인식의 변화를 내러티브의 중요한 주제로 발견하였다.

개방형 인터뷰에서 연구자는 청자로 참여하고 좀 더 명확하게 설명을 요구할 때만 질문하도록 해야 함을 강조한다. Chase(2003)는 생애사 인터뷰의 경우 연구 참여자가 평범한 말로 자신의 삶에 대해 이야기하도록 초대하되 특정 연구 주제에 초점을 두지 않도록 하라고 조언한다. 또한, 이야기 중에 참여자가 복잡한 이야기를 충분히 할 수 있도록 질문을 통해 지속해서 격려하여 이야기를 이어가도록 하라고 조언한다(reiterating the invitation [to tell a story] through questions that encourage fuller narration of the complexities of [the interviewee's] story, p. 289, Barkhuizen et al., 2014, p. 21에서 재인용). Richards(2011)는 연구자가 참여자의 이야기에 최소한으로 반응하도록 하여(yeah, uh-huh 등) 연구자의 특정한 입장이 전달되지 않도록 해야한다고 한다.

이처럼 개방형 인터뷰는 내러티브 탐구에 자주 사용되는 방법으로 연구 참여자에게 최대한의 자유를 보장하고, 중요하게 생각되는 주제를 더 깊이 탐구하도록 하는 데 유용하다. 개방형 인터뷰의 경우 연구자가 연구의 목적을 이야기하고 연구 참여자가 연구와 관련된 이야기를 최대한 자유롭게 하기 때문에 주제에 관련된 풍부한 내용을 수집할 수 있다. 그러나 연구의 목적과 관련 없는 이야기로 흘러갈 수 있고, 참여자가 적극적이지 않을 때 충분한 내용을 확보하지 못하는 위험이 있기 때문에 연구자의 인터뷰 기술이 매우 중요하다.

인터뷰의 목적, 형태가 어떠하든, 인터뷰 전에 연구자가 인터뷰를 통해 얻고자 하는 것이 무엇인지, 그리고 핵심적인 질문(big questions, Richards, 2003, p. 69)이 무엇인지 파악하는 것이 중요하다. 연구자가 인터뷰의 목적에 대해 분명하지 않으면 효과적으로 인터뷰를 진행할 수 없고, 이는 곧 인터뷰를 통해 구성되는 내러티브 내용에 영향을 미치게 된다. 이런 점에서 연구자가 질문을 미리 생각하지 않는 경우란 거의 없다고 할 수 있다. 왜냐하면, 연구자는 항상 연구 목표와 연구 문제를 가지고 참여자를 만나기 때문에 실제 아무런 방향 없이 인터뷰하기 어렵기 때문이다. Richards(2003, p. 26)는 인터뷰란 단순히 질문에 대한 답을 얻는 것이 아니라 "여행 중의 여행(journey within a journey)"으로 예기치 못한 상황이 생길 수 있음을 늘 염두에 두어야 함을 강조한다. 특히 개방형 인터뷰의 경우, 연구자가 질문을 준비하지 않고 연구 참여자가 제공하는 정보에 따라 질문의 내용이 달라지기 때문에 예상하지 못한 응답이 있을 수 있음을 생각해야 한다. 연구 경험이 많지 않은 연구자의 경우 개방형보다는 반구조적 인터뷰 형식을 택하는 것이 주제와 관련 있는 자료를 효과적으로 수집할 가능성이 크다.

포커스 그룹 인터뷰

인터뷰는 주로 일대일 상황에서 이루어지지만 여러 명의 연구 참여자가 함께 참여하는 경우도 있다. 특히 포커스 그룹(혹은 표적 집단, focus group)의 경우 6~10명 정도의 인원이 참여하고 사회자가 있다. 이 경우 특정한 방향을 정하지 않고 사회자가 주제를 소개하고 참여자들이 자유롭게 의견을 말하도록 하는 것이 일반적이다. 그러나 연구 참여자가 서로를 잘 알고 있는 경우 연구자가 사회자 역할을 하지 않고 연구 참여자끼리 이야기하도록 함으로써 더욱 자연스럽게 대화에 참여하도록 할 수도 있다. S. Kim(2012)은 대학에서 영어를 가르치는 원어민 교수들과 개별적으로 인터뷰를 실시한 후, 연구 참여자 4명을 모아 질문지를 주고 자유롭게 이야기하도록 하고, 연구자는 자리를 떠났다. 연구 참여자들은 같은 대학에서 가르치면서 서로를 잘 알고 있기 때문에 연구자가 없더라도 질문에 대한 답을 하는 과정이 어색하지 않았다. 또한, 이 과정에서 연구자가 의도하지 않았던 이야기도 할 수 있어서 자연스러운 대화가 될 수 있었다. Rajadurai(2010, p. 97)는 포커스 그룹에서 일어나는 상호작용과 이어지는 담화가 "커뮤니티 내러티브(community narrative)"를 형성한다고 하였다. 포커스 그룹 인터뷰를 위해서는 어떤 참여자를 선정하는가가 중요하다. 한 사람이 지나치게 대화를 장악하거나, 적극적이지 않은 참여자가 있으면 포커스 그룹을 통해 수집하는 자료가 편향적일 수 있기 때문이다.

인터뷰 빈도 및 기간

인터뷰 시간은 30분에서 몇 시간에 걸쳐 이루어질 정도로 다양한데 주로 1시간 반 이하이다. 반면 Tsui(2007)의 경우 4시간 이상(four intensive face-to-face conversations of about four hours each over the period of one week, p. 659) 인터뷰를 한 경우도 있는데 이는 연구 참여자를 컨퍼런스 기간인 1주일 동안 인터뷰를 해야 하는 상황이었기 때문에 한 번에 장시간 참여자의 생애 전반에 관한 이야기를 할 수밖에 없었기 때문이다. 그러나 이런 경우는 예외적인 것으로 연구자와 연구 참여자가 느끼는 피로감은 인터뷰의 질에 영향을 미칠 수 있으므로 지나치게 장시간 인터뷰를 하는 것은 바람직하지 않다. 피로한 경우 인터뷰를 빨리 끝내고 싶기 때문에 충분히 내용에 집중해서 이야기하기 어렵다. 인터뷰는 연구자와 참여자의 제약조건(만날 수 있는 시간, 장소 등)에 따라 기간이 결정되어야 한다(Richards, 2003). 인터뷰 기간은 전 언어학습 과정을 포함하는 경우도 있지만(Chik, 2007; Coffey & Street, 2008), 대부분은 특정 기간에 대해 순차적으로 질문하게 된다. 인터뷰 기간은 연구마다 상이한데 예를 들면, Kinginger(2004), Chik과 Benson(2008)은 4년, Block(1998), Lam(2002), Tsui(2007)은 1~2주, Barkhuizen(2010), Cotterall(2004), Swain과 Miccoli(1994) 수개월, Kanno(2000), Reeves(2009)는 수년에 걸쳐 진행되었다. 인터뷰 연구 중 드물게 장기간에 걸쳐 이루어지기도 한다. 인터뷰 기간이 짧을 경우 보다 긴 기간의 관찰 혹은 시험이 보완적인 자료로 사용된다.

인터뷰를 언제 하는지도 인터뷰의 내용에 영향을 미칠 수 있기 때문에 세심하게 고려해야 한다. Chik과 Benson(2008)은 Ally라는 학생을 대상으로 4년 동안 3개의 비구조적 인터뷰를 하여 그녀의 영국 유학 경험을

"잦은 여행가(frequent flyer)"로 묘사하였다. 인터뷰는 Ally의 해외 수학 이전, 중반, 이후에 이루어졌다. 첫 번째 인터뷰는 Ally가 영국으로 가기 전에(2003년), 두 번째 인터뷰는 2년 후 Ally가 방학 중에 홍콩으로 돌아왔을 때(2005년), 그리고 마지막 인터뷰는 Ally가 학위 과정을 마치고 홍콩으로 돌아온 지 6개월 후에(2007년) 이루어졌다. 각 인터뷰는 90~120분 정도 걸렸고, 홍콩어(Cantonese)와 영어가 혼용되었다. 인터뷰 연구가 반드시 장기간에 걸쳐 일어날 필요는 없으나 제2언어 정체성을 관찰하거나 학습자의 언어학습 과정을 관찰하기 위해서는 필요할 수 있다.

Swain과 Miccoli(1994)는 2개월 동안 소그룹에서 영어를 배우는 학생들을 대상으로 인터뷰를 7회 실시하여 영어학습의 정서적이고 사회적인 측면을 관찰하고자 했다. 첫 번째 인터뷰는 주로 연구자와 연구 참여자가 서로를 알아가는 과정이고, 나머지 인터뷰는 수업 관찰과 현장 노트를 중심으로 연구자가 관련된 질문을 하는 것으로 이루어졌다. 연구 참여자가 쓴 저널을 바탕으로 3~4회 인터뷰가 이루어졌고, 마지막 인터뷰는 연구 참여자가 전사 자료와 기본적인 분석에 대한 의견을 듣기 위해 실시되었다. 이 연구는 언어학습에 대한 회상적 기술과 수업이 진행되는 동시에 이루어지는 동시적 인터뷰를 보여주는 연구이다. 회상적 인터뷰(retrospective interviewing)는 연구 참여자가 과거의 언어학습 경험을 회상하면서 이야기하여 학습자의 과거 학습 경험이 현재 언어학습에 어떠한 영향을 미치는지 알고자 할 때 사용한다. 반면 실시간 인터뷰(concurrent interviewing)는 현재 언어학습 경험에 관해 이야기를 기술하도록 하는 방법이다. 어떠한 인터뷰 방법을 사용하든 학습자의 관점에서 학습 경험을 진술하고자 하는 데 목표를 둔다는 점에서는 동일하다.

구어 인터뷰의 경우 어느 정도의 길이여야 내러티브를 구성할 수 있는가 하는 문제를 고려할 필요가 있다. 화자의 이야기가 얼마나 보고할만한가(reportable)에 대해 Labov 같은 사회언어학자들은 일상적인 대화 중에서 충분히 긴 말차례(turn)를 가져야 한다고 하였다. 그러나 Reissman(2003)은 연구자가 대화 과정에 대한 조정을 하지 않는 한 어떤 주제도 내러티브를 구성할 수 있다고 보았다. 그는 화자가 사건을 이야기할 만한 것으로 만들고, 어떤 것이든 경험적인 성격을 띠는 긴 이야기 혹은 그렇게 만들어질 수 있는 것이면 내러티브가 될 수 있다고 보았다(tellers make events reportable in any interaction by making story out of them. Presumably anything of an experiential nature is worthy of a lengthy account or at least can be made so, Riessman, 2003, p. 56).

5) 인터뷰 참여자

구어 내러티브는 다양한 상황의 참여자를 포함한다. 비격식적 학습 상황의 성인 교포 학습자(heritage learners) 대부분은 수년간의 언어 학습 경험이 있는 성인 학습자로 연구자가 인터뷰 참여자를 직접 가르치지 않는 경우이다. 이 경우 인터뷰를 통하여 공식적 언어학습 경험 이외의 학습 경험을 이해하고자 하는 데 초점을 두게 된다. 교실 언어학습과 교실 밖 언어학습의 차이(Coffey & Street, 2008), 학습자 정체성과 교포 언어에 대한 태도와의 관계(Coryell et al., 2010; Shin, 2010) 등이 구어 내러티브의 연구 내용이다.[08]

---

08 교포와 이민자를 대상으로 구어 내러티브를 수집한 연구는 다음과 같다.
- 뉴질랜드의 남아프리카 이민자(Barkhuizen, 2006)

이와는 달리 공식적 학습 상황의 성인 학습자를 다룬 연구는 EFL 환경의 영어학습(Benson & Gao, 2008; Chen, 2002; Chik, 2007, 2008, 2011; Malcolm, 2004), 대학에서의 중국어 학습(Lam, 2002), 불어권에서의 불어 학습(Kinginger, 2004), 일본에서의 일본어 학습(Casanave, 2012)등이 있다. 또한 예비, 현직 영어교사를 대상으로 인터뷰를 실시한 연구도 많은데 이 경우 연구자가 연구 참여자들을 가르치고 있거나 이전에 가르친 관계에 있는 경우가 많다. ESL(English as a Second Language) 환경의 TESOL 프로그램에 참여한 교사(Case, 2004; Nam & Oxford, 1998; Reeves, 2009), EFL 환경의 비원어민 영어교사(Barkhuizen, 2010; Ellis, 2004; Hayes, 2010; Johnston, 1999; Liu & Xu, 2011; Tsui, 2007)등의 연구는 연구 참여자인 교사들이 어떠한 갈등을 경험하고 이런 경험이 교사 정체성에 어떠한 영향을 미치는지를 살펴보는 데 초점을 두었다.

2.2.2 문어 내러티브

Barkhuizen 외 2인(2014)은 문어 내러티브를 자서전적, 전기적, 다중적 내러티브로 구분하고 연구가 이루어지는 상황에 따라 다르게 사용된다고 하였다. 학습자 관련 내러티브는 연구자 자신의 언어학습 경험

- 영국의 대만, 일본 학생(Block, 2002)
- 영국의 홍콩 학생(Chik & Benson, 2008)
- 캐나다의 일본 학생(Kanno, 2000, 2003)
- 미국의 중국 학생(McKay & Wong, 1996)

을 기록하고 분석하는 자서전적 내러티브와 다른 학습자의 언어학습 경험을 기록하는 전기적 내러티브로 나뉜다. 자서전적 내러티브는 일기 양식으로 기록되는 경우가 대표적이다. Casanave(2012)의 일본어 학습 경험에 대한 일기는 자서전적 내러티브의 대표적 예이다. 마찬가지로 전기적 내러티브도 학습자가 수업 과제 혹은 연구에 참여하여 언어학습 경험을 기록한 자료이지만 연구자 자신의 경험이 아니라 다른 학습자의 경험을 분석한다는 점에서 차이가 있다. 전기적 내러티브는 언어학습사(Language Learning History, Murphey et al., 2004; Oxford, 1995) 혹은 저널, 이메일, 편지 등의 형식을 띨 수 있다. 문어 내러티브는 양식에 얽매이지 않고 참여자가 자유롭게 쓰게 할 수도 있지만, 내러티브 프레임(Macalister, 2012) 등의 방법을 통해 내러티브의 형식을 정해 줄 수도 있다. 예를 들어 예비교사, 현직교사들이 자신의 교수 경험에 대해 성찰 저널을 쓰고 이를 연구자가 분석하는 경우에는 전기적 성격을 가진다고 할 수 있다(Barkhuizen, 2008; Golombek & Johnson, 2004). 문어 내러티브는 수업의 일부로 주어지는 과제일 수도 있고, 연구를 위해 기록된 자료이거나 두 가지가 혼용되는 경우가 있다. 문어 내러티브는 흔히 구어 내러티브와 함께 자료 수집 방법으로 사용되는데 문어 내러티브를 사용한 예를 살펴보면 다음과 같다.

학습자 일기(Learner Diaries)

자서전적 학습자의 관점에서 학습과정을 기록한다는 점에서 개인의 일기와 유사하다. 상당한 기간에 걸친 언어학습 경험을 기록하여 자신의 학습전략, 학습 스타일, 감정, 간문화(intercultural) 경험에 초점을 두어 기록할 수 있다. Benson(2004)은 학습자 일기는 학습과 동시에 이루어지기 때문에 정서적 요인, 학습전략, 학습자의 인식에 대한 정보를 얻는 데 유용하다고 하였다. 일기는 다른 방법으로 접근할 수 없는 자료를 접할 수 있도록 하고(Faerch & Kasper, 1987), 제2언어 학습에 대한 풍부하고 깊이 있는 자료를 얻을 수 있다는 이점이 있다. 무엇보다 학습자 관점에서 기록한다는 점이 중요한데 연구자의 인터뷰나 설문을 통해서는 파악하기 어려운 학습자 내면의 변화, 언어학습에 대한 인식 등을 직접적으로 알 수 있는 자료를 제공하기 때문이다. 예를 들어 Campbell(1996)은 멕시코를 방문한 2개월간의 스페인어 학습 경험을 일기로 기록하였는데 이는 그의 이전 독일어 학습 경험이 스페인어를 배우는 데 어떤 영향을 미치는지를 살펴볼 수 있는 자료를 제공한다. 그는 교사와 친구 관계를 맺게 되고, 교실 밖 비공식적 상황에서 언어를 사용하는 전략을 사용하였는데 이는 이전 언어학습 경험에 근거한 전략임을 보여주었다. Campbell의 내러티브는 멕시코로 가기 이전 영어 언어학습 경험과 매일 하루에 두 번씩 3~4페이지 정도 분량의 일기를 기록한 자료를 포함한다. 그는 주말에는 더욱 자주, 길게 일기를 기록하였고, 음성 녹음과 친구와의 편지도 포함하였다.

김신혜(2019b)는 중국어 학습 경험을 일기에 기술하였다. 중국어 학습을 시작하게 된 동기, 그 이후 중국어 학습동기에 영향을 미친 요인들, 전통적인 교수법과 의사소통 중심 교수법에 대한 성찰 등을 기록하여 영어가 아닌 다른 제2언어 학습동기 변화에 대한 유용한 자료를 제공하고 있다. 또한, 이 연구는 이전의 동기 연구가 대부분 인지주의적 관점에서 이루어지는 데 비해 사회문화적 이론의 관점에서 학습자가 처해 있는 상황과 관련된 여러 가지 요인들이 상호작용하는 과정에서 유동적으로 변화해가는 요인임을 보여주고자 했다는 점에서 이전 연구와 차별되는 점이 있다.

언어학습사(Language Learning Histories)

학습자의 일기는 현재 진행 중인 학습에 대한 기록이지만 언어학습사는 과거 경험에 대한 회고적 기록(retrospective account)이다. 학습자가 언어를 배우는 전 기간을 포함한다는 의미에서 Benson(2011)은 이를 언어학습 커리어(language learning careers)라고 부르기도 했다. 언어학습사는 비교적 짧은 기간 작성될 수도 있고, 한 학기, 혹은 몇 년에 걸쳐 장기간 동안 작성될 수도 있다. Murphey 외 2인(2004)은 대학교 1학년 학생들의 영어학습자로서의 정체성 형성에 관심을 가지고 학습자들이 어떻게 학습하는지, 어떻게 상상적 커뮤니티(imagined communities)에 투자하는지 밝히고자 하였다. 그들은 일본 대학생 84명, 대만 대학생 58명을 대상으로 수업의 일부로 언어학습사를 쓰도록 하였다. 언어학습사를 쓰기 위해 학생들에게 다음과 같은 질문을 제시하였다.

Guiding questions (Murphey et al., 2004, p. 86)

1. How did you learn English in Junior High School and High School?
2. What positive and negative experience did you have and what did you learn from them?
3. What were you expecting before you came to the university?
4. What were you surprised about in your university classes?
5. How have you changed your ways of language learning since coming to the university?
6. What are the things that you found especially helpful?
7. What are the areas that you still want to improve in?

8. How do you think your next three years will be?
9. What are your language learning plans and goals after graduation?
10. What advice would you give to next year's first year students?

1~6번 질문은 학습자의 과거 경험에 대한 질문이라면 7~9번 질문은 앞으로의 계획에 대한 질문이다. 10번 질문은 앞에서도 언급한 것처럼 학습자가 자신의 언어 경험을 돌아보고 나름 어떠한 결론을 내렸는지 이야기할 수 있도록 하는 가이드 역할을 한다. Murphey 외 2인(2004)의 연구에 참여한 학생들의 언어학습사 내러티브를 분석한 결과 학습자들은 영어학습 동안 결정적 사건(critical incidents)이 있고, 이를 계기로 제2언어 학습에 동기를 가지고 투자(investment, Norton, 2000)의 노력을 하는 경향을 보인다고 한다. 이와 유사하게 Tse(2000)는 미국 대학의 성인 영어학습자의 언어학습, 교수법에 대한 인식을 조사하기 위해 다음과 같은 질문을 제시하였다.

1. Which languages have you tried to learn?
2. How proficient are you in these languages? Are you able to speak, read, write them?
3. Where did you study these languages? (e.g. study abroad, FL class), during what time in your life, for how long?
4. What were your reasons for studying these languages?
5. What types of activities or lessons were common in these classes?
6. What are some positive and negative aspects of studying a language this way?
7. How successful were you in acquiring the languages?

8. What contributed to your success/lack of success? Why?
9. How do you feel about learning languages as a result of your experiences?
10. What would you change about language classes to make them more efficient? (Barkhuizen et al., 2014, pp. 39-40에서 재인용)

위의 질문은 학습자가 어떤 유형의 제2언어 학습 경험을 했는지를 묻고, 이에 따라 어떤 점이 긍정적이고 부정적이었는지 좀 더 구체적으로 답하도록 하고 있다. 또한, 자신을 성공적인 학습자로 평가하는지, 자신의 영어학습 성공 혹은 부족함의 이유가 어디에 있다고 생각하는지에 대해 자기평가를 하도록 한다. 앞으로 언어학습을 한다면 어떤 점을 바꾸고 싶은지 질문함으로써 학습전략에 내해서도 생각할 수 있는 프롬트(prompt)를 제공한다.

내러티브 프레임

문어 내러티브를 작성하는 경우 연구 참여자에 따라 분량의 차이가 많을 수도 있고, 어떤 내용을 써야 하는지를 파악하지 못해 어려움을 겪는 응답자도 있을 수 있다. 또한, 많은 학생들을 대상으로 내러티브를 수집하는 경우, 일정한 양식이 있다면 내러티브와 양과 내용을 통제할 필요가 있다. 내러티브 프레임은 문장 일부를 주어 참여자가 내러티브를 너 쉽게 작성하도록 하는 장치이다. Barkhuizen 외 2인(2014)은 내러티브 프레임을 다음과 같이 정의한다.

A narrative frame is a written story template consisting of a series of incomplete sentence and blank spaces of varying lengths. It is structured as a story in skeletal form. The aim is for participants to produce a coherent story by filling in the spaces according to their own experiences and their reflection on these in the process of narrative knowledging. (Barkhuizen et al., 2014, p. 402)

내러티브 프레임은 다양한 길이의 빈칸과 미완성된 문장으로 이루어진 이야기 템플릿이다. 이는 연구 참여자가 일관성 있는 이야기를 구성할 수 있도록 도와주는 기본적인 구조를 제공하는 것이다. 예를 들어 Macalister(2012)는 Kiribati의 선원을 위한 영어 프로그램 개발 요구 조사 연구에서 문장 처음 부분을 제시하고 나머지 부분을 완성하도록 하는 내러티브 프레임을 제공하여 내러티브를 수집하였다. 그가 제시한 내러티브 프레임은 다음과 같다.

표 4. Macalister(2012)의 내러티브 프레임

My English Story
I first started learning English . . . The first time I remember speaking English to an i-mating was . . . When I started at MTC I felt my English was . . . Then I felt Bonriki and started work as a seaman. When I started on my first ship I felt . . . One time I had problems because of language was when . . . However I have been able to achieve many things in English. For example, When I think about learning English at MTC the most useful things were . . . At the same time, I wish I could have learned . . . There are still things I need to be able to do using English. For example , . . .

이러한 프레임을 통해 Macalister(2012)는 선원들이 언제 영어를 사용하게 되고, 영어로 할 수 있는 일이 무엇인지, 영어를 배울 때 효과적인 방법은 무엇이었는지, 영어로 하고 싶은 일은 무엇인지에 대해 일관된

내용의 내러티브를 수집할 수 있었다. 이는 내러티브의 기본적인 틀은 연구 참여자들이 어떤 내용을 내러티브에 포함해야 하는지, 어떠한 구조로 이야기를 전개해야 하는지에 대한 가이드를 제공하는 역할을 한다. 이는 설문조사보다는 개방적인 성격으로 참여자들이 자신의 경험에 바탕을 둔 이야기를 자유롭게 할 수 있는 여지를 허용하되, 연구자들이 초점을 가지고 이야기를 구성하도록 하여 연구의 목표를 달성하는 데 필요한 자료를 효과적으로 수집하는 방법이다. Macalister(2012)는 이러한 문어 내러티브를 통해 선원들이 유창성, 다양한 영어를 알아들을 수 있는 능력, 알아듣지 못했을 때 의사소통 전략을 적절하게 사용하는 능력을 향상하고자 하는 요구가 있음을 파악하였다.

Barkhuizen과 Wette(2008)는 내러티브 프레임이 개인의 이야기된 스냅샷(a storied snapshot, p. 381)을 포착하는데 유용한 도구가 된다고 하였다. 이들은 중국 교사들을 위한 연수프로그램에서 내러티브 프레임을 사용하여 교사들의 언어 교수 경험, 연구 참여, 교육과정 개발 및 평가 경험에 관해 기술하도록 하였다. 주로 과거에서 시작하여, 현재, 미래로 옮겨가는 시간 순으로 문장을 구성하도록 하여 교사들의 경험과 그들의 성찰을 이야기 형태의 자료로 수집하였다. 이를 통해 교사들은 과제 중심 학습에 대한 인식, 교실학습, 연수프로그램 내용 등에 대한 의견을 기술할 수 있었다. 다음은 Barkhuizen과 Wette(2008)의 내러티브 프레임에 사용된 질문의 예시이다.

Barkhuizen과 Wette(2008)의 내러티브 프롬트 질문

Second language teaching and learning

I am an English teacher. The best thing about my teacher training was that...

1. When I first started to teach...

2. The place where I now teach is...

3. My students are...

4. In my own classroom, I have the power to...

5. Making changes to my teaching practice is something that...

6. This is probably because...

7. In the future, I am going to try to...

Research methodology

9. I remember once in my classroom I had a very difficult time trying to...

10. The main reason for this problem was that...

11. I tried to solve the problem by...

12. It would have been very helpful if...

13. In relation to this difficulty, the type of research I'd like to do would...

14. The aim of the research would be to...

15. A major constraint, though, might be that...

Language curriculum and materials development

16. When I think about my own teaching, I realize that the most important thing I do in my classroom is...

17. This is because...

18. What I really enjoy doing in my classroom is...

19. I think my students believe that...

20. There are some aspects of my teaching situation that I find very challenging. For example, ...

21. I'm not sure what to do about this. But one possibility might be for me to...
22. It would also be good to get help from...

Assessment in the language curriculum

23. My students are in the process of learning English. If they are not doing well, their studies at university will...
24. As their teacher I have the responsibility to ensure that...
25. Sometimes this can be a little frustrating because...
26. However, ...
27. When my students finish university, they...
28. The best way to know how successful their learning has been is...
29. And what about my teaching? I know I have done a good job when...

Barkhuizen과 Wette(2008)의 내러티브 프레임 내용은 제2언어 교수학습법, 교육과정 및 교재개발, 평가로 구성되어 있고, 각 문장의 첫 부분이 주어져 있어 문장을 완성하게 되어 있다. 어떤 질문은 응답의 내용이 매우 구체적이어서 문장을 쓰는 것이 어렵지 않은 경우도 있다. 예를 들어 16~18번은 교사가 자신의 수업에서 중요하게 생각하는 활동, 이유, 수업에서 즐겨 하는 활동이 무엇인지에 대해 답하는 것으로 대부분의 교사들이 자신의 수업 상황을 생각하면 쉽게 답할 수 있는 부분이다. 그러나 연구 활동과 관련된 9~15번 질문의 경우 한 번도 연구에 대해 생각해 본 적이 없는 교사라면 답하기 쉽지 않을 것이다. 특히 어떤 유형의 연구를 하고(13번), 연구의 목표가 무엇이고(14번), 이런 연구를 할 때 제한점이 무엇인지(15번) 생각하는 것은 연구에 대한 배경지식이 있는 교사가 아니면 답하기 어려운 부분일 것이다. 주어진 문장이 간단한 경우에도 응답으로 써야 하는 내용이 항상 명확한 것은 아니다. 예를 들어 학생들이 영어를 잘하지 못하면 대학에서의 공부가 어떻게 될 것인지(23번), 학생들이 대학을 졸업하고 어떻게 될 것인지(27번)에 관해서는 어떤 내용을 써야할지 금방 떠오르지 않을 수 있다. 구어 인터뷰라면 연구자가 추가적인 설명을 하고 연구 참여자가 이를 이해한 후 답을 하지만 문어 내러티브의 경우 부가적인 설명을 통해 질문의 의도하는 바를 명확하게 밝힐 수 있는 기회가 없다. 이런 점이 문제로 지적되지만, 내러티브 프레임은 다음과 같은 장점 때문에 문어 내러티브를 수집할 때 활용할 수 있다.

- 성찰적 저널 쓰기에 익숙하지 않은 연구 참여자들에게 내러티브 프레임은 스캐폴딩 역할을 함으로써 교사들이 자신의 내러티브를 구성할 수 있도록 할 수 있다.
- 내러티브 프레임을 통해 연구자가 얻고자 하는 정보를 효과적으로 수집할 수 있다.
- 내러티브 프레임은 연구 참여자들이 긴 이야기를 할 수는 없지만, 자신의 삶에 관한 스냅샷을 제공할 수 있고 비슷한 상황에 있는 다양한 내러티브는 유용한 정보를 제공해 줄 수 있다.
- 내러티브 틀을 통해 구조화된 내러티브는 자료 분석이 용이하다. 연구자들이 일관성 있는 이야기를 일정한 틀에 담아 이야기하기 때문에 구조 및 내용을 파악하는 것이 용이하다.
- 지면의 제약 때문에 많은 양의 자료를 수집할 수 없는 경우 내러티브 프레임은 일반적인 내러티브 연구보다 많은 자료를 수집하고 분석할 수 있다.

- 내러티브 프레임은 탐구적 성격이므로 어떤 연구 상황에서든 유용하게 활용될 수 있다.

이와 같은 장점 때문에 내러티브 프레임은 다수를 대상으로 하는 문어 내러티브를 수집하는 데 유용하다. 그러나 다음과 같은 단점도 고려해야 한다.

- 더 많이 쓰고자 하는 욕구가 있는 참여자의 경우 지면의 제약이 문제가 될 수 있다.
- 내러티브 프레임이 제공하는 구조가 참여자가 이야기하고자 하는 방식과 일치하지 않을 수 있다. 내러티브 프레임은 모든 참여자가 같은 방식으로 이야기를 전개하도록 하는데 이는 연구 참여자가 원하는 방식과 일치하지 않을 수 있다. 이야기를 전개하는 방식, 즉 이야기의 구조 자체 역시 학습자에 대한 정보를 제공할 수 있는데 내러티브 프레임은 그러한 정보를 제공할 수 없다.
- 연구자가 더 많은 내용을 알고 싶을 때가 있을 수도 있으나, 제한적인 지면을 제공하기 때문에 연구 참여자가 충분한 이야기를 하지 않을 수도 있다.
- 연구 참여자가 내러티브 프레임에 제시되지 않은 다른 주제와 관련된 이야기를 할 가능성이 없다. 연구 참여자에게 특이한 경험을 이야기할 여지를 제공하지 않기 때문에 중요한 정보를 수집하지 못할 수 있다.
- 연구 참여자가 연구자가 의도하지 않은 의미로 프롬트를 해석할 가능성이 있다. 프롬트는 대부분 문장의 일부가 주어지는데, 이에 대한 해석이 명확하지 않을 수도 있다.
- 내러티브 프레임의 구성이 엉성하거나 지시문이 명확하지 않으면 연결되지 않는 응답을 할 가능성이 있다.

- 내러티브 프레임은 참여자의 이야기를 비개인화(de-personalized) 할 가능성이 있다. 내러티브의 목적은 개인의 특이한 경험을 이야기로 구성하도록 하는 것인데 내러티브 프레임은 일관된 틀을 제공함으로써 연구 참여자의 개인적인 이야기를 틀에 가두는 결과를 초래할 수 있다.

이러한 단점을 극복하기 위해 Barkhuizen과 Wette(2008)는 시작 문장 다음에 쓸 수 있는 공간을 여유 있게 제공할 것과 문장 첫머리를 프롬트로 제공하는 것 이외에 다른 형태의 프롬트(주제어, 문장 중간, 끝 부분 제시, 시간과 장소 표현, 프롬트들의 결합)를 제시할 것을 제안한다. 또한 프롬트 간의 공간을 적게 제시하여 통제를 더 하는 방법과 문단의 처음과 끝을 제공하여 이야기를 완성하도록 하는 방법도 고려할 것을 권한다. 뉴질랜드 이민자들의 영어학습 문제와 성공 경험에 대한 Barkhuizen(2008)의 연구를 예로 들어보자. 그는 응답자들이 보다 많이 쓰고 싶어 하는 욕구를 만족하기 위해 문장 시작과 끝에 빈 박스를 제공하고, 문장 시작은 In the past, Now, in the future로 시작하도록 하였다.

표 5. Barkhuizen(2008)의 내러티브 프레임

In the past
When I first came to NZ, my English was . . .

Now
Now my English is . . .

In the future
In the future, I would like to use English to . . .

이와 유사하게 김신혜(2019a)의 연구에서도 다음과 같은 내러티브 프레임을 사용하여 학습자들의 영어학습 경험에 대해 기술하도록 하고 있다.

표 6. 김신혜(2019a)의 내러티브 프레임

다음은 여러분의 영어학습 경험에 관한 이야기를 듣고자 합니다. 해당하는 내용을 자유롭게 써 주세요.

1. 처음 영어를 배웠을 때
언제, 어떤 방법으로 배웠는지, 느낌은 어땠는지? 개인적 경험 중에 기억나는 것이 있다면?

2. 중, 고등학교 때
나는 주로 . . . 을/를 공부했다. 왜냐하면 . . .
->
나는 영어를 좋아했다/싫어했다. 왜냐하면 . . .
->

3. 대학교 때
나는 주로 . . . 을/를 공부했다. 왜냐하면 . . .
->
나는 영어를 좋아한다/싫어한다. 왜냐하면 . . .
->
대학에서 영어 공부할 때 도움이 되었던 활동/사람/자료/기억에 남는 경험은 ->

4. 영어학습 계획/희망
나는 영어를 잘한다/못한다고 생각한다. 왜냐하면 . . .
->
나는 영어공부를 위해 . . .을 하고 싶습니다.
->
내가 희망하는 이상적인 영어수준은 . . . 을 할 수 있는 것이다/ . . .이러한 무습이다.
->

5. 영어를 한 마디로 표현한다면
영어는 . . .과 같다고 생각합니다. 왜냐하면 . . .

이러한 내러티브 프레임을 통해서 연구 참여자들은 비교적 쉽게 자신의 영어학습 경험을 기술할 수 있었다. 그러나 예를 들어 "나는 주로 영어를 공부했다. 왜냐하면 영어를 좋아해서"(2번 문항), 나는 영어 공부를 위해 "열심히 영어 공부를"하고 싶습니다(4번 문항)와 같이 연구자의 의도한 바가 잘 전달되지 않아 정보가 별로 없는 문장을 기술하는 경우도 있다. 이러한 경우에 연구 참여자가 자신의 응답을 수정할 기회가 없으므로 자료 일부를 분석에 포함하지 못하는 낭비가 있을 수 있다.

성찰적 저널

성찰적 저널은 인터뷰, 관찰 등의 다른 자료 수집 방법과 함께 사용될 수 있는데, 이는 연구 참여자에 대한 탐구적인 연구를 할 때 적절하다. 언어학습자의 내러티브가 학습자의 언어학습 과정을 기술하는 것이라면 교사 내러티브는 교수 상황(교실, 학교, 지역사회, 사회문화적 상황), 교수 방법(teaching practices), 교사의 신념, 전문성 개발에 대한 교사들의 성찰을 포함한다. 교사들에게 성찰적 저널을 쓰게 하는 경우에는 다음과 같은 사항을 고려해야 한다.

- 저널이 몇 개 필요한지
- 얼마나 자주 써야 하는지
- 각 저널은 얼마나 길게 써야 하는지
- 얼마나 오랫동안 써야 하는지
- 어떤 주제에 관해 써야 하는지
- 교사가 저널을 가지고 무엇을 할 수 있을지(수업과제, 연구 분석 자료, 혹은 연구자와 교사가 분석 과정에 협력할 가능성이 있음)
- 내러티브 분석, 보고를 읽는 독자는 누구인지?

교사의 성찰적 저널이 내러티브 자료가 된 연구로 Sakui(2002)를 들 수 있다. 그는 일본 대학의 영어 강사로 자신의 영어학습 경험이 영어를 가르치는 데 어떠한 영향을 미치는지 조사하고자 하였다. 이를 위해 그는 저널을 기록하였는데 학습과 삶의 경험 중 깨달음(epiphanies)이 있었던 부분을 중심으로 저널을 기록하였다. 6개월(1학기) 동안 작성한 그의 성찰적 저널은 특정한 목적을 위해 기록한 것이 아니라 연구자 자신의 교수법과 관련해서 중요하거나 재미있다고 생각되는 점을 기록하였다. 연구자가 작성한 다양한 길이의 29개의 저널(50쪽 분량)은 교사의 교수법에 대한 성찰을 보여주는 것으로 이는 연구 참여자인 동시에 연구자인 Sakui가 자신의 삶, 전문적 직업인으로 사는 삶을 기록한 자서전적 기술로 볼 수 있다. 내러티브 프레임을 사용하여 교사의 성찰적 저널을 수집한 경우도 있다. 내러티브 프레임을 사용하여 중국 영어 교사들의 전문성 계발과정에 대한 내러티브를 살펴본 Barkhuizen과 Wette(2008), Wette와 Barkhuizen(2009)의 연구도 교사의 성찰 저널의 예로 볼 수 있다.

2.2.3 다중모드 내러티브

다중모드 내러티브(multimodal narratives)는 디지털 시대를 반영하는 특징적인 내러티브 방법이다. 전형적인 구어, 문어 내러티브 자료 외에 시각 자료를 포함하여 문자로 기록된 내러티브를 보다 풍성하게 구성하는 방법이다. 다중모드 내러티브는 미국의 만화가 Lynda Barry가 2002년 *One Hundred Demons*라는 작품에서 자신의 개인적인 이야기와 사회적 이슈를 다루기 위해 종이접기, 신문기사 스크랩, 압화 등을 활용하여 그래픽 소설을 출판한 데부터 관심을 받기 시작했다. 그녀는 다채로운 책의 콜라주와 젠 잉크 그림을 통해 자신의 아동기에서 성인기에 이르는 리터러시 발달과정을 보여 주었다. 제2언어 습득 연구에서도 이러한 시각적 자료에 관심을 가지게 되면서 기존의 문어 자료 외에 그림, 하이퍼링크 등의 자료를 수집하고, 인터뷰 과정에서 이러한 자료를 인공물(artifacts)로 사용하는 경향이 증가하게 되었다.

다중모드 텍스트는 디지털 다중모드 텍스트, 비디지털 다중모드 텍스트, 멀티미디어 텍스트 등으로 구분할 수 있다. 연구 참여자가 연구자와 협력하여 내러티브를 구성하거나 문어 내러티브를 보조하기 위해 시각적 자료를 활용할 때 이러한 유형의 텍스트가 수집될 수 있다. 학습자들의 언어학습 과정이나 경험을 표현할 때 사진을 사용하거나 그림을 그리고 이에 대한 간단한 설명을 첨가하도록 할 수 있고, 사진이나 그림은 조별 토론 자료로 활용하여 학습 경험에 대한 내러티브를 구성하도록 할 수도 있다. 이러한 자료는 정규 수업 시간에 수업 과제의 일부로 수집할 수 있고(Li, 2011), 사진, 디지털 이야기(Vasudevan, Schultz, & Batemanet, 2010), 사진과 하이퍼텍스트가 포함된 텍스트 기반 언어학습사(Menezes, 2008), 온라인 멀티미디어 언어학습사(Chik & Breidbach, 2011)의 형태로 구성될 수 있다.

시각 자료는 인터뷰의 프롬트로 흔히 사용되며, 인터뷰 대상자의 관점에 대한 통찰력을 얻기 위해 문화기술지 연구에서 흔히 사용된다. Nikula와 Pitkanen-Huhta(2008)는 인터뷰 시에 사진을 사용하여 공식적, 비공식적 상황의 영어학습에 대한 학습자들의 토론을 이끌어 내고자 하였다. 연구 참여자인 핀란드 학생(여학생 4명, 남학생 3명)에게 자신의 일상에서 영어와 관련하여 중요하다고 생각되는 활동, 장소, 상황에 대한 사진을 각각 70장 정도 촬영하도록 하였다. 이렇게 수집한 사진을 여행, 엔터테인먼트, 프린트 미디어, 컴퓨터, 취미 등의 5개의 범주로 분류하고, 2회에 걸쳐 연구 참여자들에게 사진에 관련된 이슈들에 관해 토론하도록 하였다. 이는 사진을 학습자 자신의 언어에 대한 주관적 경험을 기록하는 도구로 사용한 예로 특히 교실 밖의 영어학습에 관해 이야기하도록 하는 데 사진을 활용하는 것이 효과적임을 보여주었다. 이 연구에 참여한 학습자들은 교실과 같은 공식 상황에서는 영어를 학습(learning)하는 것으로, 교실 밖의 비공식 상황에서는 영어를 사용(use)하는 것으로 구분하고 있었다. 참여자들은 개인적으로 유의미한 비공식적 상황은 학습으로 생각하지 않고, 자신들의 취미(예: 스케이트 보딩)에 관련하여 영어 표현을 사용하는 것은 영어학습이라기보다 자신의 전문성을 보이는 도구로 인식하는 경향을 보여주었다.

멀티미디어 언어학습사(Multimedia Language Learning Histories)

Nikula와 Pitkanen-Huhta(2008)는 인터뷰를 보완하는 부가적인 자료로 사진을 사용한 데 비해 Menezes(2008)는 멀티미디어 언어학습사를 분석 대상으로 하였다. 그녀는 언어학습사를 공식적, 비공식적 상황으로 나누고, 참여자가 주도성을 가지고 멀티미디어 자료를 사용하도록 하였다. 참여자들은 교실 밖 비공식적 학습 상황에서는 대중음악 사이트나 다른 비디오 사이트를 더 많이 삽입하는 경향을 보였다. 이를 통해 멀티미디어 텍스트를 많이 사용하는 것이 학생들의 불안감을 낮추고 학습에 대한 주도권을 가지게 하는 데 도움이 됨을 발견하였다. 이 연구는 학습자들이 사진, 오디오, 하이퍼링크 등의 멀티미디어 자료를 통해 학습자들이 자신의 경험을 풍성하게 다시 이야기할 수 있음을 보여주었다는 점에서 의의가 있다. 또한, 멀티미디어 파일 공유성을 활용하여(Yahoo Group을 통해 공유) 참여자들이 언어학습사를 개인적인 공간에 게시하여 공유할 수 있기 때문에 다른 사람의 언어학습사를 읽는 과정에서 그룹 내 결속력이 생기고 언어학습사가 역동적으로 작성될 가능성이 있다. Chik과 Breidbach(2011)의 연구 역시 이러한 멀티미디어 언어학습사의 예를 보여준다. 이들은 홍콩과 독일 학생들이 온라인 환경에서 자신들의 학습 경험을 공유하고 이에 대한 반응을 적도록 하였다. 이 연구는 홍콩의 영어 전공 학생들과 독일의 예비 영어 교사 학생들의 문화교류 과정에 대한 언어학습사를 기록하도록 하여 다른 문화권 학생들의 대화를 촉진함으로써 언어학습 과정 및 발달에 대해 성찰하는 것을 목표로 하였다. 이들은 web 2.0이라는 온라인 플랫폼을 사용하여 참여자들이 상호작용할 수 있도록 하였는데 홍콩 학생들이 먼저 자신의 멀티미디어 언어학습사를 위키(wiki) 사이트에 올리고 독일 학생들이 텍스트 기반 언어학습사를 사이트에 탑재하여 서로 피드백을 주고받도록 하였다. 페이스북(Facebook) 그룹과 스카이프(Skype)를 통해 온라인 회의도 이루어졌다.

연구 결과, 홍콩 학생들은 소셜미디어 서비스를 통해 온라인 상호작용을 활발히 하고자 한 반면, 독일 참여자들은 몇 명만이 상호작용에 반응을 보였다. 홍콩 학생들은 언어학습, 그리고 교실 밖에서의 언어 사용을 강조하였고, 사진이나 대중문화 관련 시각자료, 유튜브 비디오 등을 포함한 멀티미디어 자료를 많이 포함하였다. 반면 대부분의 독일 학생들은 몇 개의 비주얼 자료를 제외하고는 텍스트 기반 언어학습사를 작성하였고, 내용 면에서도 자신의 이전 학습 경험에 대한 교육학적인 평가가 주를 이루었다. 홍콩 학생들이 영어 대중문화와 미디어 텍스트를 교실 밖 영어사용 도구로 사용한다는 것은 대중문화가 언어학습사 교환에서 중요한 소재가 될 수 있음을 보여준다. 연구 참여자들 간의 언어학습사 교류는 언어학습에 대한 내러티브를 수집하는 도구로써 의의가 있지만, 온라인 언어학습사 자체가 교실 밖 언어학습 현장이 될 수 있음을 보여주기도 한다. 따라서 영어학습의 현장성을 위해서 이러한 멀티미디어 기반 언어학습사를 활용할 가능성을 제시한다.

그러나 이러한 멀티미디어, 혹은 그림 사진을 포함한 다중모드 내러티브는 나름의 한계와 윤리적 문제점이 있다. 그림이나 사진 등은 컬러이지만 학술지에서는 흑백으로만 제시되어 원본이 가지는 생생한 느낌을 전달하기 어렵다는 점도 있고 하이퍼텍스트나 멀티미디어 텍스트는 스크린 샷으로만 제시될 수 있기 때문에 이러한 텍스트가 가지는 비선형성을 보여주기가 어렵다. 개인정보를 포함하는 연구는 연구동의, 익명성, 저작권(consent, anonymity, copyright) 등과 관련된 윤리적 이슈를 고려해야 한다. 연구 참여자는 연구자에게 자신의 텍스트가 연구와 교육의 목적으로만 사용된다는 데 동의해야 한다. 온라인상의 개인정보는 더 복잡할 수 있다. 사진이나 유튜브 영상 등의 시각자료가 포함되었을 때 개인정보를 완전히 익명으로 하기 어려운 점이 있고 이러한 자료를 학술지 등에 게재할 때도 주의가 필요하다. 연구 참여자들의 이미지나 이름이 노출되지 않도록 하고, 모든 인용문을 연구 참여자에게 보내 확인하고, 이들이 소셜미디어에 허용한 내용이 학술지에 게재되어도 괜찮은지에 대해 묻는 과정이 필요하다.

구어나 문어 내러티브 자료보다 멀티미디어 자료를 수집하는 데 필요한 장비(카메라, 웹사이트, 비디오 제작 등)의 역할이 중요하기 때문에 연구자가 익숙하게 다룰 수 있어야 한다는 점도 중요하다. 사진, 비디오를 찍을 때는 어떤 부분을 찍어야 할지에 대한 분명한 가이드를 제공하고 필요한 경우 기술적인 도움을 받아야 한다. 디지털 내러티브를 구성할 때에는 어떤 멀티미디어 요소를 포함할지에 대한 가이드라인을 제공할 필요가 있고, 비언어적 텍스트를 삽입할 위치 등도 고려해야 한다. 수집한 멀티미디어 자료는 일단 디지털화하여 보관해야 한다. 웹사이트의 아카이브 기능을 사용하여 자료를 저장하면 자료의 분실을 막을 수 있다.

2.3 자료 수집 절차

내러티브 탐구의 자료 수집 절차는 한 가지로 고정된 것은 아니지만 대개 다음과 같은 과정을 통해 이루어진다.

- 연구 계획 수립: 연구 문제를 설정하고 연구의 이유, 연구 방법에 대한 계획을 수립한다.
- 인터뷰 질문 준비: 이전 연구를 참조하여 질문 목록을 구성한다. 이때 질문은 연구자가 연구 참여자의 이야기를 이끌어 가기보다 따라가기 위한 것이고, 질문하기보다 듣기 위한 것이고, 적극적으로 조사하기보다는 한 발짝 물러서 있기 위해 필요하다(The life history research must remember to follow rather than lead, to listen rather than query, to hold back rather than probe, Kouritzin,

2000, p. 29)

- 예비 연구 시행: 양적 연구와 마찬가지로 본 연구를 시작하기 전에 연구 참여자와 유사한 참여자를 대상으로 예비 연구를 시행할 수 있다. 이 과정에서 질문의 적절성을 평가하여 질문 목록을 수정한다.
- 연구 참여자: 연구 참여자의 경험이 다양할수록 자료의 내용을 풍부하게 하여 연구의 결과 도출에 도움이 될 수 있다. 따라서 연구하고자 하는 현상에 관련된 경험을 가장 풍부하게 표현할 수 있는 대상을 포함하는 것이 필요하다.
- 연구자와 연구 참여자의 라포 형성: 내러티브 탐구에서 연구자와 연구 참여자의 라포 형성은 매우 중요하다. 다른 유형의 질적 연구 역시 연구자와 참여자의 라포가 중요하지만 내러티브 연구에서는 연구 참여자가 상호 존중과 신뢰 형성(Clandinin & Connelly, 2000; Coles & Knowles, 2001; Kouritzin, 2000)을 비탕으로 기술한 이야기 자체가 연구 자료가 된다는 점에서 특히 중요하다. 또한 분석과 결론 도출 과정에 연구 참여자가 참여하여 의견을 제시할 수 있기 때문에 라포 형성은 연구 자료의 질을 결정할 수 있다.
- 인터뷰 시행 및 인터뷰 자료 전사: 자료 수집과 분석이 분리되는 과정으로 기술하지만 실제로는 이 두 가지 과정이 겹친다고 볼 수 있다. 자료 분석은 사실상 자료를 전사하는 과정에서 일어난다(Riessman, 2008). 담화 분석과 마찬가지로 전사과정에서 연구 참여자의 목소리를 듣고 이를 그대로 옮기는 과정에서 참여자의 이야기가 어떻게 전달되고, 어떤 의미를 담는지를 생각하게 된다. 따라서 시간이 오래 걸리지만 연구자 자신이 이에 몰입되는 시간이 필요(immersing me in the participant's words, Riessman, 2008, p. 50)하기 때문에 연구자 자신이 전사하는 것이 바람직하다. 이 과정을 통해 다음 자료 수집 과정에서 물어야 하는 질문을 생각할 수도 있고, 새로운 연구 주제를 찾을 수도 있다. 전사를 할 때는 녹음 파일 전체를 들으면서 언어적 전사를 할 뿐 아니라 대화에서 눈에 띄는 점을

기록(울음, 웃음, 긴 휴지)해야 한다. 이후 자세한 분석을 위해 전체가 아니라 연구를 위해 필요한 부분을 선택적으로 전사하기도 한다. 그러나 응용언어학의 경우 전체 내용을 파악하는 것이 중요하기 때문에 선택적 전사보다는 대부분 녹음 내용 전부를 전사하게 된다. 선택적인 전사를 하는 경우뿐 아니라 전체를 전사하더라도 전사문을 어떻게 작성하는가 하는 과정에서 연구자의 관심이 반영될 수밖에 없다. 이 점에서 전사는 곧 분석이라고 할 수 있다.

질적 연구자들은 전사가 단순히 기술적인 작업이 아니라 분석 자체임을 강조한다. Riessman은 전사를 해석에 필수적인 구조를 풀어내는 과정(it is not a technical operation but a stuff of analysis itself, the "unpacking" of structure that is essential to interpretation, Riessman, 2003, p. 58)이라고 보았다. 자료를 이해하고 해석하기 위해서는 구조를 파악하는 것이 필요한데 전사는 바로 이러한 구조를 파악하도록 도와주는 과정이라는 것이다. 전사에는 많은 시간이 걸리기 때문에 연구자가 직접 하지 않고 다른 사람의 도움을 받는 경우가 많다. 이 경우 연구자가 자료에 대한 직접적인 감을 잃을 수 있다는 점을 염두에 두어야 한다. 전사하는 과정에서 인터뷰 상황을 다시 생각할 수 있고, 이는 연구 참여자가 전달하고자 했던 의미가 무엇인지를 유추하는 데 도움이 될 수 있기 때문이다. 자료의 양 때문에 다른 사람의 도움을 구할 경우, 전사 기호, 전사문 양식 등에 대한 세세한 가이드를 제공하여 자료가 글로 충실하게 옮겨지도록 해야 한다. 요즘에는 인터뷰 자료를 전사하는 기능이 있는 컴퓨터를 활용한 질적 연구 분석도구(예: Nvivo)도 있다. 그러나 이러한 기능은 영어 자료만 가능하기 때문에 사용이 제한적이다. 연구자 본인이 전사하거나 다른 사람 혹은 소프트웨어 프로그램을 활용하는 경우 모두 연구자가 전사문을 읽으면서 정확성을 확인하는 과정은 필요하다.

제3장

내러티브 탐구 자료 분석

3.1 패러다임적 분석과 내러티브적 분석

3.2 내러티브적 탐구 분석의 유형

3.3 내러티브 분석의 타당도와 신뢰도

제3장

내러티브 탐구 자료 분석

3.1 패러다임적 분석과 내러티브적 분석

내러티브 탐구도 질적 연구의 한 가지 방법이기 때문에 질적 연구의 자료 분석 과정에 요구되는 분석 전략이 그대로 적용된다고 볼 수 있다. 질적 연구 분석은 무엇보다 비선형적이고 반복적(iterative)이다. 선형적으로 진행되는 양적 연구와 달리 질적 연구 분석은 지그재그식으로 비선형적으로 진행된다는 점이 특징이다. 연구자들은 자료 수집과 분석, 해석 과정 사이를 오가며(move back and forth between data collection, data analysis and data interpretation, Dörnyei, 2007, p. 243) 더 이상 새로운 범주가 발견되지 않는 포화(saturation)에 이를 때까지 분석 과정을 반복한다는 점에서 반복적이고 순환적이다. 질적 연구가 반복적이라는 점은 또한 연구 설계가 출현적(emergent)이라는 점과 관련 있다. 이는 자료에서 새로운 점을 발견하게 될 경우에 대비해 개방적이고 유동적인 자세로 접근한다는 의미이다(a study is kept open and fluid so that it can respond in a flexible way to new details or openings, Dörnyei, 2007, p. 37). 질적 연구는 자료 수집과 분석이 동시에 이루어지기 때문에 분석 과정에서 연구의 목적이나 연구문제가 변경될 수 있어 연구 과정의 어떤 시점에서든 새로운 점이 출현할 수 있다는 가능성을 열어두는 것이다. 질적 연구 분석 과정은 또한 본질적으로 해석적(fundamentally interpretive, Dörnyei, 2007, p. 37)이다. 질적 연구 결과는 결국 연구자의 주관적인 해석이 중요한 역할을 한다는 점에서 연구자들은 연구 결과가 출현한다고 기술하지만, 자료가 자동으로 결과를 보여주는 것이 아니라 연구자가 창조적으로 해석하는 고된 분석 과정을 거쳐 결과를 도출한다는 점에서 해석적이라고 할 수 있다.

내러티브는 기본적으로 이러한 질적 연구 분석의 특징을 반영한다. 그러나 내러티브 탐구는 자료를 코딩하고 주제를 찾는 일반적인 질적 연구 분석에 그치지 않고 분석 과정에서 찾은 주제를 바탕으로 연구 참여자의 이야기를 재구성하는 과정이 포함된다. 내러티브 탐구의 자료는 이미 내러티브의 형태로 생성된 것도 있고, 인터뷰, 일기, 저널, 다중모드 텍스트 등 아직 내러티브 형태로 구성되지 않은 비내러티브 자료도 있다. 내러티브 분석 과정은 내러티브의 구조와 주제를 파악하고 비내러티브에 내재되어 있는 일관성 있는 이야기를 찾아내는 과정이라고 볼 수 있다. 또한, 연구 참여자의 이야기를 연구자가 내러티브로 구성할 수도 있고, 연구 참여자가 한 이야기의 일부를 분석 자료로 사용할 수도 있다.

Polkinghorne(1995)은 내러티브 분석을 내러티브의 분석 혹은 내러티브에 대한 분석(analysis of narratives)과 내러티브 분석(narrative analysis) 두 가지 방식으로 구분한다. 이러한 구분은 Bruner(1990)가 제시하는 두 가지 형태의 인식 유형과도 맥락을 같이 한다. 패러다임적 인지(paradigmatic cognition)를 기반으로 하는 분석은 자료에 나타난 개별적 특징을 유형화하여 공통점을 찾아 범주에 묶는 방식을 말한다. 이러한 내러티브에 대한 분석은 내용분석이라고도 하는데 이는 자료를 코딩하여 주제를 찾고, 이를 유형화하는 일반적인 질적 연구의 분석 방법과 다르지 않다. 이러한 분석은 여전히 패러다임적 틀에 바탕하고 있기 때문에 내러티브 탐구가 추구하는 이야기를 명확하게 보여주지는 못한다는 단점이 있다. 반면 내러티브 분석은 내러티브적 인지에 기초하여 보편적이지 않은 상황에서 발생하는 인간 행동의 독특한 성격에 주목한다. 즉 특정한 상황에서의 경험을 시간적으로 조직화하고 하나의 통일성 있는 전체를 이루도록 플롯을 부여하는(emplot) 과정을 중요시한다. 따라서 내러티브 분석은 자료의 다양한 조각을 모아 일관성 있는 전체를 만드는 과정, 이야기를 만드는 과정을 보여주는 데 초점을 둔다. 이처럼 내러티브의 플롯을 형성하고 사건과 행위 간의 간격을 채워 가는 작업을 하게 되고 독자는 내러티브 추론을 통해 이러한 행위가 일어나는 이유에 공감하게 된다. Polkinghorne(1995)은 내러티브의 분석과 내러티브 분석을 다음과 같이 비교한다.

표 7. Polkinghorne(1995)의 내러티브의 분석과 내러티브 분석 비교
(이상우, 2017, p. 566)

구분	내러티브의 분석/ 내러티브에 대한 분석 (analysis of narratives)	내러티브 분석 (narrative analysis)
사고 근저	패러다임적 사고	내러티브적 사고
연구의 목표	보편적 원리	다원적 원리
연구의 대상	일반적 행위	특정 행위
자료의 종류	주로 면담과 관찰을 통한 자료	삼차원적 탐구 공간
분석 도구	선행 이론 또는 귀납적 추론(코딩)	순환적 추론
글쓰기	소주제와 보편적 이론	사건, 인물, 이슈로 구성된 플롯 구성
독자에게 전달	삶의 보편적 의미	삶의 다원적 의미
결론	추상적 주제	구체적인 이야기들
관련 이론	근거이론, 전통적인 사회과학의 연구	사례연구, 생애연구, 생애사, 자서전, 자문화기술지

두 가지 분석 방법을 비교해 보면 내러티브의 분석은 일반적인 질적 연구 분석이라고 할 수 있고, 내러티브 분석은 이야기를 구성하는 데 초점을 두고 있음을 볼 수 있다. 다시 말하자면 내러티브의 분석은 코딩 과정을 통해 보편적인 개념을 추출하는 데 관심을 두고 내러티브 분석은 추론을 통한 그럴듯한 이야기를 생산하는 데 초점을 둔다고 할 수 있다. 응용언어학 분야에서는 내러티브 분석보다는 내용과 주제에 초점을 둔 내용분석 방법이 지배적이다. 다음에서는 분석의 예시를 보여주는 연구를 통해 내러티브 분석 방법을 살펴보고자 한다.

3.2 내러티브 탐구 분석의 유형

내러티브 탐구 분석은 연구의 목적과 연구 분야에 따라 다양한 분석 방법이 사용되며, 그에 따라 내러티브 자료를 어떻게 구성할 것인가 하는 것도 달라진다. 내러티브 탐구 분석은 내러티브의 내용이 무엇인지(what), 어떤 식으로 발화되었는지(how)에 초점을 둔다. 본 장에서는 제2언어 습득 분야에 가장 많이 사용되는 내용분석(혹은 내러티브에 대한 분석, 주제분석)과 최근 내러티브 탐구에서 시도되고 있는 내러티브 분석, 상호작용 분석, 그리고 담화분석에 대해 기술하고자 한다.[09]

3.2.1 내용분석

내용분석 또는 내러티브의 분석은 일반적인 질적 연구 분석 방법으로 연구자들이 내러티브를 자료로써 수집하여 주제에 따라 범주화하는 과정을 통해 분석하는 것이다. '내러티브가 주제로 분석되는'(Clandinin & Murphy, 2007, p. 636) 방식을 취한다고 할 수 있다. 즉 내러티브

---

09 내러티브에 대한 가장 고전적인 분석은 Labov와 Waletzky(1967)의 내러티브 구조에 대한 분석이다. 이들은 개인적인 경험(위험했던 경험)에 대한 이야기를 분석한 결과, 내러티브는 개요(abstract), 도입(orientation), 갈등 행위(complicating actions), 평가(evaluation)로 구성된다고 하였다. 이들이 제안한 구조는 내러티브 구조에 대한 많은 연구를 하는 데 중요한 역할을 하였다. 제2언어 습득 분야에서는 이러한 구조 분석이 적용될 수 있는 부분은 거의 없기 때문에 자세한 기술은 하지 않기로 한다. 내러티브 분석에 대한 사회언어학적, 담화적 분석 방법에 대한 논의는 De Fina와 Georgakopoulou(2012)를 참조하면 된다.

가 연구의 자료가 되고, 이 자료에서 주요 주제를 찾는 분석이다. 이러한 분석은 내러티브의 시작, 중간, 결말이라는 줄거리보다 여러 내러티브가 가지는 공통의 주제와 유형을 발견하는 데 관심을 둔다. 이는 질적 내용분석(qualitative content analysis approach) 방법을 통하여 주제를 찾아 코딩하고 범주화하는 과정을 거쳐 주제들의 유형을 찾고, 주제에 대한 해석을 찾는 과정을 거쳐 결과를 도출하는 분석 방법이다. Polkinghorne(1995)은 이러한 주제분석(혹은 내용분석)은 이야기들을 수집하여 일반적인 지식을 얻도록 해 주지만 이러한 지식은 추상적이고 공식적이어서 내러티브의 개별적이고 특이한 점이 소홀하게 취급되는 경향이 있다고 지적한다. 예를 들면 Barkhuizen과 Wette(2008)는 질적 연구 소프트웨어 프로그램(NVivo)을 사용하여 29명의 교사 응답을 개별적으로 코딩하는 동시에 전체 자료에 같은 해석이 이루어지도록 하였다. 코딩 범주는 자료에서 귀납적으로 찾거나 선행연구의 주제를 활용하였다. 이러한 내러티브 내용분석의 장점은 자료의 인용문을 연결하여 더 추상적인 범주와 개념을 찾고, 이를 재정립하여 이론적인 논증을 하는 데 효과적이고, 내러티브 간의 유사점, 차이점을 비교하기에 용이하다. 연구자가 동일한 분석적 틀을 가지고 자료 전체를 분석할 수 있도록 하여 일관성을 유지할 수 있고 분석 절차의 객관성을 확보할 수 있다는 장점이 있다. 그러나 이러한 내용분석은 내러티브가 가지는 독특한 성격이 분석과정에서 사라질 수 있다는 단점도 있다.

내용분석의 경우 연구자에 따라 연구 분석을 좀 더 객관적으로 제시하고자 하는 경우도 있고, 연구자 자신의 경험과 주관적인 해석을 좀 더 드러내는 경우도 있다. 그러나 정도의 차이는 있지만, 내러티브 탐구에서는 연구자의 경험, 주관적인 해석이 참여자의 내러티브를 전달하는 과정에 개입하고 영향을 미친다는 점을 인지하는 것이 필요하다. 이 점은 양적 연구에서 연구자는 연구 밖에서 철저히 객관적인 입장에서 분석하고 결과를 기술하는 경향과 뚜렷하게 구분이 되는 점이다.

내용분석 방법을 통해 학습자의 언어학습 경험을 분석한 예로 양측 마비 환자인 Zhang Haidi의 자서전적 내러티브를 분석한 Gao(2010)의 연구를 들 수 있다. 그는 교실수업을 받지 않은 Haidi가 책을 번역할 수 있는 수준의 영어를 습득하게 된 데 관심을 가지고 Haidi의 자서전을 분석하였다. 그는 학습자 자율성에 관련된 내러티브의 주제를 동기적 담화, 언어학습에 대한 신념, 전략적 노력의 세 가지 범주로 구분하고, 이를 다시 하위범주로 나누었다. Gao의 연구처럼 이미 정해진 범주를 따라 자료를 코딩할 수도 있지만, 분석이 진행되는 과정에서 코드가 생성되는 경우도 있다. 전자의 경우 범주의 범위가 분명하기 때문에 분석에 용이한 점이 있지만, 자료의 중요한 점을 분석에 포함하지 못할 수 있다는 단점이 있다. Gao는 이러한 단점을 보완하고자 선행연구에 제시된 범주를 다시 세분하여 하위범주를 생성하였다.

Chik(2011)은 연령이 다른 5개 그룹의 홍콩 학생들을 대상으로 언어학습사를 수집하였다. 8~20세 홍콩 학생들의 언어학습사와 인터뷰를 바탕으로 하여 문어와 구어 언어학습사에 나타난 영어학습 과정에 관한 이야기를 살펴보았다. 이 연구는 조기 영어교육을 받은 학생들의 언어 인지(language awareness) 발달단계를 알아보는 데 목적을 둔 연구로 내용분석을 통해 영어학습에 관련된 주제 세 가지를 발견하였다: “English as an academic subject”, “English as a language system”, “English use in contexts of competition and communication.” 이러한 주제를 바탕으로 영어학습에 대한 인지가 연령별로 어떻게 달라지는지 기술하여 어릴 적의 영어 경험이 학습자에게 어떤 영향을 미치는지 살펴보고자 하였다.

Chik(2011)의 연구가 문어와 구어 언어학습사 자료 두 가지 모두를 통해 언어학습 경험을 살펴보고자 했다면 Murphey 외 2인(2004), Chen과 Chen(2004)은 다수의 학생을 대상으로 언어학습사에 나타난 주제를 찾고자 하였다. 이들은 일본과 대만 대학생들이 쓴 142개의 짧은 언어학습사를 대상으로 정량적 분석 대신 언어학습사에 나타난 유형을 찾고자 했다. 이 연구는 일반적인 내용분석이 아니라 몇 개의 인용문을 중심으로 어떻게 다른 주제를 보여주는지에 관한 분석을 보여준다. 따라서 체계적으로 자료를 분석했다기보다 자료에서 인상적 부분을 찾아 해석하는 과정을 보여주고자 하였다. 이러한 분석은 대규모 내러티브 자료를 채굴(mine) 혹은 통합(pool)하는 것으로 간주되어 체계적 절차를 거치지 않는 것처럼 보이기도 한다. 반면 Takeuchi(2003)처럼 보다 체계적인 분석을 시도하는 연구도 있다. 그는 일본에서 출판된 성공적인 외국어 학습자들에 관련된 저서 67권을 분석하여 학습자들의 학습전략과 언어숙달 정도의 상관관계에 대한 학습자들의 이야기를 찾고자 하였다. 한편 내러티브를 정량적인 방법으로 분석하고자 시도하기도 하였다. Murphey와 Carpenter(2008)는 대학생들 20명의 언어학습사를 수집하여, 학습에 도움이 되거나 고무적이었던 요소, 학습자들이 어떤 경우에 자율성을 발휘하여 언어학습을 하였는지 분석하였다. 이들은 학생들의 언어학습사를 교육단계별, 긍정적 및 부정적 영향, 학습 상황 등의 주제로 코딩하고, 568개의 인용문을 정량적 상관관계로 분석하여 내러티브를 양적으로 분석할 수 있는지에 대한 가능성을 제시하였다.

Shedivy(2004)는 학교 밖에서 제2언어 학습을 지속하는 이유에 대한 연구에서 먼저 전사문 전체를 읽고, 각 전사문에서 중요하다고 생각되는 진술을 추출하였다. 다음 단계에서는 진술문의 의미를 찾고, 의미를 다시 주제별로 모았다. 다음 단계에서는 이러한 주제를 바탕으로 내러티브를 기술하였다. 이러한 분석 절차는 내용분석 방법과 유사하지만, 전사 자료를 일일이 코딩하지 않고 중요한 의미를 추출하여 그 의미를 바탕으로 내러티브를 구성하였다는 점에서 차이가 있다. 코딩 대신 진술문으로 압축하고, 이를 내러티브 구성에 사용하는 방법을 통해 일관성이 없는 긴 인터뷰 자료를 코딩하는 대신 연구자가 현상에 대한 압축적이고 일관적인 내러티브로 구성하는 방법을 선택하였다. Shedivy(2004)는 외국어 학습에서 통합적 동기의 중요성에 관한 연구자 자신의 신념을 진술하는 동시에 의도적으로 자신이 믿는 바를 잠시 내려 두는 현상학적 방법을 적용하여 어떠한 다른 학습동기가 있는지 찾고자 하였다. 이는 연구자가 연구 참여자의 이야기를 전달할 때 자신의 주관적인 경험과 해석을 의도적으로 배제하여 좀 더 객관적인 관점에서 내러티브를 구성한다는 것을 보여주는 근거가 될 수 있다.

위에서 언급한 학습자들의 제2언어 학습 경험을 다룬 연구들은 내러티브 내용분석 방법을 사용하여 학습자들의 언어경험에 관한 중요한 주제를 찾고자 하였다. Benson(2011)은 언어학습사라는 용어 대신 언어학습 커리어(language learning careers)라는 용어를 사용하면서 학습자들이 진술하는 내러티브가 실제적인 현실이라기보다 주체적 현실(subject reality)이라는 점을 상기할 필요가 있음을 지적한다(Language learning careers belong to "subject reality," rather than "life reality" or "text reality," or, more specifically, a language learning career is a psychological construct that draws upon an ultimately unrecoverable life reality and is discursively constructed within the text reality of the told story of language learning history, p. 551). 즉 학습자들의 언어학습 경험에 대한 이야기는 실제적인 사실이라기보다 주관적인 사실, 자신들의 경험에 의미를 부여하고자 재구성한 주관적인 사실이라는 점이다. 언어학습사 혹은 언어학습 커리어는 결국 학습자의 이야기 텍스트 내에서 담화적으로 구성되는 것으로 내러티브의 내용뿐 아니라 내러티브가 어떻게 구성되는가에 관심을 기울일 필요가 있음을 강조한다. 예를 들어 Gao(2010)의 연구 참여자인 Zhang Haidi의 경우 공산당 청년연맹(Communist Youth League)에 의해 출판된 언어학습사는 사회주의적 이상을 언어학습 동기로 언급한 반면 정치적 변동기에 출판된 자서전에서는 개인의 이상적 자아에 보다 강조점을 두고 있다. 이 경우 텍스트에 언급된 내용이 현실과 얼마나 일치하는가에 중점을 두기보다 담화 구성 방식이 어떻게 변화하고 이렇게 변화하는 데 대한 이유를 분석하는 데 초점을 둘 필요가 있다. 따라서 내용분석의 경우 내러티브에 담긴 이야기, 주제를 파악하는 것이 중요하지만 자료에 나타난 내용이 현실 그대로를 반영한 것으로 간주하지 않아야 한다. 이런 점에서 내러티브 연구자는 내러티브의 해석적 성격에 민감해야 하며 이야기가 반드시 사실을 말하는 것이 아님에 유의해야 한다(Pavelnko, 2007). 예를 들어 연구 참여자가 수업이 흥미롭지 않다고 이야기할 때 이는 연구 참여자의 주관적인 평가가 포함되어 있음을 고려해야 하고, 수업이 흥미로운가 그렇지 않은가 하는 것보다 참여자가 수업을 흥미롭다고 묘사하는 상황, 이유가 무엇인지 파악하는 데 주의를 기울일 필요가 있다. 따라서 내러티브는 관찰하는 현상이 사회적 맥락(sociohistorical, sociocultural)을 반영하고 있다는 점과 연구자와 연구 참여자가 공동으로 구성된다는(co-constructed) 점을 염두에 두고 분석해야 한다. 즉 내러티브 분석은 내용뿐 아니라, 수사적, 구조적 형태, 그리고 내러티브가 생산되는 사회적 맥락까지 분석의 대상이 될 수 있으므로 내용분석 외에 상호작용분석, 담화분석 등을 시도하게 된다.

3.2.2 내러티브 분석

내러티브 분석은 연구자들이 수집한 자료들을 범주로 나누는 것이 아니라 하나의 일관된 내러티브로 재구성하는 것을 말한다. 이러한 재구성을 통하여 현상을 이해하는 데 좀 더 풍부하고 생생한 정보를 제공하고자 하는 것이다. 이런 점에서 Barone(2001)은 내러티브 분석이라는 용어 대신 내러티브 구성이라는 용어를 제안하였다. Coulter와 Smith(2009, p. 587)는 내러티브 분석을 "재작업하기(reworking)", "정제하기(rendering)", "공들여 만들기(crafting)"라고 했고, Barkhuizen 외 2인(2014)은 "내러티브 쓰기(narrative writing)"라고 칭하기도 한다. Clandinin(2007)은 서로 다른 연구 참여자들의 목소리들을 하나의 목소리로 어우러지게 한다는 점에서 "각색(fictionalization)"이라고 하였다. 이러한 용어는 모두 내러티브 분석의 결과를 하나의 이야기로 재구성한다는 점에 초점을 둔다. 연구자는 여러 가지 자료에 제시된 연구 참여자의 경험 중 핵심적인 내용을 추출하여, 서로 분리된 내용을 일관성 있는 이야기로 구성하여 독자가 이해할 수 있도록 하나의 이야기로 구성한다 (J. Kim, 2011; Kim & Abernathy, 2012).

J. Kim(2011)은 교육학 분야에서 내러티브 구성이 어떻게 가능한지

보여주는 예로 문화기술지적 연구 방법으로 5개월 동안 관찰과 인터뷰를 통해 자료를 수집하고 이를 전기적 일기(biographical journal)로 구성하였다. 이를 통해 정규 고등학교에서 퇴학당한 Kevin이 대안학교의 공식 교육과정과 잠재적 교육과정을 어떻게 경험하는지 탐색하여 대안학교의 역할에 관한 질문을 제기하고 있다(4장 기술 참조). J. Kim(2011)의 연구는 전기적 일기가 연구 결과를 제시하는 문학적 도구로써 주인공의 체험과 관점이 연구자에 의해 어떻게 재구성되는지를 보여준다. Kevin의 이야기는 인터뷰뿐 아니라 비공식적인 대화, 참여 관찰, 과제물, 시집, 스케치 등을 토대로 연구자는 그의 경험의 핵심을 파악하여 이야기로 구성하는 과정을 거친다. 연구자가 수집한 자료는 예술적 텍스트로 창출되고, 이를 통해 독자가 Kevin의 체험을 간접적으로 경험하게 함으로써 의미를 공유하도록 초대한다. 이러한 내러티브 텍스트를 통해 독자들이 좀 더 구체적인 깨달음을 얻을 수 있다고 보는 이러한 관점을 예술 기반 내러티브 탐구라고 한다.

내러티브 분석 방법은 내용분석과 달리 수집한 자료에 어떠한 이야기가 담겨 있는지 추출하고 이를 예술적인 장르(시, 일기, 공연, 등)로 재구성하여 보여준다는 점에서 연구자의 재구성이 훨씬 큰 비중을 차지한다. 즉 연구자의 재구성 자체가 분석의 과정이고 결과 기술 과정일 수 있다. 이러한 내러티브 분석은 더 넓은 범위의 독자들에게 읽힐 수 있다는 장점이 있지만 기존 학술논문 양식에 익숙한 독자에게는 체계적인 분석이 결여된 분석 과정으로 느껴질 수도 있다.

3.2.3 상호작용 분석

상호작용 분석은 내러티브의 내용과 구조에 관심을 가지지만 내러티브가 기본적으로 이야기 화자와 청자가 함께 구성하는(co-construction) 공동 저작이라는 전제하에 대화의 과정에 초점을 두어 분석하는 방법이다. 따라서 이야기를 구성하는 과정에 참여한 모든 화자들의 언어적/비언어적 발화를 전사하여 각 참여자들의 역할, 관계 등을 밝히는 데 유용한 방법이다. 대화자들의 말실수, 반복, 상투어, 휴지(pause), 말더듬 등도 분석의 대상이 된다. 이 분석 방법은 자연스러운 상황에서 일어난 짧은 대화문을 자료로 다룬다는 점에서 인터뷰 전체 혹은 언어학습사 등의 문어 내러티브 전체를 분석하는 방법과 구별된다. 상호작용 분석은 내러티브에 담긴 내용뿐 아니라, 이야기가 진술되는 방식, 구조, 그리고 내러티브가 생성되는 맥락과 관련 있다. 이러한 방법은 특히 대화문을 통해 드러나는 개인의 정체성을 살펴볼 때 유용한 분석 방법이다. 개인의 정체성이 고정된 것이 아니라 유동적이며 어떤 맥락에서 누구와 상호작용하는가에 따라 다르게 구성되는 것으로 보는 관점에서 개인의 정체성은 자신을 수행하는 것(the performance of self)이고, 이는 일상의 담화를 통해 드러난다고 주장한다. 일상의 담화는 처음, 중간, 끝이라는 일련의 순서를 가진 구조를 가지는 내러티브가 아니라 짧은 이야기일 수 있고 이러한 짧은 이야기가 내러티브 분석의 대상이 되어야 한다고 본다. Gubrium과 Holstein(1997)은 내러티브를 다음과 같이 정의한다.

... accounts that offer some scheme, either implicitly or explicitly for organising and understanding the relations of objects and events described. Narratives need not be full-blown stories with requisite internal structures, but may be short accounts that emerge within or across turns at ordinary conversation, in interviews or interrogations, in public documents, or in organizational records. Gubrium & Holstein, 1997, p. 146, Watson, 2007, p. 372에서 재인용)

즉 Gubrium과 Holstein(1997)은 모든 내러티브가 Labov가 주장하는 구성을 가지는 것은 아니며, 전형적인 내러티브 구조를 가지지 않은 다른 형태의 내러티브 구조를 파악할 필요가 있다고 본다. 내러티브 분석의 경우, 대화분석(Conversation Analysis)처럼 매우 적은 분량을 근시안적으로 접근하는 것도 피하는 동시에 비판적 담화분석(Critical Discourse Analysis)처럼 이념적인 의미를 언어에 부여하는 것도 피하는 입장을 취한다. Bamberg(2003, 2004)의 위치매김 분석(Positioning Analysis)은 대화분석과 비판적 담화 분석적 방법의 양극단적 방법을 절충하고자 하는 시도라고 할 수 있다. 위치매김 분석은 Davies와 Harré(1990)의 위치매김 이론(Positioning theory)에 바탕을 두고 있는데 이들에게 위치매김이란 대화 내에서 자아가 자신을 위치시키는 방식을 말한다. Bamberg(2003, 2004)는 일상적이고 단편적인 내러티브인 작은 이야기를 통해 개인의 정체성이 어떻게 드러나는지 분석하였다. 그는 자선적이나 회고적 내러티브를 통해 생산되는 거대담화에 지나치게 초점을 둔 반면 개인이 자아를 어떻게 수행하는지에 관한 연구가 부족하다는 점에서 이야기 내용뿐 아니라 어떻게 이야기가 구성되는지에 관심을 가지게 되었다. Bamberg와 Georgakopoulou(2008, p. 385)는 위치매김 분석을 3단계로 제시한다.

- 1단계(Level 1): 이야기 속의 인물들이 서로 어떻게 위치하는가? 이야기 내에서 인물들이 어떻게 설정되는가를 분석하는 것으로 "이 이야기가 무엇에 관한 것인지, 이야기 속의 인물들은 왜 이런 식으로 언급되는지?(What is this story about?, Who are the characters and why are they positioned this way?)"에 대한 답을 찾기 위한 과정이라고 볼 수 있다.
- 2단계(Level 2): 발화자가 이들과 어떠한 위치에 있는가? 연구자와 다른 사람과 관계를 어떻게 정립하는가? 어떤 방식으로 이야기하는가? 말하는 사람이 이야기를 통해 성취하고 하는 것은 무엇인가? 즉 "왜 이런 식으로 이야기가 되어야 하는지(Why is it told this way?)"를 묻는 단계이다.
- 3단계(Level 3): 발화자가 발화자로서 자신, 그리고 지배적인 담화 혹은 거대담화(master discourse 혹은 grand discourse) 관점에서 자신의 역할을 어떻게 구성하는가? "나는 누구이고 누구여야 한다고 하는가?(Who am I vis-a-vis what society says I should be?)"에 대한 답을 하는 과정이다.

이러한 분석은 전기적 내러티브처럼 회고적인 이야기 전체를 들여다보는 것이 아니라 일상의 상호작용을 통해 정체성이 어떻게 위치하는지 살펴보고자 함을 강조한다(locate identity positionings in everyday interactive practices and their performance, Bamberg, 2004, p. 368). Bamberg는 이런 분석을 통해 이야기하는 담화 내에서 자신을 어떻게 위치시키는가를 분석하여 거대담화에 대한 가정을 추론할 수 있다고 보았다. 이러한 분석은 일상생활에서 일어나는 대화(짧은 이야기 혹은 작은 이야기) 내의 상호작용을 관찰하는 것이 인터뷰 전체의 내용을 분석하여 도출한 긴 이야기(짧은 이야기와 대조를 이룬다는 점에서 big stories)보다 대화 참여자의 정체성을 잘 보여줄 수 있다고 전제한다. 인터뷰의 경우 연구 참여자가 회상을 통해 자신의 이야기를 구성하지만, 자연스럽고 일상적인 대화의 경우 대화 상대자와의 상호작용 과정을 통해 자신과 상대를 어떻게 위치하는가, 자신을 사회 안에서 어떻게 위치하는가를 보여줄 수 있으므로 화자의 정체성에 대한 인식을 더 잘 보여준다고 보는 것이다.

제2언어 습득 분야에서 상호작용 분석방법을 적용한 연구는 많지 않다. Barkhuizen(2010)은 인터뷰 자료에 내러티브 분석방법을 적용하여 뉴질랜드 이민자이자 예비교사인 Sela가 자신의 정체성을 어떻게 표현하는지 살펴보았다. 그는 첫 번째 분석단계에서는 Sela의 이야기 속에 등장한 내용과 인물을 분석하고, 다음 단계에서는 이야기 내 상호작용적 수행(interactive performance of the story)을 분석하였다. 마지막 단계에서는 이민에 관련된 규범적 담화(normative discourses)와 관련하여 Sela가 자신을 어떻게 위치하고 있는지 분석하였다. Barkhuizen은 자신의 분석을 확장적 분석이라고 했는데 이는 원래 작은 이야기 분석은 짧은 내러티브만을 자료로 사용하지만 본 연구에서는 직접적인 분석의 대상이 아닌 인터뷰 전체 내용을 통해 파악한 이야기에 대한 내용분석적인 변을 포함하기 때문이다. 이 연구는 Sela가 "나는 누구인가?(Who am I?)"라는 질문에 대해 어떤 답을 하고 있는지를 보여주는 것으로 Sela가 자신을 "Tonga 이민자, 교사, 활동가/중재자, 투자자/자본가(Tongan immigrant, teacher, activist/mediator, investor/capitalizer)"로 파악하고 있음을 보여준다. 그녀의 이야기는 또한 이민 학습자의 영어학습이 커뮤니티의 지배적인 담화("ma"로 표현되는 수치심, 부끄러운 일)에 어떻게 영향을 받는지, 동시에 영어학습이 "더 나은 삶(a better life)"에 대한 기대와 어떻게 연결되는지를 보여준다. Barkhuizen은 Sela의 이야기가 그녀의 커뮤니티 사람들이 가지는 "더 나은 삶"에 대한 이야기이자, 그녀가 이런 삶을 위해 어떤 역할을 하는지에 관한 이야기라고 요약한다(In sum, this story is a 'better life' story about the people in Sela's community, and the part she plays in contributing to bring about this better life, p. 288).

Gu, Patkin과 Kirkpatrick(2014) 역시 Bamberg(1997)의 위치매김 이론을 이론적 틀로 하여 영어를 국제어(lingua franca)로 사용하는 홍콩의 다문화적 대학에서 학생들이 정체성을 어떻게 구성하는지 살펴보았다. 이들은 도서관 전자 서비스 소개 및 발표 담화에 나타난 상호작용을 분석하였다. 연구 참여자는 3명으로, 홍콩어를 모국어로 하고 영어도 사용하는 홍콩계 중국인 남자 사서 S1, 대만어(Hokkien)를 모국어로 하고 영어와 중국어(Mandarin)를 사용하는 싱가포르계 중국인 S2, 벵골어를 모국어로 하고 힌디어와 영어를 사용하는 영국인 여성학자 S3이다. 이들에게 공통영어 사용 환경은 연구 참여자들이 처음 가졌던 적대감에서 점차 화자의 언어와 문화를 존중하는 쪽으로 담화의 흐름이 바뀌어 가도록 해 주었다. 이들은 자기 문화의 특징을 반영한 전략을 사용하여 협상하고, 언어와 정체성의 경계에 대해 점차 유동적인 자세를 가지게 되었다. 참여자들은 자신의 문화에 대한 성찰적 언급을 할 뿐 아니라 그룹 내에서 다문화적 정체성을 형성함으로써 그룹 내 연대와 그룹 간 조화를 균형을 이루고자 하는 경향을 보여주었다.

Menard-Warwick(2011)은 내러티브의 결과에 초점을 두는 대신 내러티브 탐구가 어떤 식으로 이루어지는가에 대한 과정을 보여주고자 하였다. 그는 자신이 연구를 수행하는 객관적 입장에서만 있지 않고 연구 참여자와의 상호작용을 통해 또 다른 정체성을 부여받는다고 인정한다. 연구자와 연구 참여자 간의 관계를 통해 형성되는 이러한 정체성은 연구자가 연구 과정을 좀 더 사실에 가깝게 기술하도록 하는데 기여한다. 그는 연구자들이 연구 과정을 이음새 없이 매끈하고, 별다른 노력 없이 수행할 수 있는 선형적인 과정으로 기술하는 데서 벗어나 연구자가 구체적으로 어떤 비선형적 과정을 겪는지를 기술함으로써 연구자의 주관이 해석에 미치는 영향과 주관성을 극복하려는 노력이 어떻게 이루어지는지 보여주고자 하였다. 이 연구는 독립적인 연구논문이라기보다 연구논문을 쓰기까지의 과정을 보여줌으로써 내러티브 연구를 하는 연구자들이 어떤 과정을 거쳐 자료를 수집하고 분석하는지 보여준다. 그는 연구자로서의 정체성을 다음과 같이 정의하고 있다.

> I also construct the identity of a more- transparent-than-usual researcher. I construct a representation of sincerity, of struggle, of doubt - perhaps hoping that aspiring narrative researchers can learn from the mistakes of someone they perceive to be "expert." Like all narratives, my story of research should not be seen as a report of "the facts," but rather as a dialogic process in which I construct temporal connections and theoretical evaluations out of imperfectly remembered personal experiences. (Menard-Warwick, 2011, p. 572)

Menard-Warwick(2011)는 다른 내러티브 연구자들의 실수로부터 배우기를 희망하면서 연구의 진실성, 분투노력, 의심을 표상한다는 점에서 자신의 정체성을 일반적인 연구자보다 투명한 연구자로 표명한다. 따라서 그는 내러티브 연구는 사실의 기록이 아니라 자신의 불완전한 경험에 대한 시간적 연결, 이론적 평가를 구성하는 문답적 과정이라고 본다.

내러티브의 내용에 초점을 둔 연구는 내러티브에 담긴 공통적인 이야기를 찾는다는 의미에서 거대담화(big stories)라고 하는 반면 일상적인 대화에 담긴 내러티브를 작은 이야기(small stories)라고 분류한다(Bamberg, 2006).[10] 작은 이야기는 Labov(1972)가 제시하는 완벽한 이야기 구조를 갖지 않거나, 과거나 현재의 사건이 아닌 가상의 경험일 수도 있다. 이는 주로 대화 속에서 일어나지만, 미디어, 법정 등의 공식적인 기관의 내러티브에도 나타날 수 있다. 이러한 이야기를 분석하는 것은 내러티브의 주제와 구조에 관심을 가지는 동시에 내러티브가 이야기의 화자와 청자가 함께 만들어가는 과정이라는 전제하에 대화에 중점을 두고 분석한다(Bamberg, 2006; Bamberg & Georgakopolou, 2008). 상호작용 분석은 이야기를 만드는 과정에 참여하는 화자들의 언어적/비언어적 부분까지 전사하여 자세히 살펴보는 방법으로 다양한 맥락(상담실, 인터뷰, 법정, 진료실, 교실 등)에서 참여자들의 역할과 관계를 밝히는 데 유용하다. 이는 대화분석과 마찬가지로 섬세한 전사 방법을 사용하여 언어적 표현뿐 아니라 휴지, 말더듬 같은 비언어적 부분을 살펴본다.

상호작용적 분석에서 화자가 언어적 발화 이외에 비언어적 요소(제

10 The 'small stories' perspective that these critics advocate focuses instead on the stories that people tell in the course of everyday conversation, or "how selves and identities are 'done' in interactions... in which narratives are made? use of (Bamberg, 2006, p. 146, Barkhuizen et al, 2014, p. 5에서 재인용)

스처, 표정 등)를 동반하는 것은 마치 무대 위에서 배우가 연극을 공연하는 행위로 볼 수 있다. 연극을 평가하기 위해서는 무대 위의 배우, 이야기의 맥락, 인물 간의 대화, 관객의 반응 전반에 대한 분석을 하는 것처럼, 화자가 어떠한 언어적, 비언어적 방법을 사용하여 청자 혹은 관객을 설득하거나 끌어들이거나 움직이는 행위를 하는지에 관심을 가지는 것이 상호작용 분석이다. 이러한 분석은 내러티브를 통해 의사소통 행위, 남녀 차이, 성 정체성이 어떻게 표현되는지 살펴보는 데 적절하다. 예를 들어 De Fina(2003)는 멕시코 이민 여성들의 내러티브를 통해 개인으로서의 자기표현과 집단의 일원으로서 자기표현이 어떻게 다른지 보여주었다.

3.2.4 내러티브 담화분석

내러티브적 분석은 구조분석에서 시작한다. 이는 내러티브가 어떻게 구성되고(How is it organized?) 왜 화자가 이야기를 이런 방식으로 이와 같은 청자에게 이야기하는지(Why does an informant develop her tale this way in conversation with this listener?)와 같은 질문을 던짐으로써 내러티브의 외면적 구조가 무엇인지, 어떤 방식으로 청자에게 이야기가 전달되는지를 파악하는 것이다. 내러티브 담화분석은 내면에서 시작하여 밖으로 확장해가는 것인데 이는 대화 자체의 의미를 읽는 데서 화자와 청자가 당연하게 생각하고 있는 것, 이야기가 의미 있게 되는 데 필요한 전제가 무엇인지 등으로 생각의 범위를 넓혀가는 것을 말한다. 개인의 내러티브는 상호작용의 영향을 받는 동시에 사회적, 문화적, 기관적 담화의 영향을 받기 때문에 이러한 담화가 개인의 담화에 어떠한 영향을 미치는지 고려해야 한다. 따라서 담화분석은 내면에서 시작하여 내러티브와 관련 있는 다른 요소들과의 관계를 고려하는 방향으로 진행된다고 할 수 있다.

내러티브의 담화적 분석은 분석의 초점에 따라 내러티브 언어/스타일(How are people narrating?), 내용/주제(What are people talking about?), 그리고 상호작용과 사회적 관습(How do people engage in narrative practices? Why?)으로 구분할 수 있다. 내러티브를 담화적으로 분석하는 또 다른 방법은 은유(metaphor)를 분석하는 것이다. Oxford(2001)는 학생들이 교사에 대해 이야기한 120개의 짧은 내러티브를 바탕으로 교사의 교수 스타일과 학생들의 학습 스타일과의 갈등에 초점을 두어 내용을 분석하고, 다시 명시적, 비명시적 은유에 초점을 둔 근거분석을 실시하였다. 교사에 대한 은유로 "가혹한 재판관(hanging judge)", "양육자/영감을 주는 사람(nurturer/inspirer)", "롤 모델(role model)", "마녀(witch)" 등이 사용되었는데 이러한 은유적 표현은 학생들의 문화적 배경을 반영하고 있다.

학습자들이 진술한 담화의 구조를 분석한 연구도 있다. Menezes(2008)는 학습자들이 다중모드 언어학습사를 어떻게 시작하고 끝맺는지, 내러티브의 각기 다른 요소들(가족, 문화적 역사, 교육적 인공물, 학교 선생님, 친구들 등)이 내러티브 과정에서 어떻게 연결되는지를 살펴보았다. Coffey(2010)는 영국에서 프랑스어를 학습한 성인의 자서전적 경험을 분석하였는데 연구 참여자가 프랑스어, 프랑스, 프랑스 사람들을 언급한 부분을 시공간적 변환점(turning points)을 따라 분석하였다. 그는 프랑스어를 배우고자 하는 동기의 이면에 프랑스적인 것을 미적인 이상, 공유된 문화적 레퍼토리(as an aesthetic ideal, as a shared cultural repertoire of otherness)로 간주하는 것과 프랑스를 우연한 만남의 장소(as a place of encounter, as individual repertoire of personal transformation)로 보는 내러티브 포인트가 있음을 발견하였다. Menezes(2008)와 Coffey(2010)의 연구는 모두 주제를 찾는 데 초점을 두지만, Menezes는 언어학습에 관련된 사람과 사물에, Coffey는 프랑스, 프랑스어라는 아이디어에 중점을 둔다는 점에서 차이가 있다. 이러한 분석이 기존의 내용분석과 다른 점은 특정한 내러티브 상황과 관련된 주제를 찾기보다 주제가 내러티브의 구조적 요소로 어떻게 진술되고 있는가에 초점을 둔다는 점이다. 이 점에서 담화 구조에 더 초점을 둔 분석이라고 할 수 있다.

학습자 내러티브의 담화 구조를 분석한 예로 Miller(2010)를 들 수 있다. 그는 이민자 내러티브를 통해 학습자들이 영어학습 과정에서 자신들의 자율성(autonomy)을 어떻게 표현하는지를 관찰하였다. 그는 성인 이민자, 언어학습자, 소상공인이라는 담론적, 이데올로기적으로 주어지는 위치(position)가 개인이 의미 있는 행동을 하게 하는 동시에 그러한 위치에 저항하도록 한다고 보았다. Miller(2010)는 이민자들이 영어학습에 대한 담화에서 자신의 자율성을 어떻게 구성하는지 살펴보는 데 초점을 두었다. 그는 미국 내 성인 이민자 18명(남 8명, 여 10명)의 자서전적 인터뷰를 통해 이들이 교실 밖에서의 영어학습에 관한 이야기를 어떻게 구성하였는지 살펴보았다. 연구 참여자들은 미국에 이민 와서 자영업으로 정착한 사람들로 인터뷰를 통해 자료를 수집하였다(평균 24분 정도 인터뷰, 가장 긴 인터뷰가 36분). 학습자의 영어 수준, 모국어가 달라서 이야기를 구성하는 방식에 차이가 있을 수 있다. 대부분의 연구가 질적 분석만을 사용한 반면, 이 연구에서는 양적 분석을 포함하여 결과를 제시한다.

예를 들어 연구 참여자들이 자신이 행동할 수 있는 능력을 갖춘 주체로 자신을 인식하는 것은 술부(predicates)의 주어로 자신을 몇 번이나 언급했는지의 빈도를 보여줌으로써 파악하였다. 연구 참여자들의 자율성이 "I"라는 주제에 의해 가장 자주 언급되는 경우는 자신의 사업을 시작하고 운영하는 것을 언급할 때다. 이는 영어학습보다 개인 사업영역에서 주체적인 존재로 자신을 인식하고 있음을 보여준다. "Learn"이라는 동사를 사용하거나 의무(obligation)에 대한 표현은 이민 초기에는 많았지만, 시간이 지날수록 언급이 줄어드는 것을 관찰할 수 있었다. 즉 이민자들에게는 사업가로서 행동해야 하는 책임감, 의무감이 영어를 배우는 것보다 더 중요하다고 할 수 있다. 이들에게는 영어를 유창하게 하는 것이 중요한 것이 아니라 자신의 영업을 성공적으로 함으로써 책임감 있는 이민 사회의 일원이 되는 것이 중요함을 보여준다. 따라서 이민자들의 내러티브는 영어학습을 포기한 이유를 설명하는 데 많은 부분을 할애한다. 가족, 일 등 자신들이 통제할 수 없는 일에 대한 보다 무거운 의무를 다하기 위해 영어학습을 포기할 수밖에 없었던 것으로 자신의 영어학습을 설명한다. 다음 인터뷰는 이러한 점을 보여주는 인터뷰 예시이다.

Excerpt 2

KAY: I learn English in our country before I came here, yeah, like learn in my uh high school and I learn in college in our country.

INT: Okay okay.

KAY: And after that you know we came here, and after I came here, I know I have to practice more and more.

INT: Yeah.

KAY: And uh that why I went to CPCC school.

INT: Okay.

KAY: To learn a-.

INT: And was that mostly conversational English at CPCC?

KAY: Uh yeah.

INT: Okay, and probably in high school and college it was mostly reading [and writing.

Kay [Yeah.

Kay: Because before I plan I back to school like uh finish college [in here.

INT: [Yeah.

KAY: That's why I try get back to CPCC [learn about English.

INT: [Yeah.

KAY: And I I took several uh uh class you know like math [or something like that?

INT: [Uh huh.

KAY: But after a while I think it's hard because I have to [work daytime and.

INT: [I understand yeah.

KAY: night- nighttime go to school and college is too much for me you know [and finally I give up?

INT: [I know.

(Miller, 2010, p. 478, 밑줄 필자 삽입)

위 인터뷰에서 보듯이 Kay는 자신이 영어를 더 연습해야 한다는 필요를 표현하고(I have to practice more and more), 대학에 가기 위해 CPCC에 다시 다니려고 노력했음을 이야기한다. 그러나 낮에 일하고 밤에 학교에 가는 것이 어렵다는 점을 이야기함으로써 왜 자신이 영어학습을 중단하게 될 수밖에 없었는지 이유를 설명한다. Miller(2010)는 이민자들의 내러티브를 지배적인 사회구조에서 소외된 성인 이민자의 이야기로 보고 이러한 구조 내에서 개인이 자율성을 어떻게 발휘하는지 살펴보고자 하였다. 자율성은 실제적인 행위(performance)로 드러나지 않을 수도 있고, 반드시 적극적인 참여(active participation)를 의미하지 않을 수 있다고 정의한다. 또한, 어떤 경우에는 의도적으로 행동하지 않는 것을 포함할 수도 있다. Miller는 담화적 실행 없이 주체성(subjectivity 혹은 identity)과 자율성이 존재하지 않는다고 본다. 즉, 주체성이나 자율성은 언어적 담화를 통해 나타난다(Butler, 1990, 1993; Davies, 1991; Weedon, 1999). 개인이 어떤 행동을 할 수 있는 자신의 위치(position)를 자각하지 않으면 그와 관련된 방법으로 행동하지 않는다고 보고 개인이 자신의 위치를 인식하는 것과 행동은 뗄 수 없는 관계라고 본다(how individuals assign relevance and significance to things and events, Lantolf & Throne, 2006, p. 143). 이민 학습자들이 자신을 이민자, 소상공업자, 언어학습자로 인식한다는 것은 그렇게 행동함을 의미하고 이는 담화 내에서 언어적 표현으로 드러나게 된다.

내러티브 담화분석은 내러티브 내에 나타난 언어를 분석하는 단계를 넘어 두 내러티브가 이야기되는 상황을 분석하는 단계를 포함한다(Cortazzi, 2001; Elbaz-Luwisch, 2007). 이야기가 말해지는 시간, 물리적 환경, 언어 선택, 다른 사람의 존재, 이야기의 목적, 상호작용의 조건(시간 제약, 이야기를 하기 위한 허락 등) 등의 맥락을 고려하는 것이다. 또한 내러티브 구성과 사회적 맥락과 어떠한 관련이 있는지를 파악하는 분석을 할 필요가 있다. 이는 내러티브가 특정 사회문화적, 사회역사적 맥락에서 어떠한 역할을 하는가와 관련 있는 것으로 텍스트를 넘어선 맥락을 말한다. Pavlenko(2007)는 이러한 맥락적 분석을 다음과 같이 요약한다.

> Narrative analysis in sociolinguistic studies has to consider larger historical, political, and economic circumstances that shape the narratives and are reflected in them, language ideologies and discourses that have currency in narrators' communities and with regard to which they position themselves, and, last but not least, the setting where particular versions of narrative experience are produced and the audience they are produced for. (Pavlenko, 2007, pp. 176-177)

Pavlenko는 내러티브 분석은 내러티브를 구성하는 데 영향을 미치는 역사적, 정치적, 경제적 여건을 보다 더 고려해야 하고, 화자가 속한 커뮤니티, 그리고 그 안에서 자기의 위치를 어떻게 자리매김하는가 하는 것과 관련된 언어 이데올로기와 담화를 고려할 필요가 있다고 주장한다. 이러한 맥락적 분석을 보여주는 예로 Cadman과 Brown(2011)을 들 수 있다. 이들은 호주 외딴 곳에 위치한 원주민 학교의 영어 교사들의 내러티브를 분석하면서 플롯(plot), 인물(character), 환경(setting)을 살펴보는 문학적 분석 방법을 채택했다. 이들의 내러티브에는 호주 원어민에 대한 언어정책, 원주민 학교에 파견된 교사들의 상황 등에 대한 맥락적 이해가 필요하다. 연구에 참여한 3명의 교사는 자신을 이야기의 중심에 두면서 관련된 다른 사람들(학생, 행정가, 정부 관계자 등)을 주변인물로 등장시켜 이야기를 전개한다. Cadman과 Brown이 이들의 이야기를 통해 연구자와 연구 참여자의 불평등한 관계에 대해 인식한다. 이들은 내러티브 탐구를 하는 연구자들이 참여자의 이야기를 연구 텍스트로 작성하는 과정에서 소실되고 제대로 전달되지 않은 이야기가 있을 수 있다는 점을 지적하면서 연구자가 전달하는 이야기가 참여자들의 경험에 가까운지, 어떤 이야기를 포함하고 포함하지 않았는지를 고찰하는 것이 중요함을 강조한다.

3.3 내러티브 분석의 타당도와 신뢰도

양적 연구에서의 결과는 통계적으로 유의미한 자료로 진술을 증명하고, 정해진 연구절차가 연구 결과의 객관성을 확보한다. 객관적인 연구절차를 따른다는 것이 연구의 결과가 반드시 사실임을 보증하지는 않지만, 양적 연구의 경우 연구 절차와 기술이 일반적인 기준을 따른다는 점에서 객관성을 주장하기가 좀 더 용이하다. 반면 내러티브 탐구를 포함한 다른 질적 연구의 결과 분석 및 기술은 객관적이지 않다. 어떤 점에서는 결과가 연구자의 주관적인 해석을 담고 있음을 인정하기도 한다. 연구자가 철저히 주관적 입장을 배제하고 자료를 분석하려고 노력하더라도 자료 분석 과정에서 자신의 통찰력이나 의존하는 순간이 있을 수밖에 없음을 인정하는 것이다. 양적 연구의 신뢰도는 동일한 조건으로 연구를 반복했을 때 유사한 결과를 얻을 수 있는지에 달려 있다. 그러나 연구의 반복이 불가능한 내러티브 연구의 경우 연구의 복제(replication)는 불가능하다(Narrative studies can never be replicable, because they are always products of unique interpretations of unique sets of data, Barkhuizen et al., 2014, p. 88).

내러티브 탐구의 결과는 독특한 자료 해석의 산물로 이를 반복하는 것은 자료의 개성, 독특함을 상실하기 때문에 의미가 없다. 이런 점에서 내러티브 탐구는 연구자의 주관성을 전제한다. 내러티브 탐구 결과는 연구자가 수집한 특정 자료에 대한 연구자의 해석이라고 볼 수 있다. 결과 분석의 신뢰도를 높이기 위해서는 코더 간 신뢰도(intercoder reliability)를 확인하는 절차를 거칠 수 있다. 그러나 Barkhuizen 외 2인(2014)은 이러한 과정조차도 내러티브 탐구 방법의 일부여야 하는지에 대한 의문을 제기한다. 왜냐하면, 내러티브 탐구는 양적 연구처럼 객관성과 신뢰도를 추구하는 것이 아니라 주제나 담화분석에 근거한 패러다임적 논증 혹은 자료에 대한 잘 구성된 주관적 해석(a well-crafted subjective interpretation of data)을 추구하기 때문이다. 따라서 내러티브 탐구 결과를 양적 연구와 마찬가지로 객관성과 신뢰도 기준을 적용하여 평가하는 것은 적절하지 않다. 그렇다고 해서 내러티브 탐구가 연구로서 따라야 할 기본적인 틀을 무시하는 것은 아니며 다만 질적 연구의 특징을 고려한 기준이 적용되어야 한다. Barkhuizen 외 2인(2014)은 내러티브 탐구의 기준을 엄격성, 신뢰성, 전이성으로 설명하고 있다.

엄격성(Rigor)

엄격성이란 연구 분석 과정이 얼마나 체계적으로 이루어졌는가 하는 것이다. 이는 자료를 수집하는 과정, 자료를 분석하는 과정 모두에 해당한다. 내러티브 내용분석은 코드를 찾고, 이를 통해 다시 상위의 범주를 찾는 과정으로 이러한 체계적 과정을 보여준다. 학술지에 게재된 연구는 연구 방법을 자세히 기술함으로써 연구가 절차를 따라 체계적으로 진행되었음을 보이고자 한다. 그러나 내러티브 분석의 경우 이러한 과정을 상세히 밝히기 어려운 경우도 있다. 내러티브 분석의 경우 연구자의 통찰로 이야기를 구성하고 이를 이야기로 재구성하는 과정이기 때문에 이를 연구 분석이라는 틀에서 상술하기 어려운 점이 있다. 연구로서의 위치를 확보하기 위해서 선행연구를 꼼꼼하게 읽고 분석하여 연구자 자신의 연구 방법을 설득해야 한다. 내러티브 분석 연구를 읽는 독자들은 이러한 연구가 연구자가 원하는 부분만을 선택(cherry-picking)하고 연구자의 주장에 맞지 않는 부분은 포함하지 않는 오류를 범한다고 지적한다. 연구자는 이러한 비판에 대응할 수 있도록 연구 분석이 체계적으로 이루어졌음을 기술해야 한다.

신뢰성(Trustworthiness)

내러티브 탐구의 결과와 연구가 추구하는 현실과의 관계라고 할 수 있다. 예를 들어 언어학습사는 학습자에게 실제 일어난 일의 기록이라고 가정할 수 있지만 정확하게 실제 일어난 일이 아닐 수 있다. 따라서 내러티브는 실제 일어난 경험에 구조와 의미를 부여하는 과정으로 인식할 필요가 있는데 이러한 점을 잘 인지하지 못하는 데 대한 비판이 있다. 또한, 연구자가 다른 사람의 이야기를 쓸 때 무슨 일이 일어나는가에 대해서도 주의를 기울일 필요가 있다. 연구자는 연구 참여자의 이야기를 듣고 이를 다시 해석하는 과정을 거치기 때문에 이 과정에서 일어날 수 있는 주관성의 개입을 인지할 필요가 있다. 이점에서 Denzin(1989, p. 30)은 내러티브는 "경험된 삶으로서의 내러티브, 이야기된 내러티브

(Narrative as lived, life as experienced, life as told)"를 구분하고 다음과 같은 내용을 살펴보아야 한다고 주장한다.

- 어떻게 사건(events)이 일어났는지, 실제 현실 영역에서 발견한 사실이 무엇인가?(What "things"were like, how events occurred, findings from the sphere of the reality of life)
- 사건이 연구 참여자에 의해 어떻게 경험되었는지, 주체의 현실 영역에서 발견한 점들이 무엇인가?(How things and events were experienced by the respondents, findings from the sphere of the reality of the subject)
- 사건이 연구 참여자에 의해 어떻게 이야기되고 있는지, 텍스트의 현실 영역에서 발견한 점들은 무엇인가?(How things and events are narrated by the respondents, findings from the sphere of the reality of the text) (Denzin, 1989, p. 69)

Denzin은 내러티브 탐구는 실제 일어난 일에 대한 사실, 연구 참여자가 경험하는 사실, 그리고 텍스트로써 구성되는 현실을 구분할 필요가 있다고 했다. 예를 들어 Haidi의 자서전적 전기를 분석한 Gao(2010)는 Haidi의 내러티브가 모두 사실적인 기술은 아니며 텍스트는 정치적인 동기가 있다는 점에 주의를 기울인다. 그는 1980년대 출판된 편지와 20년 이후에 출판된 자서전 간에는 차이가 있다는 점에 주목하면서 이러한 차이는 Haidi의 자서전 전기가 시대적 변화를 반영하여 작성되었기 때문이라고 해석한다. 이 경우 어떤 내용이 사실인가 하는 것보다 Haidi가 장애인임에도 불구하고 영어학습을 성공적으로 하여 사회적으로 유용한 존재가 되었음을 보이고자 하는 주체적인 현실 인식이 텍스트에 반영된 것으로 자료의 신뢰도 문제가 있는 것이 아니라고 할 수 있다.

또 다른 차원의 신뢰도는 연구자와 연구 참여자 간의 관계에서 찾을 수 있다. 연구자와 연구 참여자 간의 라포는 이야기를 말하는 과정에서 신뢰도를 높이는 데 기여한다. 또한, 연구 분석 과정에서 연구 참여자와 결과를 공유함으로써 이들의 의견을 수용하여 생성된 내러티브 자료의 신뢰도를 높일 수 있다. 따라서 연구 참여자에게 결과를 보여주고 이들의 의견을 수용하여 분석할 필요가 있다.

전이성(Transferability)

내러티브 연구는 일반화 가능성이 매우 제한적이라고 할 수 있다. 추상적인 일반화를 목표로 하는 양적 연구와 달리 질적 연구는 풍성한 기술을 목표로 하기 때문에 이를 다른 경우에 일반화하기 어려운 점이 있다. 그렇다면 내러티브 탐구가 다른 유사한 상황에 일반화될 수 있는지, 이론에 기여하는 바가 있는지에 관한 질문이 제기된다. 내러티브 탐구의 경우 같은 상황에서 연구 참여자들이 같은 언어학습 경험을 하거나 이를 동일한 방식으로 기술할 가능성은 없다. 그러나 유사한 환경이 언어학습 경험에 미칠 수 있는 영향을 가늠해 볼 수 있는 가능성은 열어두고 있다. 예를 들어 Gao(2010)는 사례연구를 통해 학습동기, 신념, 전략이 학습자 자율성에 어떻게 영향을 미치는지 보여주었는데 이는 비슷한 학습 환경에서 비슷한 학습자들에게 유사한 영향을 미칠 수 있을 것으로 예상할 수 있다. Chik(2011)은 홍콩 학생들의 언어인지(language awareness)가 어떠한 경로를 거쳐 형성되는지 보여줌으로써 홍콩이라는 특정한 상황이 연구 참여자와 유사한 다른 학생들에게 적용될 수 있음을 보여준다. 또한, 내러티브 탐구에 자주 사용되는 텍스트 은유는 다양한 환경에서 온 연구 참여자들의 문화적, 언어적 환경을 뛰어넘어 적용될 수 있다는 점에서 일반화의 가능성이 있다. 그러나 내러티브 탐구에서는 많은 사람, 다수의 경험을 강조하는 것이 아니라 특정 개인의 이야기를 공유하는 경험을 하는 것을 일반화라고 볼 수 있다(In narrative research, generalization is often a matter of establishing a pattern of shared experience, Barkhuizen et al., 2014, p. 92).

반면 의도적으로 일반화를 시도하지 않는 내러티브 탐구도 있다. O'Mocháin(2006)은 퀴어 학생들의 정체성에 관한 연구에서 젠더와 섹슈얼리티에 대한 공감적 가치와 개방적 태도가 중요함을 보여 준다는 점에서 내러티브 탐구의 가치를 찾는다. 이러한 주제를 공공연하게 토론하지 못하는 기관, 지역적 환경에서 개인의 특이한 경험을 나눔으로써 공동의 가치를 창출한다는 점에서 일반화적인 요소가 있으나 일반화를 추구하는 것은 아니다. Barkhuizen(2010) 연구의 이민자 Sela도 마찬가지로 유사한 환경에 있는 참여자에게 적용될 수 있지만, 그녀의 정체성 형성과정을 일반화하는 것은 연구의 목적이 아니다. 이 점에서 Polkinghorne(1995)은 내러티브적 합리적 사고가 한 가지 사례에서 다른 사례로 적용될 수는 있지만 한 가지 사례에서 일반화를 추구하지 않는다고 주장한다. Barkhuizen 외 2인(2014)은 내러티브 탐구의 결과가 일반화할 수 있는 명제의 형태로 제시되지는 않지만, 독자들로 하여금 다른 내러티브에서 관련된 점을 찾을 수 있음을 다음과 같이 진술한다.

> In studies where the research outcome is a narrative or a close analysis of a specific narrative, the research "findings" do not come in the form of generalizable propositions, but are constituted by the narrative or analysis as a whole. They may, nevertheless, explicitly or

implicitly invite readers to consider points of connection with other narratives and analyses. (Barkhuizen et al., 2014, p. 93)

타당화(Validation)

내러티브 분석은 개인의 경험과 의미를 체계적으로 연구하는 것으로 결국 사건이 주체에 의해 어떻게 구성되는가를 살펴보는 것이라고 할 수 있다(Narrative analysis allows for systematic study of personal experience and meaning: how events have been constructed by active subjects, Reissman, 1993, p. 70). 따라서 내러티브 탐구는 현실에서 일어나는 일을 정확하게 기술하는 것을 목표로 하지 않고 자료 해석 자체가 담화 내에서 일어난다고 할 수 있다. Riessman(1993)은 이를 내러티브화(narratization)라고 했는데 이는 화자가 이야기하는 과정은 해석하는 과정으로, 흔히 진실이라고 하는 것 역시 해석의 산물이라고 본다. Stivers(1993)는 이를 사실과 해석은 서로를 필요로 하고 구체화하는 경향이 있다고 기술한다(Facts are products of an interpretive process; facts and interpretations require and shape one another, Stivers, 1993, p. 421, Riessman, 1993, p. 64에서 재인용). 내러티브의 줄거리(plot)는 사실이 아닐 때도 있는데 이는 어떤 부분이 이야기에 포함하고 제외되는가 하는 것은 화자의 목적에 따라 달라질 수 있기 때문이다.

타당화 과정은 연구자의 해석을 믿을 만하게 만드는 과정으로 진실(truth)과는 구별된다. 타당화 과정은 진실을 밝히는 과정이 아니라 해석의 신뢰성을 주장하기 위한 과정이라고 할 수 있다(Validation, the process through which we make claims for the trustworthiness of our interpretations, is the critical issue, Reissman, 1993, p. 65). Riessman(1993)은 다음 네 가지 방법을 통해 타당화가 일어난다고 본다.

- 설득력(persuasiveness): 이론적 주장이 참여자의 자료로 증명되는가?
- 상응(correspondence): 연구 참여자에게 연구자의 해석을 확인하고, 연구 참여자가 동의하지 않는 경우, 연구자가 진실에 대한 책임을 지고 자신의 해석을 주장하는가?
- 일관성(coherence): 글로벌, 지역적, 주제적 일관성이 있는가?
- 화용적 사용(pragmatic use): 다른 연구를 위한 실용성이 있는가?

Menard-Warwick(2011)의 연구는 이러한 타당화가 어떻게 일어났는지 보여준다. 그는 미국과 칠레의 영어 교사들과의 생애사 인터뷰 자료를 바탕으로 자료를 선택하고 분석, 결과를 쓰기까지의 과정에 대한 성찰을 기술한 연구로 첫째 단계에서는 주제분석(교사 소외라는 주제가 처음에는 명확하지 않지만 점차 명확하게 되는 과정)을 시도하였다. 다음 단계에서는 이 주제를 바탕으로 형식을 분석하게 되는데 교사 한 명의 생애사 에피소드가 어떠한 순서로 배열되었는지를 분석한다. 또한, 내러티브 에피소드를 구성하기 위해 사용된 언어적 장치(인물의 이름, 감각적 디테일을 묘사한 단어, 인종을 지칭하는 단어 등)도 분석하였다. 다음 단계에서는 생애사 인터뷰의 대화적 수행(dialogic performance)을 살펴보았다. 화자와 청자가 어떻게 공동으로 이야기를 구성하는지에 초점을 두고 분석하였다. 그의 연구는 내러티브의 내용, 형식, 그리고 맥락 모두를 분석의 대상으로 하여 자료에 대한 일관성 있는 설명을 제공하려고 노력하는 과정을 통해 자료 분석 과정의 타당성을 보이고자 하였다.

Menard-Warwick(2011)는 캘리포니아주 영어 교사 6명, 칠레 영어 교사 10명의 생애사 인터뷰 자료를 분석하여 긍정적 소외(positive alienation)라는 주제가 내러티브에 어떻게 내재하여 있는지 분석하는 과정을 통해 내러티브 탐구 과정을 보여주고자 하였다. 그는 다음과 같은 5가지 분석 과정을 제시하고 있다.

- 1단계: 주제분석(Thematic analysis)

캘리포니아주 영어 교사 6명, 칠레 영어 교사 10명의 생애사 인터뷰 자료를 바탕으로 긍정적 소외라는 주제와 관련된 인터뷰를 분석하였다. 주로 미국 교사들이 주제와 관련하여 많은 부분의 자료를 차지하였고 이 중 Veronica가 전형적 소외(prototypical alienation, narratives where tellers construct feelings of not belonging in their "own" culture)를 가장 잘 보여주는 참여자로 선택되었다.

- 2단계: 구조적 분석(Structural analysis)

Veronica의 생애사 인터뷰는 일관성 있게 구성된 짜임새 있는 이야기라기보다 일련의 에피소드라고 볼 수 있다. 연구자는 그녀의 이야기를 어린 시절, 청소년 시절, 고등학교 교사 경험으로 나누었다. 어린 시절, 청소년기에 관한 이야기는 다시 사이엔톨로지 커뮤니티에서의 이주 경험, 로스앤젤레스에서 오린지 카운티로 이주, 프랑스에서 프랑스 연인과 새로운 삶의 시기로 구분한다. 그의 교사 경험은 백인 학생들과의 의사소통의 어려움, 다문화 파티, 교사 회의에 관한 내용으로 다시 나누어지고, 이 중 연구자는 Veronica가 명시적으로 백인 커뮤니티와 라티노 커뮤니티를 비교하는 경험을 다룬 두 번째 교사 경험에 초점을 둔다.

- 3단계: 언어학적 자료 파악(Identifying linguistic resources)

Veronica가 사용한 언어적 표현을 통하여 정체성을 어떻게 드러내는

가를 분석하였다. 그녀가 빨래 냄새를 통해 자신을 라티노 학생들과 동일시하는 경험을 하는 등의 감각적 표현, 소수자 지칭 표현, 인종 지칭 표현, 그리고 평가적 용어 등을 통해 Veronica의 정체성에 대한 표현을 살펴보았다.

• 4단계: 대화적 목소리와 수행 분석(Exploring dialogic voicing and performance)

이는 Riessman의 분석과 유사한 것으로 내러티브가 화자, 청자, 그리고 배경(setting), 텍스트, 독자, 역사, 문화라는 공간에서 공동으로 생산되는지를 살펴보는 과정이다(coproduced in a complex choreography - in spaces between teller and listener, speaker and setting, text and reader, history and culture, Riessman, 2008, p. 105). 이는 화자와 청자가 어떻게 상호작용하는가에 대한 분석으로 예를 들면 연구자의 "Mmmmm"은 연구 참여자의 이야기에 대한 인정, 지지의 표현으로 본다. Vernoica는 라티노 학생들의 이야기를 간접화법을 통해 표현("You're an honorary Mexican")하는데 이는 곧 자신의 의견을 표현하는 것이라고 볼 수 있다. 이러한 대화식 목소리(dialogic voicing)를 통해 Veronica는 백인 캘리포니아인(Anglo Californians)과 라티노 캘리포니아인(Latino Californians)이라는 경계가 확실한 사회에서 자신을 라티노 쪽에 위치함을 보여준다.

• 5단계: 관련성 분석(Analysis of relevance)

교사 정체성은 교사의 실행과 밀접한 관련이 있기 때문에 Veronica에 대한 분석을 보다 확실하게 뒷받침하기 위해서는 그녀의 수업을 관찰하는 것이 필요하다고 보았다. 그러나 실제 연구에서는 수업 관찰은 포함되지 않고 이를 보완하기 위해 연구자 자신이 백인 사회에 자신을 동일시하지 못하고 오히려 소수 이민자와 자신을 동일시하게 되는 경험을 통해 어떻게 정체성을 형성하는가에 대한 내러티브를 보여주었다. 이는 연구 참여자의 이야기를 객관화하여 기술하는 연구와 달리 연구자의 경험과 연구 참여자의 경험이 연결되고 이러한 과정이 연구 참여자의 결과 해석과 분석에 어떠한 영향을 미치는지 보여준다는 점에서 내러티브 탐구의 차별성을 보여준다.

내러티브 탐구의 신뢰성과 타당성을 확보하기 위한 노력의 중요성과 더불어 내러티브 연구에서 경계해야 할 점에 대해서도 주의를 기울일 필요가 있다. Schiff(2006)는 내러티브에 대한 강조가 서구 중, 상층의 개념을 구체화하고, 주체적인 경험을 형성하고 표현하는 방법으로 고착화할 수 있는 위험이 있다고 경계한다(reifying a Western, arguably middle and upper class, concept as the universal mode of shaping and articulating subjective experience, p. 20)고 지적한다. 내러티브 탐구는 개인의 경험에 의미를 부여하는데 유용한 방법이나 유일한 방법은 아니라는 점도 기억해야 한다.

내러티브 탐구는 경험을 분석하는 데 있어 관계적 맥락을 살피면서 좀 더 통합적이고 직관적으로 분석하는 방법을 권한다(홍영숙, 2019, p. 89). 이러한 방법론적 접근은 양적 연구 전통에 익숙한 학자들에게 타당성과 정당성에 대한 공격을 받는다. 내러티브 탐구는 몇몇 개인의 이야기를 바탕으로 생산된 지극히 개인적이고 일화적인 결과물로 치부되는 경우가 많다. 따라서 내러티브 탐구자로서 연구와 정당성을 입증하는 것이 매우 중요하다. 홍영숙(2019)은 내러티브 탐구의 정당성을 부여하기 위해 최소한 다음 질문에 답할 수 있어야 한다고 제안한다(p. 99).

- 개인의 정당성(personal justification): 이 내러티브 탐구가 우리(연구자와 참여자)에게 왜 중요한가?
- 실제적 정당성(practical justification): 이 연구가 실제 관행(practice)에 어떤 변화를 가져올 수 있는가?

- 사회적 정당성(social justification): 이 연구가 이론적 이해를 확장하거나 사회적으로 좀 더 정의로운 상황을 만드는 데 어떤 기여를 할 수 있을까?

연구 주제에 왜 관심을 가지게 되었는지, 왜 이 주제를 내러티브 탐구 방법으로 연구하는 것이 타당한지를 개인적, 사회적 차원에서 답할 수 있을 때 연구의 정당성이 부여된다고 할 수 있다.

제4장

내러티브 탐구 결과 기술

4.1 질적 연구 결과 기술의 특징

4.2 내러티브 탐구 글쓰기의 특징

4.3 내러티브 텍스트 구성 시 고려해야 할 점

4.4 내러티브 탐구 결과 보고서 유형

제4장

내러티브 탐구 결과 기술

4.1 질적 연구 결과 기술의 특징

연구자는 본인이 가지는 패러다임에 따라 객관성, 일반성을 추구하는 양적 연구 방법을 택할 수 있고, 개별성, 특이성에 초점을 두는 질적 연구 방법을 택할 수 있다. 연구 방법에 따라 연구의 결과도 다르게 산출되며, 따라서 결과 보고서 구성이나 내용 진술 방식도 달라진다. 내러티브 탐구의 결과 기술은 질적 연구의 일반적인 글쓰기 방식을 따르지만, 종래의 학술논문 형식의 글쓰기 방법이 아닌 내러티브의 특징을 반영하는 방식으로 기술될 필요가 있다. 본 장에서는 질적 연구의 일반적인 결과 기술 방법을 양적 연구의 결과 기술과 비교하여 살펴보고, 내러티브 탐구 결과 보고의 특징을 기술하고자 한다.

양적 연구 결과 보고서는 양적 연구가 추구하는 실증성, 객관성을 보여주어야 하기 때문에 결과 보고서 역시 연구자가 객관적인 태도로 현상을 관찰하여 사실을 기술한다는 방식으로 기술되어야 한다. 따라서 양적 글쓰기에 흔히 사용하는 3인칭 글쓰기는 보고서를 작성하는 연구자 자신을 '나'(혹은 I)로 언급하지 않고 저자(the author) 혹은 연구자(the researcher)로 언급한다. 또 문장형식도 능동문보다 수동문을 사용하여 객관적인 어조를 유지하고자 한다. Bazerman(1988)은 실증적 글쓰기의 특징을 다음과 같이 지적한다.

- 3인칭 관점의 글쓰기
- 수학적 모델에 근거한 정확성의 강조
- 은유 사용의 금지
- 표현적 언어 사용 금지
- 실험적, 경험적 증거를 통한 연구 결과 제시
- 능동태보다는 수동태 선호
- 자료와 결과 사이의 인과관계 강조
- 연구 제목의 비과학적 표현의 금지

이러한 글쓰기는 양적 연구의 객관성을 보이기 위해 개인적인 언급을 배제하고 객관적인 어조로 내용을 전달하는 방식이다. 그러나 이러한 양적 연구 결과 기술방식이 질적 연구의 내용을 전달하는 데에는 적절하지 않다. 연구 패러다임이 달라지면서 존재론, 인식론, 방법론 면에서 변화가 일어나는 것이 당연한 것처럼 결과를 기술하는 방법 면에서도 변화가 필요하다.

질적 연구에서는 글쓰기 작업 자체가 사회적 실재를 반영(reflect)

하는 것이 아니라 의미를 생산(produce)하고 사회적 실재를 창조한다(create)고 본다(Richardson & St. Pierre, 2005, p. 961, Duff, 2008, p. 194에서 재인용). 따라서 연구자는 자신의 글 쓰는 방식을 통해 현실을 재구성하게 되는데 이 과정에서 연구자가 인식한 현실이 실재를 충분히 반영하도록 기술하는 것이 중요하다. Richardson(2000)은 질적 연구 글쓰기의 특징을 다음과 같이 기술한다.

> Although we usually think about writing as a mode of "telling" about the social world, writing is not just a mopping-up activity at the end of a research project. Writing is also a way of "knowing"- a method of discovery and analysis. By writing in different ways, we discover new aspects of our topic and our relationship to it. Form and content are inseparable. (Richardson, 2000, p. 923, Duff, 2008, p. 194에서 재인용)

Richardson은 질적 연구의 결과 보고서는 단순히 결과를 마무리하는 작업이 아니라 그 자체가 발견과 분석의 과정, 알아감의 과정이라고 본다. 글의 형식과 내용은 분리될 수 없으므로 다른 형식의 글쓰기를 시도한다는 것은 곧 새로운 주제에 대한 새로운 내용을 담는다는 것을 말한다. 이 점에서 질적 연구의 결과 기술은 양적 연구와 매우 다르다. 양적 연구의 결과 보고는 정해진 형식을 따라 현상에 대한 정보를 제공하는 데 초점을 둔다면 질적 연구의 결과 보고는 현상에 대한 연구자의 이해와 해석, 의미를 부여하는 데 초점이 있다고 할 수 있다. 질적 연구 글쓰기와 양적 연구 글쓰기 방식을 비교하면 다음과 같은 차이가 있다.

표 8. 양적 연구와 질적 연구 글쓰기 비교

양적 연구 글쓰기	질적 연구 글쓰기
• 3인칭 관점의 글쓰기 • 수학적 모델에 근거한 정확성의 강조 • 은유 사용의 금지 • 표현적 언어 사용 금지 • 실험적, 경험적 증거를 통한 연구 결과 제시 • 능동태보다는 수동태 선호 • 자료와 결과 사이의 인과관계 강조 • 연구 제목의 비과학적 표현의 금지	• 1인칭 관점의 글쓰기 • 그럴듯한 이야기 • 은유적 표현 사용 • 표현적 언어 사용 • 자료에 근거한 두꺼운 기술 • 능동태 선호 • 자료와 결과 사이의 개연성 강조 • 연구제목의 예술적 표현 허용

질적 연구자들은 연구가 연구자인 '나'에 의해 이루어졌음에도 불구하고 내가 한 연구에 관한 개인적인 연구 경험과 장점은 불필요한 요소로 간주되어 결과에서 배제되어야 한다는 것은 불합리하다고 지적한다. 실증주의적 글쓰기에서는 연구자의 절대적, 객관적 이미지를 강조하기 위해 '나'라는 단어가 내포할 수 있는 다양한 문제점(오류, 불분명함, 딜레마 등)을 제외할 것을 기대한다. 그러나 질적 연구 글쓰기에서 이러한 배제는 오히려 연구의 타당도와 신뢰도를 낮출 뿐 아니라 연구 과정 및 결과를 효과적으로 전달하지 못하는 것으로 본다.

Richardson(2000, Duff 2008에서 재인용)은 양적 연구에서 사용되는 가설, 조작, 통제, 인과관계, 변인, 일반화 등의 개념 역시 불분명하고 모호하며 불명료하여 은유의 한 가지 방식으로 간주될 수 있다고 지적한다. 즉 우리가 과학적이라고 사용하는 언어와 표현이 정말로 객관성과 정확성을 전달해 주는 표현이라고 볼 수 없다는 것이다. 그는 질적 연구의 지루함을 피하기 위해서는 수동태 주어를 피하고 생생한 은유와 인문학과 사회과학적 방법을 혼용한 글쓰기를 할 것을 권한다. 양적 연구에서는 연구의 객관성을 보이기 위해 1인칭 주어를 배제한 수동태 문장, 명사구 주어를 많이 사용한다. 따라서 누가 무엇을 구체적으로 했다기보다 마치 그러한 사실을 연구자가 있는 그대로 옮겨 기술하는 듯한 느낌을 준다. 그러나 이러한 글쓰기는 연구를 수행하는 연구자, 연구 참여자가 능동적으로 참여하고 연구 활동을 수행하고 있음을 보여주지 못하기 때문에 질적 연구에서는 연구자와 연구 참여자가 구체적으로 한 일을 기술하기 위해 능동 주어를 사용할 것을 선호한다. 질적 연구자들은 양적 연구에서 강조하는 과학적 중립성, 보편적 진실, 연구자의 '무관여' 같은 개념이 부적절하며 오히려 '나'라는 용어를 사용하여 나의 경험을 직접적으로 전달하는 것이 연구자의 목소리와 연구 참여자의 목소리가 상호 관련되어 있음을 인정하는 방법이라고 본다. 이처럼 질적 연구 결과를 기술하는 데에는 연구자의 주관적인 해석이 반영되지만, 억지스러운 주장이 아니라 그럴듯함(verisimilitude, a style of writing that draws the reader so closely into the subjects' worlds that these can be palpably felt, Adler & Adler, 1994, p. 381, Duff, 2008, p. 177에서 재인용)이 보장되어야 한다. 이를 위해서 연구자는 각기 다른 자료에서 찾은 증거, 다른 연구 참여자에게서 찾은 자료를 잘 제시해야 한다. 연구자의 글쓰기 형식이 연구의 진정성, 신뢰도에 영향을 미칠 수 있기 때문에 연구자의 주장이 자료에 바탕을 두고 있음을 효과적으로 기술해야 한다.

실증주의적 패러다임에 근거한 양적 연구 결과 보고서는 질적 연구가 지향하는 패러다임과 일치하지 않는다는 점이 문제로 지적되면서 과거와 어떻게 다르게 쓸 것인지, 새로운 대안적 방법의 글쓰기에는 어떤 것이 있는지 등이 인문사회과학 연구 분야에서 새로운 연구 문제로 떠오르게 되었다. 사회과학에서 통용되는 APA(American Psychological

Association, 미국심리학회) 글쓰기 지침은 철저하게 양적 연구 패러다임에 기초하였기 때문에 이에 바탕을 두고 쓴 글은 행동적/실증적/과학적 표현을 추구하게 된다.[11] 질적 연구자들은 이러한 실증주의적 글쓰기 방식이 공식화되고, 합법적으로 용인되는 유일한 글쓰기 방법으로 생각되는 것을 가장 큰 문제로 지적한다. 이들은 APA 글쓰기 지침은 과학적 글쓰기를 매우 단순화하여 제시함으로써 과학적 언어가 아닌 다른 형태의 언어와 표현을 적대적이고 대립적인 것으로 배치한다고 비난한다. 실증주의적 방식을 따르지 않는 연구들은 과학적이지 않고, 주관적인 기술이라고 치부되어 학술지에 게재되지 못하는 점이 다양한 글쓰기 방식을 추구하려는 노력을 수그러들게 할 수 있다고 보고, 단순히 내용 전달에 그친 결과 보고서 형태에서 벗어나 새로운 표현기법을 활용하여 새로운 텍스트를 구성하려는 노력이 필요함을 주장한다.

---

11 APA 양식(APA style)은 미국심리학회(American Psychological Association: APA)가 정한 문헌 작성 양식으로 주로 사회과학 분야(심리학, 교육학 등)에서 많이 사용한다. 본문에는 저자-연도 형식으로 인용하고, 논문 끝의 참고문헌 목록을 이름순으로 정리하는 것이 특징이다. 2019년에 *Publication Manual of the American Psychological Association*(7th ed.) 발행되었다. Purdue Online Writing Lab 웹사이트에서도 APA 양식의 자세한 내용을 볼 수 있다.

4.2 내러티브 탐구 글쓰기의 특징

4.2.1 그럴듯한 이야기

내러티브 탐구는 기본적으로 질적 연구의 글쓰기 특징을 반영한다. 그러나 내러티브라는 구조적 특징 때문에 결과 보고서를 작성할 때에도 이러한 특징을 반영할 필요가 있다. 질적 연구자는 자신의 이야기를 연구 참여자의 목소리로 말하게 하는 것이라고 할 수 있다. 설명이 아니라 소통을 지향하기 때문에 내러티브를 수단으로 인간 삶의 세계를 해석해 내고, 궁극적으로는 의미를 파악하는 데 목적을 둔다. 내러티브의 전제는 독자에 따라 수많은 관점과 가능한 세계들을 만들어 낼 수 있다는 점이다. 내러티브는 이야기의 '있음직함', '그럴듯한(verisimilitude)', '편견 없는 공정성' 등이 타당성의 기준이 된다(한승희, 2006).

내러티브는 독자의 상호 주관적 의미구성을 매개하는 역할을 한다. 따라서 연구 참여자의 경험에 대해 독자는 자신의 경험과 관점에 따라 텍스트 밖으로 나가 의미를 재구성하며, 때로는 '그럴 수 있겠구나' 혹은 '나도 그럴 것 같다' 등과 같은 공감을 형성하게 된다. 스스로 내러티브를 구성하고 타인의 내러티브를 듣는 과정에서 우리는 자아를 구성하기도 하고, 타인을 수용하면서 삶을 다른 관점에서 이해하게 된다. 이러한 측면에서 내러티브를 통한 자아와 삶의 구성은 "존재(being)에 대한 단순한 기술이 아니라, 되기(becoming)의 가능성을 적극적으로 드러내고 표현하고 만들어가는 과정"이라고 정의하기도 한다(한승희, 2006, p. 145). 따라서 내러티브 탐구의 결과는 독자들이 내러티브의 있음직한 이야기에 설득되고, 공감하며 의미를 구축할 수 있도록 기술되어야 한다. 이러한 점에서 내러티브 탐구의 결과 기술은 “주어진 자료를 사유나 고민 없이 단순히 나열하는 것이 아니라 연구의 목적에 맞게 독자의 감흥을 불러일으키면서 설득해 가는 과정”(김영천, 2010, p. 2)이라고 하였다. 즉 연구의 결과를 글이라는 매체를 통하여 재현해야 하므로 단순히 글을 쓴다는 차원이 아니라 창작하는 능력이 있어야 한다고 할 수 있다.

곽영순(2014)은 이야기(story)와 서사(narrative)를 구분하면서 서사란 시작과 끝이 하나의 일관된 플롯에 따라 인과관계로 연결되는 이야기라고 하였다. 예를 들면 ‘무엇인가 할 줄 아는 것도 전문성이다’, ‘교사는 전문성을 지닌 전문가이다’라는 이야기를 연결하여 ‘수업을 제대로 할 줄 아는 전문성을 가지고 있으므로 교사는 전문성을 지닌 전문가이다’로 연결하는 것이 서사라고 할 수 있다. 내러티브는 결국 이야기를 모아 서사를 만드는 과정이라고 할 수 있고, 이 과정에서 연구자가 이야기를 연결하여 지어내는 과정을 포함하게 된다. 곽영순(2014)은 서사적 글쓰기는 분석적 글쓰기와 달리 일상생활에서 활용되는 자연적 담화의 형태로 “사건의 흐름을 시간의 축 안에 늘어놓은 것”(p. 143)이라고 보았다. 이러한 서사적 글쓰기에는 빈틈없는 기술방식, 혹은 ‘두꺼운 기술’(thick description, Geertz, 1973)과 수사학적 기법이 활용된다. 즉 추상적인 개념을 쉽게 정의하고 그에 대한 실례를 제공하는 등 독자에게 풍부한 설명을 제공함으로써 기억을 돕기 위한 수사학적 기법을 동원한다. 이 점에서 내러티브는 그럴듯한 이야기를 통해 의미를 전달하는 수단이라고 할 수 있다.

4.2.2 실재에 대한 재구성

내러티브가 의미를 구성한다는 점은 내러티브 탐구의 결과가 실재를 있는 그대로 기술한다기보다 실재를 재구성한다는 점을 보여준다. Polkinghorne(2007)은 연구 참여자에게 실제 일어난 사건(life events), 참여자가 사건에 부여한 경험적 의미(experienced meaning), 그리고 이러한 경험을 내러티브로 구성하여 이야기한 기술(storied descriptions)로 구분한다. 이는 Pavlenko(2007)가 제시하는 실체적 진실(life reality, how things are or were), 주관적 진실(subjective reality, how things or events were experienced by participants), 그리고 텍스트적 진실(textual reality, ways in which things or events are narrated by the participants) 등의 세 가지의 현실과도 부합한다. 실체적 진실이란 실제 경험한 일을 말하는 것으로 실제 일어난 일을 말하고, 주관적 진실이란 사건이나 일이 참여자에게 어떻게 경험되었는가 하는 것이다. 참여자가 경험하는 진실은 실제 일어난 일과 차이가 있을 수 있다. 텍스트적 진실이란 사건이나 일이 참여자에 의해 어떻게 진술되고 있는가 하는 것이다. 내러티브 탐구는 실제 어떤 일이 일어났는가를 정확히 기술하는 것보다 이야기의 화자가 자신이 경험한 일을 어떻게 이해하고, 이를 어떻게 이야기로 구성하는지에 관심을 가진다. 이 점에서 내러티브가 자료로써 구성되었을 때에는 참여자의 실제 경험 혹은 경험에 부여한 의미가 다시 한 번 여과 과정을 거쳤음을 고려해야 한다. 연구자가 접하는 자료는 실제 사건을 재구성한 것으로 이는 언어적 표현력의 부족함, 기억의 부재, 연구자의 적극성, 이야기할 기회, 이야기를 하는 미시적 혹은 거시적 환경, 이야기 화자와 연구자와의 관계, 그리고 연구자의 내러티브 구성과정 참여도 등 여러 요소에 좌우된다. 따라서 Cadman과 Brown(2011)은 참여자가 이야기한 부분과 이야기하지 않은 부분이 무엇인지 고려할 필요가 있다고 지적한다. 이야기되지 않은 내러티브가 이야기 한 부분보다 더 실재에 가까운 내러티브일 수 있고, 그러한 내러티브 구성이 화자 자신, 화자와 맥락과의 관계를 조명하는 데 중요한 단서를 제공할 수 있기 때문이다.

Menard-Warwick(2004)는 엘살바도르 이민자 Camila와 멕시코 이민자인 Trini와의 생애사 인터뷰를 통해 영어학습과 젠더의 관계를 살펴보았다. 그는 이들 참여자의 이야기가 실제 삶에 관한 이야기이지만 두 차례에 걸쳐 독자의 기대를 만족하기 위한 방식으로 이야기가 형성되는 과정이 있었음을 기술한다. 첫 번째는 연구 참여자들이 연구자를 백인 영어 교사로 인식하면서 자신들의 이야기를 들려주는 과정에서, 두 번째는 연구 참여자가 들려준 이야기 중 이민 사회에서 젠더와 영어학습과의 관계를 보여주는 부분만을 선택하는 과정에서 이야기가 형성되었다. Menard-Warwick(2004)는 연구 참여자의 이야기를 선택하고 해석하는 책임이 연구자에게 있지만, 연구 참여자들이 이야기를 통해 전달하고자 하는 바를 독자에게 전달하기 위해 최선을 다했다고 기술한다(In so doing, although the responsibility for selecting and interpreting the narrative is mine, I have tried to represent the tellers in keeping with the ways that they represented themselves to me, p. 299). 즉 연구 참여자의 이야기는 이야기를 하는 과정, 선택과 해석의 과정을 거쳐 구성되고, 이는 실제적인 이야기인 동시에 연구 참여자와 연구자가 구성한 이야기라고 할 수 있다.

4.2.3 과정에 대한 기술

내러티브 연구자는 연구 참여자들의 내러티브를 체계적으로, 창의적으로, 신뢰도 있게, 그리고 윤리적으로 해석하고자 한다. 참여자들이 무엇을 하고, 이들이 누구이며, 경험에 어떠한 의미를 부여하는지가 연구의 초점이다. 대부분의 경우에 연구자는 자료를 수집하고 분석하며 결과를 분석하는 과정에 관여하지만 이 부분은 보고서에 포함하지 않는다. Canagaraja(1996)는 이를 두고 연구자가 전지적이고 초월적인 인물로 텍스트 뒤에 흐릿하게 나타난다고 표현하였다. 연구자의 이러한 입장은 연구자 자신의 가치, 이데올로기 그리고 경험이 연구 활동의 결과에 영향을 미친다는 점을 숨기려고 하는 데서 비롯된다고 본다. Norton과 Early(2011)는 이러한 점을 지적하면서 자신들이 우간다 교사들과 어떻게 협력하여 연구 과정에 참여하는지에 대한 기술을 통해 연구자 정체성이 자료 분석에 어떤 식으로 영향을 미치는지 명시하였다. 이들은 연구 결과를 기술하는 데 있어서 연구자들의 목표, 가치, 이데올로기적 입장을 명시함으로써 초월적 인물로 숨어있는 것이 아니라 연구자와 연구 참여자의 역할이 어떻게 다양하게 변화하는지 보여주었다.

Polkinghorne(1997)도 연구 결과는 결과를 도출하기까지의 과정과 무관하지 않기 때문에 연구 결과는 결과 생성과정의 흔적을 포함한다고 보았다(the meaning of research results is not independent of the process that produced them; research findings retain the traces of the productive activities that generated them, p. 9). 따라서 결과 보고서를 기술할 때 연구자는 어느 정도까지 그러한 흔적을 기술할 것인가를 결정해야 한다. 중요한 내용과 지면이 어느 정도로 배정되어야 하는

지, 결과에 이르는 과정과 결과 자체를 어떠한 균형으로 기술할 것인지가 결과 기술 양식을 결정하는 중요한 요인이 된다. 그는 내러티브 결과 보고서는 통시적(diachronic) 성격을 지니기 때문에 연구가 시간적인 흐름에 따라 어떻게 진행되었는지 기술해야 한다고 하였다. 결과 보고서는 연구에 관한 이야기를 하는 줄거리(plot)를 가진다(Barkhuizen et al., 2014). 내러티브의 이러한 통시적 성격을 수용할 것인지, 아니면 일반적인 질적 연구 기술방식을 따를 것인지에 관한 결정이 보고서의 형식을 결정하는 데 고려할 요인이 된다.

어떤 결과 보고서 양식을 택하든 연구자는 연구의 단편만을 기술할 수밖에 없다(we are forced to fragment our research, Bell, 2011, p. 580). 방대한 자료를 다 기술할 수 없기 때문에 결과를 가장 잘 보여줄 수 있는 부분만을 택하여 제시하게 된다. 이때 연구자의 해석이 타당하다고 주장하기 위해서는 어느 정도의 자료가 필요한지, 자료를 어떻게 구성해야 하는지, 지면의 제한과 제약에 따라 자료를 얼마나 선택할 수 있는지 결정해야 한다. 내러티브 탐구의 결과 기술은 많은 지면을 필요로 하는데 제한된 지면에 자료를 제시하고 충분한 토의를 하는 어려움이 있기 때문에 어떤 자료를 선별하여 내러티브로 엮는가 하는 데 신중한 결정이 필요하다.

결과 보고서를 기술하는 데 있어 언어 형식(language style)을 선택하는 것도 중요하다. Ely(2007)는 언어가 현실을 창조한다(our language creates reality, p. 571)고 주장한다. 연구 참여자의 삶에 관한 이야기는 연구자가 이들의 경험을 다시 이야기(restory)하기 위해 사용하는 연구자가 선택하는 어휘, 문장구조 등 연구자의 언어로 표현된다. 즉 연구 참여자의 이야기는 연구자의 해석과 언어로 여과되어 표현된다. 이는 연구 참여자가 진술한 이야기(narrated story, the data)와 거리가 있고, 그들의 실제 삶(the actual life events)과 더욱 거리가 있을 수 있다. 따라서 연구자는 참여자들의 삶을 되도록 사실에 가깝게 기술하기 위해 조심스럽게 언어 선택을 해야 하고, 독자들이 이들의 경험으로부터 배울 수 있도록 이들의 경험과 독자의 경험을 연결하는 것이 필요하다.

4.2.4 미적 탐구로써 글쓰기

내러티브 탐구는 개인적인 경험에 관한 연구로 내러티브 경험을 표상하고 이해하는 데 가장 좋은 방식이다(Connelly & Clandinin, 2006). 내러티브 탐구는 연구 참여자들의 경험의 의미를 고양하고 이를 통해 독자들이 미적 경험을 공유하도록 하는 것을 목적으로 한다. 미적 탐구로써 내러티브 탐구는 독자에게 특별한 감동과 의미를 경험하게 한다. 교육 분야의 내러티브 연구자들은 교육적 쟁점들이 복잡하고 쉬운 해결책을 가지지 못하기 때문에 이러한 불확실성을 확실성으로 대체하려는 실증주의적 인식방식을 거부한다. 이러한 점에서 Bruner(1986, 1987)는 내러티브 탐구가 힘이 없는 일반인의 목소리를 막는 거대담화, 거대 내러티브(master narrative)를 창출하기보다 다소 미묘하더라도 여러 가지 가능성을 열어두고 지속적 대화를 목표로 해야 한다고 주장한다. 즉 내러티브 탐구는 독자의 상상으로 채워질 필요가 있는 빈칸이나 틈을 텍스트에 남겨 둔다는 점에서 미적 탐구라고 할 수 있다(Barone & Eisner, 1997). 내러티브 연구자들은 형식에 매인 딱딱함보다 자연스러움을 추구한다. 미적 탐구로써 내러티브 탐구는 내용뿐 아니라 형태에 주목한다.

미적 경험을 어떤 형식으로 드러내는가가 중요하기 때문이다. 교육 분야 내러티브는 짧은 이야기, 전기, 자서전, 시, 소설, 연극 등이 교육 경험에 통합되어 왔다. 최근에는 학위논문들도 다양한 시도를 하고 있다. 이러한 문학적 예술을 기반으로 한 연구는 전문 지식인만을 대상으로 한 기존 연구와 달리 일반 대중을 독자로 할 수 있다는 이점이 있다. 연구의 목표가 궁극적으로는 공공의 이익과 복지에 기여하는 것이라고 할 때 이러한 표현 방법은 대중에게 더 호소력을 가질 수 있다. 소설과 시 같은 형식은 의미와 지식을 개념화하고 재개념화하는 데 중요한 역할을 할 수 있다.

이러한 점에서 내러티브 표현은 내러티브가 아이디어를 전달하고 연구 결과를 전달하는 수단으로써만 아니라 아이디어와 결과를 구성하는 창의적 수단이 된다. 연구 참여자들의 다양한 해석을 포함하는 동시에 독자들이 이야기에 의미를 부여하는 과정에 참여하도록 할 필요가 있다. Nelson(2011)은 교실 내러티브 연구에서 교실에 대한 "조형된 내러티브(crafted narratives of classroom life)"를 제안한다. 이는 예술적 형태에 바탕 한 내러티브로 시, 연극 등의 문어적, 시각적, 혹은 행위예술 형태로 표현될 수 있다. 그는 이러한 형태의 내러티브가 교사, 학습자, 연구자 그리고 독자에게 더욱 쉽게 읽히고, 독자들에게 관련성이 있어서 지식의 민주화(democratization of knowledge work)에 기여한다고 본다.

4.2.5 윤리적 글쓰기

LeGuin(1986, 이상우, 2017, p. 591에서 재인용)은 객관성을 추구하는 전통적인 사회과학을 아버지의 언어(the father tongue)로, 독자와 저자 간의 관계를 추구하는 주관적이며 대화적인 표현을 어머니의 언어(the mother tongue)로 표현했다. 그는 내러티브 탐구 글쓰기의 초점은 새로운 지식보다는 삶에 있으며, 통제보다는 배려, 불변의 진리보다는 다른 관점과의 대화에 있다(Bochner & Riggs, 2013, 이상우, 2017, p. 591에서 재인용)고 하였다. 내러티브 탐구의 글쓰기는 추상적이며 보편적인 사실보다는 연구 참여자의 목소리가 담긴 재현, 연구자의 목소리가 담긴 연구 텍스트를 통해 독자들과 대화하는 형식으로 전개되어야 한다는 것이다. 이 점에서 내러티브 탐구는 여성적인 언어를 지닌 탐구 방법이라고 본다. 이상우(2017)는 내러티브 탐구 언어의 특징을 다음과 같이 기술한다.

> 내러티브 탐구는 여성적 언어의 탐구 방법이다. 특정 시간에 대한 의미 부여, 배려의 윤리, 탐구 윤리에 대한 강조, 맥락적 의미, 관계적 속성, 진실성 등은 내러티브 탐구를 규정하는 단어들이다. 내러티브 탐구가 파악되기 어려운 이유로 개념 정의의 어려움, 탐구집단의 복잡성, 존재론적, 인식론적 모호성 등이 있으나 가장 큰 이유로 연구자와 연구 참여자와의 관계성을 들 수 있다. 연구자와 연구 참여자의 관계가 평등하여 서로를 배려하며 서로에게서 배움이 실현된다면 내러티브 탐구가 추구하는 존재론적 실현은 가능할 것이며, 방법론적인 미숙함은 탐구 공동체의 형성, 지속적인 탐구를 통해 극복될 것이다. Clandinin과 Connelly(2000)가 제안하는 내러티브 탐구는 내러티브적 사고를 통

한 탐구이며, 세상을 보는 내러티브적 창문과 현재의 삶이 만나는, 그래서 현재의 경관 속에서 적응하며, 갈등하며, 저항하는 다시 말하기와 다시 살아가기를 드러내는 탐구 방법이다. (이상우, 2017, p. 598)

내러티브 글쓰기의 목적은 특정 삶에 대한 경험을 통해 "타자에 대한 사회적 정의와 배려에 다가가는 데" 있다(Bochner & Riggs, 2013, 이상우, 2017, p. 591에서 재인용). 내러티브 탐구는 일반적으로 목소리를 낼 수 없거나 자신의 목소리를 드러내어 표현할 방법이 없었던 사람들에 주목한다. 보편적인 진실을 지향하는 대신 숨겨진 목소리, 사회적 정의가 미치지 못하는 사람들의 이야기를 조명한다는 점에서 윤리적 배려를 바탕으로 한다고 할 수 있다. 내러티브 글쓰기가 지향하는 특정 삶에 대한 경험은 당연하게 받아들이는 보편적, 사회적 정의의 의미에 대해 다시 생각할 수 있도록 한다.

4.2.6 사회적 글쓰기, 협동적 글쓰기

내러티브는 구체적인 시공간적 상황에서 담화적으로 구성된다는 점에서 사회적 성격을 띤다. 내러티브를 생산하는 과정에서 화자와 청자가 어떤 관계를 하는가에 따라 내러티브의 내용과 성격이 달라질 수 있다. Ochs와 Capps(2001)는 내러티브에 참여하는 정도에 따라 화자와 청자가 적극적으로 참여하여 협동적인 내러티브 담화를 구성할 수 있다고 보았다. 즉 내러티브는 서로에게 이야기를 하는(stories are told with another, Ochs & Capps, 2001) 방식으로 구성된다는 점을 강조한다.

이는 연구 자료 분석 및 연구 결과 기술 과정은 오로지 연구자의 책임으로 남아있고, 연구 참여자는 결과 기술 과정에 참여하지 않는 양적 연구와 매우 다른 점이다. 내러티브 탐구의 자료 수집에서는 연구자와 연구 참여자가 담화를 구성하는 과정에 공동으로 참여한다는 점을 전제한다. 따라서 연구자가 질문하고 참여자가 단순히 답하는 것이 아니라 연구자와의 관계, 연구자의 반응 등에 따라 연구 참여자는 자신의 이야기를 어떻게 구성하여 전달할 것인지를 판단하게 된다. 이 점에서 인터뷰를 통한 구어 내러티브는 협동적 과정의 산물이라고 본다.

4.3 내러티브 텍스트 구성 시 고려해야 할 점

4.3.1 현장 텍스트에서 연구 텍스트로

Clandinin과 Connelly(1998)는 내러티브 텍스트를 자료, 현장노트(data, field work)와 연구 보고서 혹은 연구 텍스트(research reports, research texts)로 구분한다. 이는 자료가 연구 텍스트가 되는 과정에서 연구자의 해석이 중요함을 강조하기 위한 구분이다. 현장 텍스트는 경험에 바탕을 두고 특정 사건을 중심으로 기술하여 기록으로서의 가치가 있다. 반면 연구 텍스트는 현장 텍스트와 거리를 두고, 의미와 중요성에 관한 질문과 답을 반복하는 과정에서 생겨난다.

> Field texts are not, in general, constructed with a reflective intent; rather, they are close to experience, tend to be descriptive, and are shaped around particular events. They have a recoding quality to them, whether auditory or visual. Research texts are at a distance from field texts and grow out of the repeated asking of questions concerning meaning and significance. (Clandinin & Connelly, 1998, p. 170)

연구 텍스트를 기술할 때에는 연구자의 흔적(the researcher's trace)이 얼마나 명시적일 것인가 하는 질문을 해야 한다. 이는 연구에 관련된 6가지 변인(참여자, 연구자, 독자/청중, 목적, 주제) 간의 상관관계를 다룰 때 하는 질문으로 연구 텍스트를 기술할 때 고려해야 할 사항이기도 하다. 각 변인에 대해 다음에서 자세히 살펴보자.

4.3.2 참여자

내러티브 탐구의 연구 참여자는 연구에 따라 1~2명의 소수일 수도 있고, 다중모드 연구처럼 많은 연구 참여자가 있을 수 있다. 어떤 경우든 참여자들의 경험을 어떻게 기술할 것인가를 결정할 때 다음 사항을 고려해야 한다(Barkhuizen et al., 2014, p. 97).

- 연구자와 연구 참여자 간의 관계는 무엇인가? 연구자는 이를 어떻게 문제화하고 있는가?(What is the nature of my research relationship with the participants? How do I portray and problematize this in the report?)

- 연구자는 연구 참여자들의 목소리에 얼마나 강조를 두는가? 참여자들이 말하는 것을 그들의 언어로 전달하는가 아니면 연구자의 언어로 전달하는가?(How much emphasis do I give to the “voice” of the participants? What they say, either in their own words or as represented by the researcher?)
- 연구 참여자들의 언어를 보고서에 어떻게 포함하는가?(How do I include their words in the report text?)
- 연구 참여자들이 자료에서 이야기한 내용과 연구자가 하고 싶은 이야기 간의 균형을 어떻게 유지하는가?(How do I balance what the participants narrate in the data with what I want to say about the data?)
- 결과 보고서를 작성할 때 연구자가 연구 참여자가 어떻게 협동할 수 있는가? 연구자가 보고서 초안을 연구 참여자에게 보여 줄 필요가 있는가?(How should I collaborate with the participants when constructing the report? Should I show a draft of the report to the participants?)
- 연구 참여자의 피드백을 어떻게 활용하는가?(What do I do with the feedback they provide?)
- 연구자는 보고서에서 참여자를 윤리적으로 대하고 있는가?(Have I treated the participants ethically in the report?)
- 결과 보고서에서 연구 참여자들이 언급될 경우 이들이 미칠 수 있는 영향에 대해 생각해 보았는가?(Have I considered the possible consequences of the report becoming public for the participants and their community?)

이러한 고려 사항은 내러티브 글쓰기의 사회적 협동적 특징, 과정 중심적 특징에 근거한 것으로 연구자와 연구 참여자의 목소리 간의 균형,

연구 참여자를 결과 기술 과정에 어떻게 참여시키는가 하는 문제를 고려해야 함을 지적한다. 또한, 연구 참여자가 연구 결과 보고서에 언급된 경우 받을 수 있는 영향에 대해 신중한 고려를 하도록 함으로써 연구 참여자가 연구의 대상으로만 취급되지 않고 존중받고 배려를 받아야 하는 존재로 인식해야 할 필요를 제시한다.

4.3.3 연구자

질적 연구는 양적 연구처럼 전지전능한 입장에서 마치 다 아는 듯한 어조로 기술하는 것을 피한다. 내러티브 연구에서도 연구자의 존재를 숨기지 않고 보이기 위해 'I' 주어를 사용하고, 연구자의 입장을 한두 문단으로 기술하여 연구자가 어떤 관점에서 연구하였는지를 명시하는 경우가 많다. 연구자가 자신의 주관성이 연구 과정에 어떻게 개입되었는지를 밝히는 것이 오히려 연구의 결과를 객관적으로 이해하는 데 도움이 된다고 본다. Polkinghorne(1997)도 내러티브 연구의 결과가 연구자의 주관적인 해석이 문제없는 것이 아니라 연구자의 주관과 해석이 불가분하게 포함되어 있음을 인식할 필요가 있다고 주장한다. 그는 연구자를 연극의 주인공에 빗대어 그의 일련의 행동, 결정, 주변 인물들과의 상호작용이 연극을 구성하는 것처럼, 연구자의 가치, 희망, 기술, 개인적 특징이 연구 행위를 통해 표현된다고 본다. 다음 인용문을 보자.

> Researchers are the protagonists in the drama of their quests for understanding. The drama consists of a sequential composition

> of decisions, actions, chance occurrences, and interactions with subjects and colleagues. Values, desires, inadequacies, skills, and personal characteristics make their appearance at various points in the researcher's performance. (Polkinghorne, 1997, p. 9)

질적 연구에서는 무엇보다 연구자 자신의 안정적이고 불변하는 존재가 아님을 인식할 필요가 있다는 점을 강조한다. Lincoln(1997, p. 4)은 연구자들이 연구자인 동시에 다른 연구의 참여자, 독자로 다른 시간과 상황에 따라 자신을 다르게 구성하는 다면적 정체성을 가지고 있음을 인식하고 연구 결과를 기술할 때에는 현재 어떤 역할을 하는지(What "onstage role" do we play in the text?)를 질문해야 한다고 주장한다. Canagarajah(1996)는 연구자의 주관성이 연구 과정에 어떤 식으로 영향을 미치는지에 대한 좀 더 지속적이고 엄격한 탐구가 필요하다고 주장한다. 이에 관해서는 내러티브 탐구 학자들이 좀 더 의식적으로 결과 보고서에 어떻게 포함할지를 고민해야 할 부분이다.

4.3.4 독자/청중

내러티브 탐구는 연구 참여자가 연구자에게 한 이야기를 더 넓은 범위의 독자에게 전달하는 것으로 독자는 연구자가 구성한 이야기를 읽게 된다. 독자는 대부분 해당 학문 분야의 학회지 독자이다. 연구자가 의도한 바대로 내러티브 연구를 읽을 수 있도록 기술의 목적과 형태에 주의를 기울여야 할 필요가 있다. 연구 결과가 독자에게 잘 전달되기 위해서는 연구의 특별한 목적을 염두에 두어야 하는데 이를 위해서는 다음과 같은 질문을 고려할 필요가 있다(Barkhuizen et al., 2014, p, 97).

- 결과 보고서를 읽을 독자는 누구인가?(Who is my audience for this particular report?)
- 연구 보고서를 어떻게 구성해야 독자의 관심을 끌 수 있을까?(How do I construct my report so that I engage my audience with the topic of the study?)
- 독자를 참여자의 경험과 어떻게 연결시키는가?(How do I make the audience connect with the participants' experiences?)
- 독자는 연구 결과에 대해 어떤 반응을 보일 것인가?(What will the audience response to my report be?)
- 결과 보고서는 의도한 목적을 달성할 수 있는가?(Will the report achieve its intended purpose?)
- 결과 보고서가 읽을 만하고 기억할 만한가?(How do I make this report readable and memorable?)
- 독자들은 연구자를 어떻게 인식할 것인가?(How will the audience perceive me, the researcher?)
- 다른 독자층을 위해 다수의 결과 보고서를 작성할 필요가 있는가?(Should I consider constructing multiple reports for different audiences?)

4.3.5 연구의 목적

내러티브 탐구의 목적은 연구가 이루어진 학습, 교수 커뮤니티에 유익을 미치기 위한 것으로 내러티브 탐구는 대상이 되는 독자를 가정하고 이들이 연구의 목적을 이해하도록 하기 위해 관심을 끄는 것이 중요하다. 특정 연구 참여자의 특정한 내러티브는 다른 독자에게도 의미 있는 결과로 읽힐 수 있고, 연구에 바탕을 둔 함의점을 도출할 수 있다. 또한, 연구 커뮤니티를 위해서도 결과 보고서는 중요한 역할을 할 수 있다. 연구 결과에 대해 'who cares?'라는 질문에 답하기 위해서는 연구가 해당 분야의 이론을 발전시키는 데 공헌해야 한다. 연구 목적과 관련해서는 다음과 같은 질문을 고려할 필요가 있다(Barkhuizen et al., 2014, p. 100).

- 연구자는 결과 보고서의 목적에 대해 분명한가?(Am I clear about what the purpose of this report is?)
- 연구의 목적을 특정 독자에게 어떻게 전달할 수 있는가?(How do I convey this purpose to a particular target audience?)
- 연구의 목적을 가장 명확하게 전달하기 위해 가장 적절한 결과 보고서의 형식은 무엇인가?(What is the most appropriate form for this report so that its purpose is clearly articulated?)
- 내러티브 탐구의 주제에 관련된 연구자의 신념과 감정은 무엇인가?(What are my beliefs and feelings concerning the topic of the inquiry?)
- 함의점이나 제안점에 대해 방어할 준비가 되어 있는가?(Am I prepared to defend my implications and recommendations?)
- 연구 결과 보고서에 따라 어떤 구체적인 행동이 따랐을 때 있을 수 있는 결과에 대해 심각한 고려가 있었는가?(Have I carefully considered what the consequences of any change that might be for the community who acted on my report?)
- 연구 결과 보고서가 연구 공동체에 방법론적 혹은 이론적 기여를 했

는가? 다른 목적을 달성하기 위해 다수의 결과 보고서를 작성할 필요가 있는가?(Is my report making a methodological or theoretical contribution to the research community? Should I produce multiple reports to achieve different purposes?)

내러티브 탐구도 다른 일반적인 질적 연구와 마찬가지로 연구의 목적이 분명하고 연구 결과가 이론적이거나 방법론적인 면에서 공헌하고 있는지 따져보는 것은 중요하다. 이와 더불어 연구자의 신념과 감정이 무엇인가를 고려해야 한다. 실증주의적 연구처럼 연구자가 아무런 감정을 개입하지 않고 객관적으로 연구를 진행한 것으로 기술하는 것이 아니라 연구자의 개입이 연구에 어떤 영향을 미칠 수 있는지 가늠하고, 필요한 기술을 하는 것이 적절하다.

4.3.6 연구의 주제

연구자는 연구 참여자가 연구자와 독자에게 관심거리가 되는 이유가 무엇인가를 생각해야 한다. 연구 주제는 처음에 정해지는 경우도 있지만, 연구가 진행되면서 주제가 결정될 수도 있다. 연구의 제목에 주제가 제시되는 경우도 있지만, 연구 참여자의 경험, 그리고 동시에 독자의 삶에 전이되는 과정을 통해 주제가 생명력을 가지게 될 수 있다(the topic "comes to life" through the represented experiences of the research participants and simultaneously by transfer of those experiences to the lives of the audience, Barkhuizen et al., 2014, p. 100). 연구 주제와 관련하여 생각해 볼 질문은 다음과 같다.

- 결과 보고서에 연구 주제가 분명히 기술되었나?(Have I clearly articulated my topic in this report?)
- 연구 주제가 언어교수 학습과 얼마나 관련이 있는가?(How relevant is this topic in the field of language teaching and learning?)
- 연구 주제를 제시하는 것이 어떤 목적을 달성하는 데 기여하는가?(What purpose does presenting this topic serve?)
- 어떤 독자들이 연구 주제에 관심이 있을까?(What audience would be interested in this topic?)
- 연구 주제와 독자를 연관시키기 위해서 어떤 방식으로 주제를 제시해야 하는가?(What form do I use to present this topic to ensure connection with my audience?)
- 연구 참여자들은 연구 결과에 대해 어떻게 생각하는가?(What do my participants think about my findings in this inquiry?)
- 연구 결과를 해당 분야의 다른 연구 주제와 연관시키고 있는가?(Have I related my topic to other reported work in this field?)
- 연구 결과가 해당 분야에 어떠한 기여를 하는가?(What contribution does this report make to the field?) (Barkhuizen et al., 2014, p. 100)

양적 연구에서의 결과는 통계적으로 유의미한 자료를 가지고 진술을 증명하고자 하며 정해진 절차가 연구 결과의 객관성을 확보하고자 한다. 그러나 이 점이 결과가 반드시 사실임을 보장하지는 않는다. 그러나 연구 절차와 기술이 일반적인 기준을 따른다는 점에서 객관성을 주장하기가 좀 더 용이하다는 것이다. 반면 일반적인 질적 연구와 내러티브 탐구는 결과 분석 과정에 연구자의 주관적 해석이 포함될 수 있음을 허용한다. 연구자가 철저히 주관적 입장을 배제하고 자료를 분석하려고 노력하더라도 자료 분석 과정에서 자신의 통찰력에 의존하는 순간이 있을 수밖에 없음을 인정하는 것이다. 양적 연구의 신뢰도는 동일한 조건으로 연구를 반복했을 때 유사한 결과를 얻을 수 있는지에 달려 있다. 그러나 연구의 반복이 불가능한 내러티브 연구의 경우 연구의 복제가 불가능하다. 따라서 내러티브 탐구에서는 다른 연구자가 연구 결과를 검증할 수 있도록 연구 과정을 객관적 언어로 자세히 기술하는가 하는 것보다 어떤 과정을 거쳐 연구 참여자의 경험이 연구 결과 보고서에 녹아 있고, 그 안에 연구 참여자와 연구자의 목소리가 어떻게 혼재되어 있는지 보이는 데 초점이 있다고 할 수 있다.

4.4 내러티브 탐구 결과 보고서 유형

Van Maanen(1988)은 연구 결과 기술에 사용되는 내러티브 모드를 세 가지 유형으로 구분한다.

• 실증주의적 이야기(Realist tales)

이러한 방식은 양적 연구에 사용되나 질적 연구 결과 기술에도 많이 사용되고 있는 방법이다. 이러한 유형의 내러티브에서는 연구자가 자료를 수집한 이후에 연구자는 내러티브에서 사라지게 된다(the fieldworker, having finished the job of collecting data, simply vanishes behind a steady descriptive narrative Van Maanen, 1988, p. 46). 이는 연구자가 결점이 없는 인식에 바탕한 해석적 전능(interpretive omnipotence, Van Maanen, 1988, p. 51)을 가진 존재

로 가정하기 때문이다. 이러한 관점에서 기술방식은 사회과학에서 가장 많이 사용되는 구조로 연구 참여자의 관점은 주로 인용문을 통해서 표현된다.

• 고백적 이야기(Confessional tales)

고백적 이야기는 사실주의적 이야기보다 성찰적인 면을 포함한다. 이러한 내러티브는 이야기에 관한 이야기를 포착하는 데 목적을 두는 것으로 사실적 기술보다는 극적인 부분에 초점을 둔다. 멜로드라마나 센세이셔널한 자서전적 방식으로 이야기를 기술할 수 있다.

• 인상주의적 접근(Impressionist approach)

인상주의적 방식의 기술은 인상주의 화가들의 그림처럼 사실 그대로 옮기는 데 초점을 두는 것이 아니라 생생하고 암시적인(vibrant, evocative) 글을 쓰는 데 목표를 둔다. 따라서 글쓰기 방식은 극적인 사건 표현, 은유, 개인의 경험에 초점을 둔다. 이러한 내러티브는 분석적이기보다 체험적(experiential than analytical)이고 사회과학적 보고서이기보다 문학적 기술에 가깝다고 할 수 있다.

다음에서는 글쓰기에 대한 접근에 따라 내러티브 탐구 결과 보고서가 어떻게 구성되고 작성되는지를 사례를 들어 살펴보고자 한다.

4.4.1 내용분석 결과 보고서

내용분석을 분석의 틀로 사용한 경우의 논문은 대부분 학술적 논문 형식을 따라 결과 보고서를 작성한다. 언어습득에 관련된 연구들은 이런 양식을 따라 내러티브의 주관적 성격에도 불구하고 최대한 신뢰도를 강조하는 방향으로 기술되었다. 이는 기존 질적 연구 방법의 일반적인 양식을 따르는 것으로 주로 연구의 주제에 따라 하위 장을 구분한다. 다음 연구의 예를 살펴보자.

Coryell, Clark와 Pomerantz(2010)는 교포 스페인어 학습자의 온라인 언어학습 경험에 대한 내러티브를 통해 학습자들이 왜 대학에서 스페인어를 배우는지, 온라인 학습이 이들의 전통(heritage)과 스페인어에 어떻게 영향을 받는지 조사하였다. 학습자들은 이상화된 스페인어 정체성(idealized Spanish identity)을 획득하기 위해 지역 방언이 아닌 이상적인 스페인어를 습득하고자 하는 문화적 환상에 대한 내러티브(cultural fantasy narrative)를 가지고 있다. 연구자들은 연구 결과를 학술지 양식에 맞추기 위해 다음과 같은 구성을 취하였다.

표 9. 연구요약: Coryell, Clark, & Pomerantz(2010)

Coryell, J. E., Clark, M. C. & Pomerantz, A. (2010). Cultural fantasy narratives and heritage language learning: A case study of adult heritage learners of Spanish. *The Modern Language Journal, 94*(3), 453-469.

- Abstract
- Introduction
- Literature review and theoretical framework
  - Spanish language maintenance and learning: A sociopolitical perspective
  - Language in contact
  - Attitudinal studies
- Method
  - Participants and data gathering
  - Online course context
  - Data analysis
- The culturally proper ideal metanarrative
  - The metanarrative
  - Fantasy subtheme: The culturally proper ideal requires the use of true Spanish
  - Fantasy subtheme: We have to go backward to go forward
  - Fantasy subtheme: The culturally proper ideal requires living linguistically in two worlds, not between them

- The choice to learn online
- Discussion and implications
- Notes
- References
- Appendix (Interview protocol)

이들의 연구는 일반적으로 학술지가 요구하는 초록, 서론, 선행연구 리뷰, 연구 방법, 그리고 결과를 주제순으로 나열하는 방식으로 구성하였다. 이어서 결과에 대한 논의와 함의점, 그리고 참고문헌, 자료 수집과 관련된 인터뷰 질문을 부록에 삽입하였다. 결과 부분은 Fantasy narrative의 주제를 세 가지로 분류하고 그에 대한 설명과 이를 뒷받침하는 인용문을 삽입하는 방식으로 제시되었다. 결과 보고서에 삽입한 인용문은 문단 형식으로 구성되어 연구자가 서술하는 텍스트와 분리되어 보이도록 한다. 연구자의 주장을 먼저 제시하고 이에 관련된 인용문을 증거로 제시하기도 하고, 반대로 인용문을 제시한 후 논증을 할 수도 있다. 논의 및 함의점 부분에서는 연구 참여자들이 이상적인 스페인어 사용에 관한 메타내러티브를 형성하는 것이 어떤 의미가 있는지, 이런 결과가 스페인어 교수학습 혹은 학습자 정체성 형성에 어떤 점을 시사하는지 논의한다. 이러한 형식의 기술은 학위논문이나 학술지에 사용되는 가장 보편적인 양식으로 내러티브 탐구의 결과를 기존의 논문 양식에 맞추어 기술한 경우이다. 이러한 기술방식은 독자가 이미 익숙하기 때문에 거부감 없이 읽을 수 있고, 학회지에 투고했을 경우 논문의 적절한 양식으로 평가된다는 장점이 있다. 그러나 이러한 기술 방식은 질적 연구뿐 아니라 양적 연구 결과 보고서에도 활용되는 방식이기 때문에 내러티브 탐구라는 연구 방법적 특징을 잘 보여주지는 못한다는 단점이 있다.

Casanave(2012)는 연구자 자신이 8년 동안 일본에 살면서 일본어를 배운 경험을 일기로 작성한 자전적 내러티브 연구이다. 그녀는 자신의 비공식 언어학습 경험을 "적극적이지만 압박감이 적은 언어학습"(active but low-pressure language learning, p. 642)으로 묘사하면서, 상황적, 개인적, 감정적 요인들이 예측할 수 없는 방식으로 학습동기 변화에 영향을 미치는 과정을 기술하고자 하였다. 연구자는 자신의 장기간의 일본어 학습과정에 대해 내면적 요인뿐 아니라 생태적(ecological) 요인이 어떻게 영향을 미치는지, 개인적, 환경적 요인이 어떻게 상호작용하며 복합적으로 제2언어 학습에 영향을 미치는지 보이고자 하였다. 그는 일상에서 일어나는 일들이 자신의 일본어 학습에 어떤 영향을 미쳤는지를 솔직하게 기술하고 있다. 이 점에서 Casanave(2012)의 연구는 연구자의 목소리가 분명하게 드러나 있는 예를 보여준다. 이 논문의 구성은 다음과 같다.

표 10. 연구요약: Casanave(2012)

Casanave, C. P. (2012). Diary of a dabbler: Ecological influences on an EFL teacher's efforts to study Japanese informally. *TESOL Quarterly, 46*(4), 642-670.

- Abstract
- Introduction
- Background
- What kind of study is this?
- Commentary on research from an ecological perspective
- The Japan Journals
- Setting
- Overview of my goals for self-study in Japan
- Ecologically Influenced Dabbling
  - Analytical curiosity
  - Influence out of control

- Informants and tutors
- Having fun
- Reflections on an Ecology of Effort
- Epilogue
- References
- Appendix (part of diary)

연구의 Introduction 부분에서 연구의 목적 및 상황에 대한 배경, 논문의 구조에 대해 간단히 언급하고, Background 부분에서 연구자 자신의 일본어 학습을 언어학습사 연구와 연관시킨다. Casanave는 선행연구에 사용된 이론적 개념을 사용하는 대신 "dabbling"(심각하지 않은, 우연한 참여)이라는 개념을 사용하여 자신의 언어학습 과정을 기술하겠다고 언급한다. 독자가 이 개념을 이해하도록 하기 위해 dabbling에 대한 정의를 다음과 같이 기술한다.

> Although dabbling commonly refers to an activity that is superficial and not serious, here I use it to convey the positive point that I was noticing, attending to, and picking up bits of language throughout my years in Japan. By using this term to describe my efforts at learning Japanese, I hope to convey the value of this kind of non intensive engagement with a new language in situations in which other life activities take priority and it would be tempting to avoid language study altogether. Moreover, dabbling is often driven by interest and curiosity, a fundamentally positive drive for language teachers, who can no doubt develop insights to apply to their own teaching. (Casanave, 2012, p. 644, 밑줄 필자 삽입)

그는 자신의 일본어 학습이 교실학습과 같은 공식적인 언어학습에 의해서가 아니라 일상생활에서 마주하게 되는 일을 통해 관심과 호기심을 가지게 되고 이것이 언어학습으로 이어지는 과정으로 묘사하며 이를 dabbling으로 요약한다. 그는 일상생활에서 주의를 기울이게 되는 이러한 과정을 Schmidt와 Frota(1986)의 주목(noticing) 개념을 빌어 설명할 수 있지만, Casanave(2012)는 인지적 개념의 주목보다는 생태적인 요인에 초점을 둔다고 밝힌다.

What kind of study is this? 부분에서 Casanave는 자신의 일기 연구(diary study)가 기존의 일기 연구와 달리 8년에 걸친 장기연구로 교실 밖의 언어학습 경험을 다루고, 외국에 살면서 영어를 가르치는 교사인 "보통 사람(an ordinary person)"의 이야기를 다룬다는 점을 부각힌다. Commentary on research from an ecological perspective 부분에서는 학습자 동기, 언어발달의 생태학, 내러티브 탐구에 관한 선행연구에 대한 간단한 리뷰를 제시하는데 이를 통해 언어학습에서 맥락이 매우 중요함을 강조한다(the focal milieu, including the physical and emotional . . . within which all experience happens and is given meaning, p. 646). 이러한 강조는 결국 연구 결과를 기술하는 데 있어 맥락에 중점을 두어 기술하게 한다.

The Japan Journals 부분에서는 언제, 왜 일본어 학습에 대한 일기를 쓰게 되고, 어떻게 분석하였는지 기술하여 연구 방법에 해당하는 부분이라고 볼 수 있다. Settings 부분에서는 연구자가 일하고 있는 일본 대학의 물리적 위치, 관계, 사회정치적 이슈 등에 대한 매우 상세한 맥락적 정보를 제시하여 연구자가 이러한 맥락에 대해 가지는 감정을 독자들이 파악하는 데 도움을 준다. Overview of my goals for self-study in Japan 부분에서는 연구자의 일본어 학습의 목표, 이러한 목표가 어떻게 달성되었는지, 공식적 언어 수업 과정을 거치지 않고 외국에 살면서 생존의 필요와 연구자가 있는 곳에서 즉각적으로 필요한 언어를 습득하는 것이 중요함을 설명한다. 연구의 결과는 이어지는 장 Ecologically Influenced Dabbling 부분에서 기술하고 있는데 Cansanave는 연구 결과(Findings, Results)와 같은 일반적인 제목 대신 자신의 언어 경험을 한 마디로 규정하는 dabbling이라는 용어와 언어학습 경험이 개인 및 주변 상황과 밀접한 관련이 있음을 제시하는 "ecology"라는 용어를 사용하여 주제를 보여준다. 그는 결과 부분을 4가지 주제를 중심으로 기술하고, 각 부분에는 자신의 일기에서 해당하는 자료를 인용하여 기술하고 있다. 각 주제에 해당하는 자료를 예시하면 다음과 같다.

> Analytical curiosity
> Jan 23, 1991 My 1st Japanese word has become real -- it really seems like what it is, and I think of this word before I do the English one on these recent cold days: 'shimo'. A word much more like frost than frost. (p. 652)

Casanave는 '눈'에 해당하는 단어 'shimo'를 접하면서 내내 이 단어를 생각하고, 실제 눈이 내리는 거리를 걸으면서 눈을 경험하고, 사전에서 눈에 관한 문장을 베껴 쓰는 연습을 하게 되었다고 일기에 기술하였다. 이러한 기술은 우연히 주의를 기울이게 되는 일상이 언어학습의 소재를 제공하고, 이것이 언어학습으로 이어지는 과정을 보여준다. 그는 자신의 분석적 호기심이 일본어의 새로운 점을 발견하게 하고, 사전을 이용하여 단어를 공부하게 하고, 일상에서 접하는 간지(Kanji)를 유심히 관찰하도록 하는 이유가 되었다고 기술한다. 그러나 그의 일본어 학습은 자신이 통제할 수 없는 요인들(건강, 수면, 날씨, 대기오염 등)에 의해 좌우되기도 함을 보여준다.

> Influence out of control
>
> June 5, 1992 Woke up in tears, no IQ. No muscles. Lots of self-pity for all sorts of reasons. Hard couple of days. Made it through the day and met J. [and two of his friends] at Yoro no Taki [a restaurant]. Walking home it struck me that I listened and talked in mostly Japanese all evening. This was the first time I understood enough not to feel left out. It felt quite natural in fact, though I didn't understand everything. Lots of talk about food, drink. (p. 654)
>
> Nov 3, 1994 [fighting a cold or bad allergies] A totally wretched day. Not only light rain, but a heavy oppressive mist, to ground level. [tried to go to a coffee shop to work; plagued by a couple of flies, cigarette smoke, runny nose, noise] Short temper, feeling of depression. No patience... Tearful. Angry, low, void of motivation. (p. 654)

위 일기는 감정적인 어려움, 육체적인 어려움이 일본어 학습에 어떠한 영향을 미치는지 보여준다. Casnave는 매우 힘든 날을 보내고 그의 친구 J를 만나 일본어로 내내 이야기했던 경험을 기술한다. 이와 대조적으로 그가 건강의 어려움이 있을 때 침울해지고, 이런 감정적인 변화가 언어학습에 대한 동기도 상실함을 기술한다. 이러한 예시는 제2언어 학습을 인지적 측면에서 관찰하고 기술하던 연구와 달리 학습자의 일상에서 일어나는 일들이 어떻게 유기적으로 언어학습에 영향을 미치는지 보여준다.

> Informants and tutors
>
> Feb 8, 1992 I've neglected my language learning journal. Depression hit. . . . Am I so easily discouraged? Or was the depression linked to other things, too. Once in it, it's hard to tell what the culprit is. Everything looks bad. But I stopped studying for a while; used my walking time to think about other things or to read. In fact, I think I've gotten back on track only in the last 3 weeks since J. offered, and I agreed, to be my regular tutor once a week. . . . So I've met with J. for 3 Fridays and am very satisfied. He's a good informant. (p. 655)
>
> I knew before we started that he likes grammar and grammatical explanations, so I began our first session by explaining my ideas about the kind of language learning I wanted -- real conversation. little explanation unless I ask for it, no English if possible. I explained inductive and deductive ways of learning grammar patterns and told him that, for the most part, I want to induce patterns. (p. 656)

J는 Casanave의 일본어 학습을 도와주는 튜터이자 친구이다. 일기를 중단하고 침체에 빠져 있을 때 J를 만나게 되면서 일본어에 관한 관심을 회복하려고 노력하는 과정에서 언어 교사로서 그는 영어로, 설명하지 않고 "real conversation"을 하고 싶다고 주문한다. 또한, 문법을 가르치는 방법에 관해서도 설명하고 자신은 귀납적 방법으로 문법을 배우고 싶다고 밝힌다. 이러한 점은 그가 언어를 가르치는 교사라는 점이 그

의 일본어 학습에 어떻게 영향을 미치는지 보여준다.

> Having fun
>
> July 17, 1992 It was my 9th journal since I started writing them in April. It's still fun. J. puts in a couple new kanji each week, and a few I've learned to read and even write. I can't express how happy I am not to be taking [a] class. (p. 658)

Casanave는 그가 수업을 듣는 대신 J라는 친구의 도움으로 매주 몇 개의 간지를 배우는 과정을 "fun"으로 기술한다. 이는 교실수업이 아닌 비공식적 언어학습 과정을 한 마디로 아우르는 말로 언어학습이 학습자의 삶과 밀접하게 연결되어 있을 때 의미 있을 뿐 아니라 즐길 수 있다는 점을 시사한다.

이러한 3가지 주제로 기술한 부분에 이어 Reflections on an Ecology of Effort 부분에서는 연구의 공식적인 결론을 내리고 일본의 다른 일기 연구와 본 연구를 연결한다. 또한, 학습동기에 관한 생태학적 관점이 연구자의 연구에 어떻게 연결되는지 기술한다. 따라서 이 부분은 일반적인 학술논문의 논의 및 함의점에 해당한다고 볼 수 있다. Casanave는 자전적 일기 연구가 학습동기를 객관적인 목소리로 이야기하기보다 성인 언어 학습자의 언어학습 동기가 주변 환경, 개인적인 환경과 얼마나 밀접하게 연결되어 있는지 보여준다는 점에서 의의가 있다고 기술한다. 이러한 관점의 연구는 최근 동기 연구가 보다 생태적이고 역동적인 과정을 기술하려는 이론적인 흐름(Dörnyei & Ushioda, 2011)과 맥락을 같이 하는 것임을 기술하여 자신의 연구가 어떠한 연구 맥락 속에 있는지 밝히고 있다.

Epilogue 부분에서는 연구 이후의 개인적인 성찰을 기술한 것으로 연구 보고서를 마치고 미국에 와서 기술한 내용이다. 논문에서 언급한 사람들(튜터, 대화 파트너, 일본 학생들)을 언급하고, 자신이 다시 일본으로 돌아갔을 때의 경험에 관해서 기술하면서 일본어 학습 경험이 단순히 언어학습 경험으로써만 아니라 다른 사람들과의 관계 맺기와 삶의 질에 어떠한 영향을 미치는지 보여준다.

Cansaneva(2012)의 결과 보고서는 시간적 흐름을 가닥(thread)으로 연구 과정(how the study was carried out), 일기에 나타난 일본어 학습과 사용에 관한 이야기(the excerpts in the article), 이야기에서 무엇을 말하는지와 논문에서 이를 어떻게 표현하는지(what she says about her story and about how she tells it in the article)를 기술하여 언어학습 과정을 상상할 수 있도록 자세히 묘사하고 있다. 그는 dabbling이라는 개념과 생태학적 관점이라는 이론적 틀 안에서 자전적인 일기에 담긴 내러티브가 어떻게 분석되는지, 연구 결과가 다른 연구들과 어떻게 연결되는지를 잘 보여준다고 할 수 있다. 또한, 이 연구는 연구자의 주관성(가치관, 이데올로기, 경험 등)이 연구 활동과 결과를 어떻게 형성하는지 보여주는 예라고 할 수 있다(the subjectivity of the researchers - with their complex values, ideologies, and experiences - shapes the research activity and findings, Canagarajah, 1996, p. 324).

Cansanave의 연구가 비공식적 일본어 학습을 다루고 있다면 Menard-Warwick(2004)는 ESL 환경의 교실학습 상황을 다루고 있다. Menard-Warwick는 이민자를 대상으로 하는 커뮤니티 영어센터에서 자원봉사자, 튜터의 역할을 하면서 참여 관찰자로 학습자를 관찰하였다. 그 중 Camil과 Trini라는 두 명의 이민 학습자를 대상으로 생애사 인터뷰를 하여 성별과 언어학습 간의 관계를 살펴보았다. 이 논문은 엘살바도르 이민자 Camil과 멕시코 이민자 Trini 두 사람의 내러티브의 특징적인 점을 주제로 하여 다음과 같이 논문을 구성하였다.

표 11. 연구요약: Menard-Warwick(2004)

Menard-Warwick, J. (2004). "I always had the desire to progress a little: Gendered narratives of immigrant language learners". *Journal of Language, Identity, and Education,* 3(4), 295-311.

- Abstract
- Second language learning as gendered practice
- Narrative: Making sense of experience
- Method
- Camila's Narratives
  - "I understand that my position was less than theirs"
  - "You are never going to learn English"
- Trini's Narrratives
  - "I always had the desire to progress a little"
  - "So that they also see that I am making a little more effort"
- Discussion
- Pedagogical implications of gendered life history narratives
- Endnotes
- References

Menard-Warwick는 논문 제목에 연구 참여자의 인터뷰 내용을 활용하였다. 질적 연구에서 이런 방법으로 제목을 정하는 경우가 종종 있는데 이는 사실성을 부여하여 독자로 하여금 연구에 관심을 가지게 하는 데에 효과적이다. 다음 Trini의 인터뷰 예문이다.

We didn't even have bread, at times we didn't even have a school

> notebook like I told you, at times we didn't even have a pencil. So I always had the desire to progress [progresar] a little. (Interview, 12/13/02, Menard-Warwick, 2004, p. 302)

연구 참여자 Trini는 매우 어려운 가정환경에서도 늘 조금씩 나아질 것이라고 희망을 가지고 있는 학습자로 그의 희망과 기대가 제2언어 학습과 어떤 관련성이 있는지를 보여주는 연구이다. 논문의 제목은 이러한 주제를 특징적으로 부각하기 위해 인터뷰 내용의 일부를 활용하였다. 이 논문의 제목뿐만 아니라 각 장의 제목 역시 Camila와 Trini의 인터뷰 내용에서 주제를 드러내는 부분을 사용하였다. Camila는 자신이 남자친구의 가족으로부터 그들보다 낮은 위치에 있는 사람으로 취급받는 느낌을 "my position was less than theirs"로 표현하였다. 이런 느낌이 경제적인 문제 때문이라고 생각해서 그녀는 가사 도우미 일을 구하게 된다. 그러나 이 일을 하는 것 자체가 다른 문제를 일으키면서 결국 그녀는 일을 그만두게 되고, 그녀의 영어학습은 가족을 통해서만 이루어지게 된다. Camila는 가정주부로 지내면서 주로 TV를 통해 영어를 습득했지만, 영어를 체계적으로 배우려는 노력을 크게 하지 않았다. 그러던 그녀가 영어를 배우기로 한 것은 Camila가 영어를 배우지 않으면 아들이 영어를 하지 못하는 부모를 어떻게 생각하겠느냐는 도전에 직면하게 되면서이다. Camila과 마찬가지로 Trini는 자신이 부모로서 아이의 과제를 도와주기 어려움을 느끼면서 조금 더 앞서 나가야 하고, 조금 더 노력해야 함을 강조한다(...that maybe if I begin [to learn English], like to show them a little... that I want to get ahead, so that they also see that I am making a little more effort, Interview, 1/17/03, Menard-

Warwick, 2004, p. 304).

Camila와 Trini의 이야기는 여성에 대한 가족과 커뮤니티의 기대가 여성 이민 학습자의 영어학습에 어떠한 영향을 미치는지 보여준다. 두 사람 모두 가족으로서의 책임, 특히 부모로서 아이의 교육에 대한 책임을 느끼면서 영어를 배워야 할 필요성을 느끼고 노력을 한다는 공통점이 있다. Camila는 직장을 가지거나 교육을 받는 것에 대해 가족의 반대가 없었지만, 그녀 스스로 이런 기회를 적극적으로 추구하지는 않은 반면, Trini는 아버지와 남편의 반대를 무릅쓰고 직장에 나가고 영어를 배우려고 노력한다. Camila는 가족의 윤리적 권위와 가치관에 수긍하지만, Trini는 이에 대한 저항 내러티브를 형성한다. Menard-Warwick는 여성 이민자들이 가족과 커뮤니티의 기대에 어떻게 반응하는가에 따라 영어학습도 영향을 받을 수 있음을 주장하면서 영어학습 역시 젠더에 영향을 받음을 보여주고자 하였다.

이 논문은 전형적인 학술논문과 달리 연구 참여자의 이야기 주요 내용을 보여주는 인용문을 소제목으로 활용함으로써 자료의 생동감을 더하고 독자에게 호기심을 불러일으킬 수 있는 효과가 있다. 이러한 소제목은 마치 소설과 같은 구조로 여겨질 수 있으므로 연구의 주요 내용이 내러티브적으로 구성되어 있음을 보여주는 데도 효과적이라고 할 수 있다.

Lee와 Chern(2011)은 특수목적영어(English for Specific Purpose) 읽기 경험이 많은 Hue-Zhen의 생애사를 통해 문해력과 정체성 간의 관계를 보여준다. 이들은 Wenger(1998)의 사회적 정체성(social identity)이라는 개념을 이론적 틀로 하여 Hue-Zhen이 전문 분야에 관련된 영어 독해력이 향상되면서 자신에 대한 정체성 인식이 어떻게 달라지는지 보여주고자 하였다. 이들은 연구를 위해 어떻게 의도적 샘플링(purposeful sampling)을 통해 연구 참여자를 모집했는지를 다음과 같이 자세하게 기술하고 있다.

> Purposeful sampling was employed in the study to select "information-rich cases whose study will illuminate the question under study" (Patton, 2002, p. 230). Participant recruitment began from October of 2007. In 3 months, six participants allowed the researcher to walk into the midst of their stories. Each participant conformed to the following preset criteria, that is, he/she was(a) a Taiwanese in his/her middle adulthood, (b) one who receives primary and secondary education in Taiwan, (c) a professional who is experienced in ESP reading, and (d) one who acknowledges that ESP reading is of great importance to his/her career development. The focal participant of the present study was one of the subjects who met the selection criteria. The participant was recommended to one of the researchers by a common friend who had noticed the participant's heavy involvement with ESP reading. Notwithstanding her initial doubts, the participant agreed to join the study when given the guarantee of the confidentiality of her identity. For the very purpose, the participant agreed to use a pseudonym, Hue-Zhen. (Lee & Chern, 2011, p. 350)

Lee와 Chern(2011)은 연구 참여자를 대만인으로 특수목적영어 읽기를 경험한 전문가이고, 자신의 커리어에 특수목적영어가 중요한 역할을 하는 사람을 찾았다. 대상자 6명 중 특수목적영어에 가장 많이 관여하는 사람으로 40대 초반의 과학 분야 연구자인 Hue-Zhen을 추천하게 된다. 그가 연구 참여에 처음부터 동의한 것은 아니나 익명성 보장에 대한 약속을 받고 연구에 참여하기로 하였다. Lee와 Chern(2011)은 Hue-Zhen을 어떻게 알게 되고, 그를 연구에 참여하도록 하기 위해 설득하는 과정을 연구 방법에 기술하고 있다. 이러한 기술은 연구 참여자를 무작위로 추출하여 참여자들의 개인적인 감정 개입 없이 객관적으로 참여하는 것처럼 기술하는 정량적 연구 기술방식과는 차이가 있다. 내러티브 탐구의 기술이 과정에 초점을 두고 있다는 점에서 어떤 방식으로 연구 참여자를 찾고, 설득하고, 그 과정에서 연구자와 연구 참여자가 어떠한 관계를 형성하는지를 기술하는 것은 결과 보고서에 기술된 참여자의 이야기가 어떤 맥락에서 형성되었는지를 이해하는 데 도움이 된다. 연구 참여자를 어떻게 선정하게 되는지에 대해 자세히 기술하는 것은 연구 방법에 대한 신뢰도를 높이는 동시에 연구자와 연구 대상자가 어떠한 위치에 있는지 이해하는 데에도 도움을 준다. 다음은 논문의 구성을 보여준다.

표 12. 연구요약: Lee & Chern (2011)

Lee, B. C., & Chern, C. L. (2011). ESP reading literacy and reader identity: A narrative enquiry into the reader in Taiwan. *Journal of Language, Identity and Education, 10*(5), 346-360.

- Abstract
- Theorizing literacy and identity
- Theoretical underpinnings
- The study
- The life story of Hue-Zhen
  - Mutuality of Engagement: "I Cannot Achieve It Totally by Myself"
  - Accountability of the Joint Enterprise: "Science Is Not a Local Matter"
  - Negotiability of the Repertoire: "One Cannot Grasp the Idea of a Recipe Without Cooking Experiences"
  - Coda of the Story: To Move Up One More Step
- Theoretical understanding of the story
- Conclusion
- References

이 논문의 첫 부분은 이론적인 배경을 설명하는 부분으로 Wenger(1998)의 실행 커뮤니티(community of practice 혹은 실천공동체)의 개념을 소개하고, 이를 바탕으로 결과 부분을 구성하고 있다. Hue-Zhen의 생애사를 시간적 흐름에 따라 추적하면서 자신의 학문분야에서 필요한 영어 문해력 습득 과정과 아카데믹 커뮤니티의 멤버십을 획득하는 과정을 소제목으로 표시하였다. 결과 부분 마지막에는 종결부를 삽입하여 Hue-Zhen의 이야기는 결국 "To Move Up One More Step"이라고 요약할 수 있음을 보여준다. Hue-Zhen은 그의 아카데믹 영어 문해력 습득 과정을 계단을 올라가는 과정에 비유하여 묘사하면서, 중국어에서 흔히 사용되는 표현을 사용하여 이미 정상에 도달하였지만, 더 노력하고 성취하겠다는 의지를 보여준다. 이는 영어 능력에 대한 향상을 의미하기도 하지만 참여 가능한 커뮤니티의 확장, 커뮤니티 참여를 통한 자신의 정체성 향상을 의미하기도 한다. Hue-Zhen은 영어를 자신의 학문적 언어로 사용하면서 중국어로 출판되는 학회지에는 논문을 싣지 않기로 함으로써 널리 인정받는 아카데믹 커뮤니티의 멤버로 자신의 정체성을 형성한다.

Lee와 Chern(2011)은 결과 기술 이후에 연구 결과의 이론적 함의점을 Theoretical understanding of the study 부분에 밝히고 있다. 이 부분에서는 앞서 언급한 Wenger의 개념이 본 연구 결과에 따라 어떻게 증명되는지를 보여주는 부분으로 일반적인 논문의 논의 부분에 해당한다. 이 부분은 독립적인 장으로 구성하여 보여줌으로써 연구자들은 Wenger가 이야기하는 학습=참여라는 개념을 강조하고 있다. 이들은 인디언의 행동 방식을 행하지 않고는 인디언이라는 정체성을 획득할 수 없다는 Gee(2014)의 주장을 상기하면서 Hue-Zhen의 문해력 획득 노력은

결국 그가 어떤 사람이 되어 가는 과정이라고 요약한다.[12]

결론 부분에서는 Hue-Zhen의 이야기는 그녀가 전문성 향상을 위해 특수목적영어를 배우는 이야기인 동시에 새로운 정체성을 습득하는 이야기임을 요약하면서 특수목적영어의 함의성을 다음과 같이 기술하고 있다.

> The narrative inquiry shows that ESP reading and identity are intimately connected. The finding brings pedagogical implications, especially for educators who work within a sociopolitical milieu that casts a view of ESP reading as a matter of accrual skills and information. Accepting the idea that developing academic literacy involves shifting identities calls for the acceptance of the idea that learning ESP reading literacy is more than simply increasing academic vocabulary size or genre knowledge. As shown in the study, ESP reading is related to participation, interaction, relationships, and contexts, all of which imply how the ESP reader makes sense of the self and others, namely how he/she identifies and is identified. The social view of ESP reading calls for reexamination of current educational practices. In the classrooms, teaching activities involving mutual engagement should be encouraged to facilitate the accountability of the enterprise and the

---

12 Being a "real Indian" is not something one can simply be. Rather, it is something that one becomes or is in the doing of it, that is, in the performance. Though one must have certain kinship ties to get in the "game," beyond this entry criterion, there is no being (once and for all) a "real Indian,"rather there is only doing being-or-becoming-a-"real Indian". If one does not continue to "practice" being a "real Indian", one ceases to be one. (Gee, 2014, p. 49)

negotiability of the repertoire. (Lee & Chern, 2011, p. 358, 밑줄 필자 삽입)

연구의 함의점에 따르면 특수목적영어 리터러시 능력을 습득하는 것은 언어적 지식을 획득하는 것 이상의 의미를 지니는 것으로 참여자가 영어를 사용하는 실행 커뮤니티에 참여하고 상호작용하여 관계를 맺는 과정, 새로운 정체성을 획득하는 과정으로 이해될 필요가 있음을 지적한다. 이 연구는 특수목적영어의 사회적인 관점을 고려할 필요를 제시하면서 교실수업을 통해 이러한 점이 강조될 필요가 있음을 언급하고 있다. 앞서 기술한 Coryell, Clark와 Pomerantz(2010), Casanave(2012), Menard-Warwick(2004), 그리고 Lee와 Chern(2011)의 논문 모두 내러티브 내용의 주요한 주제를 중심으로 결과 보고서를 구성하였다는 공통점이 있다. 또한, 이론적인 개념이 앞부분에 소개되고 이러한 개념이 연구 분석에 어떻게 적용되었는지를 보여주기 위해 결과 부분의 소제목을 이론적 개념과 연계하여 제시하였다. 내러티브에 내용분석을 적용한 연구들은 대개 이러한 방식으로 논문을 구성하고 있음을 볼 수 있다.

4.4.2 상호작용 분석 결과 보고서

내러티브에서 찾은 주제를 중심으로 결과를 보고하는 방법 외에 상호작용 내에서 어떠한 내러티브가 구성되는지 보여주기 위해서 이야기에 참여하는 화자 간의 상호작용을 분석할 수도 있다(De Fina, 2013). 이러한 분석은 대화 내에서 화자들이 어떠한 상호작용을 하고, 이러한 상호작용이 의미하는 바가 무엇인지에 초점을 둔다. 상호작용에 초점을 두는 분석은 연구자가 어떻게, 왜 텍스트를 선택했는지 기술하고, 텍스트의 자세한 분석이 연구자의 목적을 달성하는 데 어떻게 기여하는지 밝히는 것에 중점을 둔다. 이러한 결과 분석은 내러티브 텍스트 자체를 자세히 분석하여 텍스트 상황이 말해주는 내용이 무엇인지 보여주고자 한다. Tonga 부족 출신 Sela의 내러티브를 상호작용 분석 방법으로 분석한 예이다. 그는 내러티브 분석 결과를 다음과 같이 구성하였다.

표 13. 연구요약: Barkhuizen(2010)

Barkhuizen, G. (2010). An extended positioning analysis of a pre-service teacher's better life small story. *Applied Linguistics, 31*(2), 282-300.

- Abstract
- Small stories and positioning analysis
- Background
- Positioning Analysis Level 1
- Positioning Analysis Level 2
- Positioning Analysis Level 3: Who am I?
  - Tongan migrant
  - Teacher
  - Activist/mediator
  - Investor/capitalizer
- Conclusion
- Appendix: The small story
- Notes
- References

Barkhuizen(2010)는 Bamberg(2004, 2006)의 위치매김 이론에 근거하여 Sela의 내러티브를 분석한 결과를 제시한다. 논문의 맨 앞부분에서는 내러티브 탐구의 분석이 내용에 초점을 두지만, 형태(form)나 맥락(context)에는 상대적으로 관심이 적었던 점을 지적하면서 작은 이야기

(small story) 분석을 하는 이유를 설명한다. 작은 이야기 분석은 내러티브의 내용, 형태, 맥락을 모두 고려하여 분석하는 방법으로 이는 "위치"가 어떻게 자아와 정체성에 대한 개념을 형성하는 데 영향을 미치는지 그 과정을 보여준다(the process of how...positions come into existence and how they assist the construction of a sense of self and identities, Bamberg, 2004, p. 137, Barkhuizen, 2010, p. 283에서 재인용)는 점을 기술하여 이론적 틀을 선택하는 이유를 밝힌다. Background 부분에서 Barkhuizen은 Sela가 어떻게 연구 참여자가 되었는지, 자료를 어떻게 수집하였는지 기술한다. Sela는 Barkhuizen의 지도 학생으로 Tonga 부족 출신으로 뉴질랜드 이민자이다. Sela가 Tonga 부족민의 영어학습에 대한 논문 자료를 수집하는 과정에서 Sela 자신이 그의 연구 참여자와 유사한 경험을 공유하고 있다는 점에 착안하여 8개월에 걸쳐 구어, 문어 인터뷰를 하게 되었다. 이 연구에 사용된 자료는 세 번의 인터뷰 중 두 번째 인터뷰로 Sela가 영어학습 과정에서 겪는 갈등에 관한 이야기를 담고 있다.

연구 결과는 Bamberg의 위치매김 이론의 3단계를 따라 기술하였다. 1단계에서는 Sela의 내러티브 속에 인물이 어떻게 묘사되는지, 혹은 Sela의 이야기가 무엇에 관한 이야기인지 기술한다. 이 부분에서 Tonga 부족이 영어를 잘 하지 못한다는 수치심(ma)이 영어학습에 장애가 됨을 보여준다. 1단계 분석을 통해 Barkhuizen은 Sela의 이야기가 Tonga 커뮤니티 사람들의 "나은 삶에 대한 이야기"라고 요약한다(a better life story, Barkhuizen, 2010, p. 288). 2단계 분석 결과는 Sela와 연구자 사이에서 이야기가 어떻게 구성되는지를 보여준다. 인터뷰에서 Barkhuizen과 Sela가 어떻게 묻고 답하는지에 관해 기술되어 있다. 이는 Sela가 사용하는 구체적인 단어, 표현의 초점을 자신을 어떤 위치에 두는지 파악하도록 하는 것이다. Sela는 연구자의 질문에 대한 답을 하는 과정에서 자신에게 "실행가, 활동가, 중재자(enforcer, activist, mediator)"의 위치를 부여함을 보여준다. 또한, Sela의 답은 설교 혹은 강의와 같은 어조를 띄기도 한다. 이는 내용분석에서 보여주지 못한 형태에 대한 분석을 통해 내러티브가 상호작용을 통해 어떻게 구성되는지를 보여준다. 3단계 분석에서는 Sela의 내러티브가 광범위한 사회정치적 담화와 어떻게 연결되는지를 기술한다. 이 부분에서 연구자는 작은 이야기 분석과 함께 다른 수집한 자료를 분석하여 결과에 삽입함으로써 전형적인 작은 이야기 분석보다는 확장된 형태의 분석을 한다고 밝히고 있다. 이 부분에서 그는 Tongan migrant, Teacher, Activist/mediator, Investor/capitalizer라는 정체성 위치로 하위 제목을 구분하여 기술한다. Barkhuizen(2010)의 분석은 Sela의 내러티브에서 어떠한 교사 정체성이 형성되고, 그의 정체성이 자신이 속한 커뮤니티의 현실, 그리고 상상적 커뮤니티와 어떻게 연결되는지 보이고자 한 시도라고 할 수 있다.

4.4.3 예술기반 결과 보고서

내러티브 탐구 결과는 선형적인 질적 연구 보고서 외에 드라마, 이야기 등의 예술적 형태로 나타날 수도 있다. 또한, 문자로 기술될 수도 있고 공연으로 표현될 수도 있다. Ely(2007)는 이러한 형태의 표현이 내러티브의 의미와 강조점을 보여주기에 적당하다고 하였다. Nelson(2011)은 예술적으로 "조형된 표현(crafted representations)"은 정형화된 연구 결과 보고서를 읽기 어려운 독자들에게 참여의 기회를 줌으로써 언어 학습 분야를 보다 풍성하게 할 가능성이 있다고 주장한다(may enrich the field of by engaging those who-for myriad reasons-find it challenging to participate in research conversations as these are currently structured, p. 465). 즉 연구 결과를 보고하는 데 있어 새롭고 혁신적인 표현 방법을 택함으로써 보다 많은 독자가 경험을 공유할 수 있고, 참여자들이 경험의 의미를 나눌 수 있다는 점을 중시하는 결과 보고 방식을 말한다. 그러나 이러한 새로운 시도가 모든 독자에게 호응을 얻을 수 있는 것은 아니며 특히 학위논문, 학회지 같이 정해진 규정에 따라 연구가 기술되기를 기대하는 경우에는 전형적이지 않은 결과 기술을 하찮고 심각하지 않은 연구로 간주되기 쉽다는 점도 고려할 필요가 있다.

J. Kim(2016)은 내러티브 글쓰기의 장르를 자서전적, 전기적, 예술기반 글쓰기(art-based narrative research)로 구분한다. 자서전, 자문화기술지(autoethnography) 등은 자서전적 글쓰기의 예로, 구술사, 생애사 등을 전기적 글쓰기로 보았다. 예술 기반 내러티브란 문학적 글쓰기(단편, 소설, 논픽션, 시, 드라마), 시각적 글쓰기(사진, 비디오 아트, 그림 등)는 포함하는 것으로 그는 내러티브의 결과도 내러티브적으로 구성될 필요가 있고, 그런 점에서 문학적 글쓰기가 이야기를 전달하는 데 보다 적절하다고 보았다.

내러티브 탐구에서 예술적 글쓰기를 시도한 것은 과학과 예술의 경계가 모호해지면서 예술적 글쓰기가 사회과학의 연구 방법으로 인정받기 시작하면서부터다(Denzin & Lincoln, 2011). 사회과학에서 예술적 요소를 도입하는 것은 독자의 공감을 얻기 위해서인데 내러티브 탐구에서의 예술기반 글쓰기는 문학적 장르와 시각적 장르로 구분할 수 있다. 문학 장르는 창조적 비소설(creative nonfiction), 단편소설(short story), 허구적 소설(fiction), 장편소설(novel) 등을 포함하고, 시각 장르는 이미지, 사진, 소묘, 회화, 콜라주, 만화, 영화, 비디오, 간판, 상징물 등을 포함한다. 내러티브에서 시각적 요인을 포함한 것은 비교적 오래되었지만 진지하게 받아들이게 된 것은 1960년대 이후이다. 사회과학자들이 계급, 인종, 성과 같은 문제를 전문 사진작가와 함께 작업하면서 이를 비쥬얼 리터러시(visual literacy)라고 불렀다. 이러한 문학적, 시각적 장르를 내러티브 탐구 글쓰기에 활용할 수 있는 방법은 다음과 같은 것들이 있다(김정희, 소경희, 2014).

- 창조적 비소설: 실제 자료를 소설적 방식으로 표현하는 것으로 사실에 기초하되 글을 구성하는 작가의 주관성이 반영되는 형태이다(예: 신문 사설, TV 앵커의 주관적 멘트)
- 소설: 삶에 대한 기술이 과학적 용어보다는 소설적 장치를 통해 효과적으로 표현된다는 전제하에 소설적 기법(예: flashforward, flashback)을 활용한다. 내용의 정확한 기술보다는 내레이터가 어떤 의미로 전달했는가가 중요하다.
- 포토 보이스(photo voice): 사진 내러티브는 연구 참여자들의 경험을 시각적 이미지로 표현하는 것으로 참여자들에게 그들의 내러티브와 관련된 사진을 제공하고, 사진에 의미를 부여하는 텍스트를 자성하도록 한다. 내러티브 사진은 단순한 사진과 달리 이야기를 전달하며 이미지와 텍스트를 연결하는 것이 핵심임을 강조한다. 포토 보이스는 추상적 경험을 지양하고 연구 참여자의 내러티브적 사고 과정을 보여주는 데 효과적이다. 사진 내러티브는 연구자의 해석에 따라 이루어지지만 포토 보이스는 연구 참여자의 해석을 중심으로 이

루어진다. 예를 들어 학생들에게 찍고 싶은 사진을 찍도록 하고, 사진에 관한 이야기를 공유하도록 한다. 이 과정을 통해 학생들은 자신의 행동에 의미를 부여, 사진이라는 매개물을 통해 연구자와 대화하고, 자신의 삶에 의미를 부여하고 현장 텍스트와 연구 텍스트 작성에 참여하게 된다.

- 디지털 스토리텔링(digital storytelling): 다양한 미디어 매체를 통해 1인칭 시점의 이야기를 기록하는 내러티브 형태이다. 디지털 스토리텔링은 공동체 중심의 참여 연구로 제도적 울타리에서 소외된 구성원의 공동체성을 증진하고 인터뷰 중심의 내러티브 연구가 가지는 한계를 극복하거나, 구술로 전해오는 공동체의 이야기를 보존하기 위한 목적으로 사용된다. 따라서 연구자에 의해 내러티브가 가공되는 것이 아니라 연구자의 간섭 없이 연구 참여자에 의해 내러티브가 만들어지도록 하는 것이 중요하다.

기존의 학술논문 형식을 벗어나 대중에게 읽힐 수 있는 내러티브를 구성하기 위해서는 예술적 형식을 빌려 연구 결과를 기술할 수 있다. Barone과 Eisner(1997)는 예술 기반 연구가 되기 위해서는 (1) 가상현실의 창조 (2) 모호함의 존재, (3) 심미적, 은유적 표현의 사용, (4) 일반 대중들이 흔히 사용하는 맥락화되고 세속적인 용어 사용, (5) 공감의 증진, (6) 연구자/저자의 흔적, (7) 미적 형식의 존재 등이 전제되어야 한다고 본다. 내러티브 탐구는 탐구의 결과로서 만들어 낸 가상적 이야기가 독자들에게 익숙한 상황과 맥락화된 언어를 사용하여 공감을 불러일으키고, 이야기에 대한 지속적 대화를 이끌어 내어 독자 스스로의 의미를 형성하도록 유도한다는 점에서 예술 기반 연구로서 발전될 가능성이 있다(김정희, 소경희, 2014). 그러나 이러한 비학술적 결과 보고 형식은 기존 연구자들의 반발을 불러일으키기도 하고, 여전히 학계의 저항감이 있는 것이 사실이다. 최근에는 학술지에 예술적 형식의 논문이 게재되면서 교육연구의 방법으로 인정받고 있다(김정희, 소경희, 2014). 예술 기반 결과 기술을 옹호하는 측과 반대하는 측 간의 대립과 논쟁은 당분간 계속될 것으로 보이나 이러한 논의가 새로운 형태의 연구 방법, 연구 결과 기술방식을 논의하고 발전시키는 데 도움이 될 수 있을 것으로 생각된다.[13]

예술 기반 결과 보고서의 예로 미국 고등학교 남학생 Kevin의 대안학교 경험을 다룬 J. Kim(2011)의 연구를 들 수 있다. J. Kim(2011)은 문화기술지적 방법으로 5개월간 관찰과 인터뷰를 통해 자료를 수집하여 Kevin의 경험을 전기적 저널(biographical journal)로 구성하였다. 그의 결과 보고서는 다음과 같이 구성되었다.

표 14. 연구요약: J. Kim(2011)

Kim, J. H. (2011). Narrative inquiry into (re)imagining alternative schools; A case study of Kevin Gonzales. International *Journal of Qualitative Studies in Education, 24*(1), 77-96.

- Abstract
- Introduction: Images of alternative education
- Research Site
- Research Methods
- Narrative Inquiry
- Our protagonist, Kevin Gonzales
- Kevin's biographical journal
- The role of Kevin's story

---

13 이상우(2017)는 내러티브 글쓰기에서 장르 구분은 크게 중요하지 않으며, 내러티브는 대개 자서전적 글쓰기와 생애사적 글쓰기로 구성되어 있고, 예술기반 글쓰기는 이를 효과적으로 표현하기 위한 장치로 보인다고 했다. 그는 2개 이상의 장르를 조합해서 텍스트를 구성하는 것이 바람직하다는 입장을 보였다.

- Implications: (Re)imagining alternative schools
- References
- Figures: Kevin's drawings

결과 보고서의 Introduction 부분에서는 대안학교에 대한 세 가지 관점을 소개하면서 연구가 이루어지는 Borderlands Alternative High School이 어떤 맥락에 있는 학교인지 소개한다. Introduction 마지막 부분에 있는 다음 인용문을 살펴보자.

> This qualitative case study examines Borderlands Alternative High School (pseudonym), whose image falls between the dumping ground and the school/prison continuum. The purpose of this paper is to (re)imagine the role of alternative education through Kevin Gonzales's (pseudonym) story and to question what could be the best possible educational experiences that public alternative education could provide for many disenfranchised students like Kevin. (J. Kim, 2011, p. 7)

J. Kim(2011)은 퇴학 경험이 있는 Kevin의 이야기를 통해 Borderlands와 같은 대안학교가 학생들에게 어떤 의미가 있는지, 대안학교가 이러한 학생들을 위해 할 수 있는 최선의 교육은 어떤 것인지를 찾는 것이 연구의 목적임을 밝히고 있다. 이 부분은 연구의 배경 소개이면서 동시에 대안학교에 대한 선행연구 내용을 요약하고 있기도 한다. 이어지는 Research site 장에서는 Borderlands Alternative High school에 대해 보다 더 구체적인 정보를 제공한다. 다음은 학교를 묘사하고 있는 부분이다.

> Kevin's school, Borderlands, is located in an urban area where a new housing development has just started. There is not much to see in this area except "Lot Sale" signs. Borderlands constitutes six portable buildings, which can be mistaken for warehouses without the school sign at the entrance because there is no landscaping surrounding the school. The school opened in 1999 to serve students who were not doing well in traditional schools. There were 350 students enrolled from 9th to 12th grades in the 2001-2002 school year. Most students had an experience of "getting kicked" out of school more than once. (J. Kim, 2011, pp. 7-8)

연구자는 Borderlands High school을 쓰레기 처리장(dumping ground)과 소년원(Juvenile detention center) 사이의 중간적 장소로, 재학생 대부분이 퇴학의 경험을 가지고 있는 장소로 기술한다. 전형적인 논문 기술의 경우, 연구 참여자, 연구 자료 수집 및 분석을 모두 연구 방법이라는 장의 하위 구조로 기술하는 것이 일반적이다. 이 논문에서는 연구 참여자, 자료 수집, 분석을 각각 독립된 장으로 분리하여 기술하는 특징을 보여준다. 먼저 연구 참여자를 소개하는 Our protagonist, Kegin Gonzales 부분에서는 Kevin에 대해 일반적인 논문의 기술과 달리 마치 소설에서 주인공을 소개한 듯한 묘사적인 글로 연구 참여자에 대해 기술한다. 다음 인용문은 Kevin에 대한 기술을 보여준다.

> Kevin Gonzales is a 17-year-old, half-Hispanic and half-Caucasian student. He is from a working class family. His mother changed jobs several times, and she currently works as a gate-keeper for a housing company. Kevin's real father was a drug addict and Kevin

> does not know where he lives now. Kevin lives with his mother, his older brother, his fourth step-father, and two of his step-father's children. Kevin is thin and about five feet ten inches tall. He has dark-brown eyes and a quiet, soft voice. His hair (dyed black) is usually unkempt as if he does not care how he looks. He likes to wear an old-looking, green polo shirt and worn-out blue jeans that barely hang on his hips. When he bends forward to write something in his notebook on the desk, his shirt pulls up, and one can see his blue-striped underwear unintentionally. The way he dresses is the common style of other students at Borderlands, which indicates that Kevin is a typical teenager. (J. Kim, 2011, p. 12)

위에서 보듯이 연구 참여자 Kevin의 가정환경뿐 아니라 외모, 옷, 수업시간에 쓰는 노트에 대해 자세히 그리고 있다. 연구자는 Kevin의 외모, 행동이 Borderlands에 있는 다른 학생과 다르지 않은 평범한 학생이며, 전형적인 십대(a typical teenager)임을 강조한다. 이는 Kevin의 이야기가 특정 문제 학생의 이야기가 아니라 대안학교 학생들의 보편적인 이야기일 수 있음을 암시한다. 이런 점에서 J. Kim(2011)은 Kevin을 개인을 넘어서 은유적인 표현으로 사용하고 있다. 그는 Kevin이 가족 문제, 정서적, 경제적, 개인적인 여러 가지 문제를 겪어야 하는 수많은 학생, 학습능력은 있지만, 일반 학교 제도의 요구와 기대를 만족시키지 못하는 학생, 나쁜 성적 때문에 재능을 발현하지 못하는 학생, 무엇보다도 대안학교에서 잘 해나갈 수 있는 가능성이 있는 학생을 은유적으로 표현하고 있다. J. Kim(2011)은 이를 다음과 같이 표현한다.

> Our protagonist, Kevin, as metaphor, is one of the hundreds of

thousands of students who has an insecure personal life dealing with family issues, emotional, financial, personal, and behavioral issues. Kevin is one of those students who is capable of learning, but whose needs and interests have not been properly served by the public school system. Kevin is one of those students whose talents are overlooked by school because of his failing grades and resistant behavior. Kevin is one of those students who possesses chronic pessimism, fails to trust schools and the societal systems, and has lost hope for his own future. Most of all, Kevin is one of those students who could have been thriving in an alternative school that works as an ideal haven rather than a dumping ground or a juvenile detention center. (J. Kim, 2011, pp. 20-21)

Research Methods 부분에서는 참여 관찰 및 학교에서 비공식적으로 이루어지는 대화, 현장노트, 그리고 Kevin과의 세 번의 개방적 인터뷰가 연구 자료임을 밝히고 있다. Narrative Inquiry 부분에서는 Kevin의 이야기를 어떻게 내러티브로 구성하였는지를 밝히고 있다.

The story of Kevin Gonzales in this study is constructed as a biographical journal using the process of narrative analysis. Biographical narratives, according to Weiland (2003), have the feel of the familiar to most readers, and prompt among readers challenging questions regarding their taken-for-granted ideas. Biographical journal, then, means that the protagonist's lived experiences and perspectives are portrayed and (re)constructed by a researcher in the form of journal as an outcome of the research. Based on the data collected via interviews, informal conversations, and observations, Kevin's story is presented in biographical journal, making disconnected data coherent in a way that it makes sense to the reader, which results in a literary text that has two poles: the artistic and the esthetic. (J. Kim, 2011, p. 11, 밑줄 필자 삽입)

J. Kim(2011)은 내러티브 분석을 통해 전기적 일기(biographical journal)의 형태로 결과를 재구성하였다고 밝힌다. Kevin과의 인터뷰, 비공식적 대화, 관찰 등을 통해 수집한 자료를 일관성 있는 이야기로 구성하여 일기라는 장르로 구성함으로써 독자가 이전에 당연하게 생각하던 현상에 대해 다시 생각하도록 하고 의문을 제기하도록 하였다. 다음은 Kevin's biographical journal에 기술된 예이다.

September 5, 2003

I didn't want to be at school today. Well, I feel that way every day anyway. But today, I was very upset because Mr. Schindler sent me to the office again for no reason. Even though the whole class was talking, he gotta send me to the office whenever I opened my mouth. He totally singled me out. It's because what I say is not what he likes to hear. It's because I stand up for myself. I talk back.

I was put in the office until my mom came to pick me up. My mom gave me shit for that. I couldn't stand it. So, I got into an argument with her again. As soon as my mom brought me home, I locked myself in my little room and wrote this poem.

Grasping your attention
One flaw at a time
Your words are ahead of your mind

Secure?

A shady blur

Marks the cure

Bland and blind

Can't hide

Tried

We'll all be found

Before it's too late

And yesterday

I didn't have to think

As I faded away

I'm the same

But never been sane

Any more

It's seeping in

To every pour

I'm hanging from fear

Can you admit that you're scared [Kevin Gonzales, 2003]

Yes, I'm depressed. I just want to hide. In fact, I wanna hide all the time. There are too many negative things going on in the world and nobody cares. It's so frustrating and depressing. And this poem is a result of that depression. Writing a poem helps me cope with the depression. If I have a little dream, I want to make a "dent" in the world. I want to leave a little mark in the world by writing good poetry or making good music. My school doesn't teach me how to become a poet or a musician. No teacher is interested in the world of my poetry or music. To them, I'm just a trouble maker. I don't want to play this school game any more. Teachers say we have to be there whether we like it or not if we want to get a diploma. But, to me, school doesn't mean much. There is so much going on in the world, and so many other things we need to learn about. But all we do, like in Mr. Schindler's social studies class, is to copy a bunch of god damn definitions of terms from the textbook and take a test that has 150 questions on it. One hundred fifty questions! We're like, whatever. We don't even read the questions. We just choose answers in alphabetical order: A, B, C, D, A, B, C, D…. If we fail, we're given a week to study, and retake it. Whatever. (J. Kim, 2011, pp. 14-15, 밑줄 필자 삽입)

결과 보고서는 2003년 8월~10월에 걸친 전기적 일기로 구성되었다. 위 인용문은 두 번째 일기에 해당하는 내용으로 Kevin의 학교생활, 가정생활, 교사와의 관계 등에 대해 생생한 이미지를 가질 수 있도록 쓰였다. 일기 중간에 삽입된 시는 Kevin이 실제 작성한 시로 이는 그가 시적인 재능을 가지고 있지만, 학교에서는 이를 알아주지 않고, 문제아(trouble maker)로 낙인찍혀 있음을 대조적으로 보여준다. 그는 세상에 흔적(dent)을 남기는 일을 하고 싶지만, 학교에서는 그가 시를 쓰거나 음악을 만드는 일에 관심이 없다. 이는 Kevin을 우울하게 하고 이러한 우울감 때문에 시를 쓴다고 고백한다. 그에게 맹목적인 암기를 요구하는 사회 시험은 의미가 없고, 이런 교육을 하는 학교는 그에게 더 이상 의미가 없다고 기술한다. 이러한 내용은 일반적인 논문의 용어로 쓰였다면 독자에게 거리감 있는 이야기로 다가올 수 있다. 그러나 일기라는 장르를 통해서 독자는 학교에서 이해받지 못하고, 재능을 키우지 못하는, 우울하고 침체되어 있는 십대 청소년 Kevin을 생생하게 마주하게 된다. 또한, Kevin의 학교와 교사에 대한 기술을 통해 현재 학교에서 교육이라는 이름으로 행해지는 많은 관행이 과연 학생들에게 의미 있는 것일까, 이런 학생들이 자신의 재능을 키우고 세상에 나아가 미래를 향해 살아가는 데 학교 교육이 의미가 있느냐는 질문을 던지고 있다.

J. Kim(2011)의 연구는 문학적 형태의 전기적 일기를 구성하여 Kevin과 비슷한 상황에 있는 학생들을 상상할 수 있는 은유적 로프트(metaphoric loft, p. 2)를 제공한다. Kevin의 경험이 연구자에 의해 묘사되고 재구성된 것으로 그의 이야기는 인터뷰, 비공식적 대화, 참여 관찰, 과제물, 메시지, 스케치 등의 자료를 바탕으로 하여 핵심을 추려내는 과정을 통해 각색되었다. 연구자는 전기적 일기를 창조하는 과정을 통해 예술적인 경험을 하고, 이를 읽는 독자는 간접적으로 의미를 생성하는 심미적 체험을 하게 된다. J. Kim(2011)의 연구는 내러티브 분석이 예술적이고 심미적(esthetic)이라는 면을 체험하도록 함을 보여주는 예라고 할 수 있다.

Nelson(2011)도 일반적인 질적 연구 결과 보고서와는 다른 양식을 취하고 있다. 그는 비판적 내러티브 연구(critical narratives studies)라는 연구 방법을 통해 내러티브를 대상, 수단 그리고 결과로 활용하는 방법을 보여준다. 예를 들어 교실수업에 대한 내러티브를 구성할 때, 학습자, 교사, 연구자 모두를 참여하도록 하여 '이야기 할 수 있는 권리'를 확보하는 것이 필요하다고 주장한다. 다음 인용문은 그가 수업에서 학생이 한 이야기를 바탕으로 구성한 시이다.

I imagine a utopian education

I'm waiting for an inclusive education, yes
I'm waiting for a quality education, yes
I'm waiting for a tolerant education, yes
I'm waiting for an equal education, yes
Not only me but many others wait with me . . .
I look so much inequality
I look so much difference and indifference
I look so much fighting
I look so much indolence
Not only me but many others look with me . . .

I feel courage for the students of my country
I feel the union of the students of my country
I respect my country students
I feel proud of my country students
Not only me but many others feel with me. . .(Barkhuizen et al., 2014, pp. 113-114에서 재인용)

Kenichi라는 학생은 자신의 동성애적 지향성을 드러내어 말할 수 없지만, 그가 과제에 쓴 내용을 바탕으로 연구자가 시를 재구성함으로써 이를 통해 그는 학생이 공공연하게 할 수 없었던 이야기를 할 수 있도록 하는 권리를 보장해 주고자 한 것이다. 이를 통해 교실수업 연구에 팽배한 일반적 추정에 저항하는 내러티브(counter narrative)를 구성한 예라고 할 수 있다. 이와 유사하게 Nelson(2013)은 수업 관찰, 교사와 학생과의 인터뷰를 토대로 Queer as a Second Language라는 연극 대본을 구성하고 공연을 통해 결과를 발표하였다. 그는 110명의 참여자와 5명의 합성 인물의 이야기를 바탕으로 칠레의 불안정한 교육환경에 대한 실망과 비판, 학생에 대한 희망, 더 나은 미래에 대한 희망 등을 전달하고 있다. Ely(2007)는 시는 연구의 결과를 간략화하고 압축하는 동시에 감동을 불러일으킬 수 있고, 압도적인 삶으로부터 사건을 떼어 내어 조명함으로써 그러한 사건이 삶의 일부로 이해될 수 있도록 한다고 주장한다(poems streamline, encapsulate, and define, usually with brevity but always with the intent to plumb the heart of the matter . . . [they] spotlight particular events in ways that lift them out of the often overwhelming flood of life so that they can be understood as part of that, p. 575). 이러한 새로운 형태의 내러티브 결과 보고서 기술 방식은 연구 주제, 연구 목적, 연구자, 연구 참여자, 독자 등의 요인에 따라 달라질 수 있음을 보여주는 동시에 모든 결과 보고서가 한 가지 형태로 고정될 필요가 없음을 인정하도록 촉구한다. Barkhuizen 외 2인(2014)은 결과 보고서 기술방식의 유동성은 수용하되 방법론적 가이드를 제공하여 내러티브 탐구가 어떤 점에서 다른 질적 연구 방법과 구분되는지 보여줄 필요가 있다고 강조한다.

내러티브 분석의 또 다른 예시로 일본 대학의 영어 수업에서 젠더와 섹슈얼리티 관련 주제를 다룬 Ó'Mocháin(2006)의 연구를 들 수 있다. 그는 이성애적 교범서(heteronormativity)라는 사회적 담화 내에서 왜 퀴어에게 관심을 가지는지, 퀴어라는 정체성이 제2언어 학습과 어떤 관련이 있는지를 설명하는 것으로 논문을 시작한다. 그는 자신이 가진 질문에 대해 선행연구가 어떤 답을 하고 있는지 기술하면서 본인의 연구에서는 어떤 문제에 대한 답을 찾고자 하는지 밝힌다. 본인의 연구에서는 퀴어 내러티브를 수업 자료로 어떻게 활용할 것인지, 수업에서의 이러한 토론이 학습자들이 퀴어에 대한 인식과 언어학습과 어떤 관련이 있는지 다루고자 함을 기술한다. Ó'Mocháin(2006)의 결과 보고서는 다음과 같이 구성되어 있다.

표 15. 연구요약: O'Mochain(2006)

Ó'Mocháin, R. (2006). Discussing gender and sexuality in a context-appropriate way: Queer narratives in an EFL college classroom in Japan. *Journal of Language, Identity, and Education, 5*(1), 51-66.

- Abstract
- My search for a context-appropriate way to explore gender and sexuality issues
- Minami College: A challenging institutional environment
- Using local queer narratives in the course
- Class discussions of gender and sexuality
  - Naomi's Life-History Narrative
  - Kaito's Life-History Narrative
  - Reiko's In-Class Narrative
- Follow-up tasks and variations
- Conclusion
- Endnotes
- References

Ó'Mocháin(2006)은 My search for a context-appropriate way to explore gender and sexuality issues 부분에서 연구자 자신이 왜 퀴어 내러티브에 관한 연구를 시작하게 되었는지를 설명한다. 연구자와 연구 참여자, 연구 상황 등에 관한 기술과 함께 자신의 교육관이 연구와 어떻게 연관되어 있는지 기술함으로써 연구자가 연구 맥락의 일부임을 보여준다. 그는 연구를 시작하게 된 배경, 연구의 목적을 다음과 같이 기술한다.

> In this article I recounted my own efforts as a language teacher to generate classroom inquiry into issues of gender and sexuality,

> and to do so in ways that would be appropriate and effective in a particular institutional and educational context in which open discussion of sexuality seem to be rare. I make a case for using narratives of local, queer-identifying individuals as material for class discussions. (Ó'Mocháin, 2006, pp. 51-52)

연구자는 자신이 영어 교사로서 젠더와 섹슈얼리티에 관한 이야기가 좀처럼 되지 않는 교육적 환경, 기독교 대학이라는 기관에서 이러한 주제를 교실수업에 적절하게 활용할 수 있는 방안을 찾고자 하는 의도로 연구를 하게 되었다고 기술한다. 양적 연구에서는 연구자의 개인적 필요, 관심 대신 선행연구의 문제점, 이론적, 실증적 연구의 필요성 등을 근거로 연구의 목적과 필요성을 기술하는 데 비해 내러티브 연구는 연구자 자신이 처한 특정한 사회문화적 환경, 개인의 관심이 연구와 어떻게 연결되는지 밝힘으로써 연구자가 연구 상황과 멀리 떨어져 있는 것이 아니라 연구의 일부로 밀접한 관련이 있음을 기술하는 예를 보여준다. 연구자 자신이 퀴어 내러티브에 관심을 가지게 된 배경을 설명하는 장의 제목도 전형적인 학술논문의 추상 명사구 형식이 아니라 에세이를 읽는 듯한 느낌을 준다.

> This introductory section attempts to incorporate elements of literature review into a reflexive account of why and how I sought a particular type of pedagogical strategy for discussing issues of gender and sexuality with English as a Foreign Language (EFL) college students in western Japan. I tell the story of what I perceived as the main challenges involved in raising sexuality issues in this particular teaching context. At the time in question, I was

> teaching at a women's junior college that defined itself as a Christian institution. . . I believe my job security would be at risk if I introduced pedagogies that could be construed as "promoting homosexuality." This was an institutional context where students were rarely, if ever, encouraged to discuss sexuality issues. I feared that students who many have been questioning their own sexuality, or who identified as lesbians, would find few resources in the college or in the wider society to help them create a coherent and affirmative narrative of self. In addition, my readings of relevant literature left me with a series of tensions and dilemmas, as I explain below. (Ó'Mocháin, 2006, p. 52)

위 인용문에서 보듯이 연구자는 자신의 기독교 대학에서 가르치기 때문에 동성애를 옹호하는 개인적 신념을 공표할 수 없음을 이야기한다. 그러나 자신이 가르치는 대학에서 학생들이 자신의 성적지향에 관해 이야기할 수 없고, 이들이 자신의 정체성에 대한 긍정적인 내러티브를 구성할 수 없다는 문제점을 발견하고 이를 교육적으로 지원하는 방안이 있는지를 모색하게 된다. Ó'Mocháin은 자신의 직업 안정성을 해치지 않는 범위에서 학생들의 현실적인 필요를 수용할 수 있는 수단으로 내러티브를 선택한다. 연구자는 또한 여러 가지 이론들을 접하면서 혼란을 느낀 점에 대해 기술하면서 어떻게 수업에서 자서전적인 내러티브를 사용하게 되었는지 설명한다.

> After months of grappling with this diverse range of theoretical issues and pragmatic constraints, I began to feel there were too many conflicting requirements to allow me to achieve all of my

goals. How to solve the problem? The inkling of a solution came when I read Asanuma's (1988) essay on autobiographical writing methods in Japanese education ... It was believed that writing autobiographical texts could promote students' awareness of unjust power relations in their own lives. (Ó'Mocháin, 2006, p. 55)

그의 연구는 학술논문의 일반적인 서론, 선행연구, 연구 방법, 분석, 결과 보고, 논의 및 결론의 과정을 따르기보다 연구자가 연구에 관심을 가지게 된 상황, 선행연구와 연구자의 연구 목적과의 관계를 기술한다. 연구 방법 및 분석 과정에 대한 장을 따로 분리하지는 않고 Using local queer narratives in the course 부분에서 퀴어 내러티브를 수업에 어떻게 활용하였는지 기술하고 있다. 7명의 일본 여자 대학원생이 수강하는 수업에서 연구자는 텍스트를 읽고 이에 대해 토론을 하도록 하고, 수업에서 생성된 토론을 소리 내어 읽으면서 다시 토론하는 과정을 통해 동일 내러티브에 대해 여러 번 토론하는 과정을 거쳤다. 연구 참여자와의 생애사 인터뷰도 자료로 수집하였다. 연구 결과는 각 연구 참여자의 생애사 내러티브로 구성하여 기술되었다. Follow-up tasks and variations 부분에서는 퀴어 내러티브를 어떻게 언어학습과 연결하여 사용할 수 있을지, 교실 밖에서 어떻게 활용할 수 있을지에 대해 제안하고 있다. 이 부분은 일반적인 논문 연구의 함의점에 해당한다고 볼 수 있다. 다음은 Follow-up tasks and variations 장의 첫 부분이다.

The life-history narratives provided useful material for examining not only gender and sexuality issues but also language and communication issues. As mentioned previously, at the end of each

> class discussion I had the students focus on a language activity that involved a close reading of the research interview transcripts from which the life-history narratives derived. The students read aloud from interview transcripts with the purpose of approximating the original speaker's expression, pausing, and intonation, so that the students could reflect on how the target language works in face-to-face interactions. (Ó'Mocháin, 2006, pp. 61-62)

Ó'Mocháin은 수업에서 토론한 자료를 전사하고, 학생들이 자신이 화자인 것처럼 읽도록 하여 언어적인 표현이 어떻게 사용되었는지 관찰하도록 하였다. 즉 어떤 단어가 사용되었는지, 청자가 어떤 백채널링(back-channeling, 맞장구치기)을 하는지, 어떤 특정한 단어나 구가 함축적인 의미를 전달하는지, 휴지, 억양이 어떻게 사용되고, 어떠한 문법구조가 낯설게 느껴지는지에 대해 토론하도록 하였다는 점을 다시 언급하면서 이러한 과정이 교실수업에 적용될 수 있음을 시사한다. 그는 또한, 교실 내에서 뿐 아니라 교실 밖에서도 면대면 인터뷰를 한다든가 텍스트에 대해 조사하고 수업시간에 발표하도록 하는 활동을 통해 실제적인 삶에 대한 내러티브를 살펴보도록 할 수 있다는 점을 강조한다. Ó'Mocháin(2006)의 연구는 내러티브 분석 결과를 쓰는 것 자체가 분석 과정임을 보여준다(writing the narrative report is doing the analysis, Barkhuizen et al., 2014, p. 108).

내러티브 결과 보고서는 내러티브 탐구의 존재론 및 방법론과 일관성 있게 구성하도록 해야 한다(Canagarajah, 1996; Polkinghorne, 1997). 결과 보고서의 각 부분은 하위 부분으로 구성되고, 인용문, 시각 자료, 그림, 사진, 스크린 캡쳐 등을 포함할 수 있다. 연구의 시간적 흐름, 연구자의 목소리, 시, 드라마 등의 실험적 장르, 다중모드 활용 등의 새로운 시도를 할 때 기존 전통과 관례를 따르고자 하는 문지기(gatekeepers, 논문 심사위원, 학회지 편집자, 연구비 재단 등)의 요구와 새로운 시도를 어떻게 조화하는가의 문제를 고려해야 할 필요가 있다. 어떤 양식을 택하든 내러티브 결과 보고서는 우리 삶에서 일어날 만한 이야기를 담아야 하고, 이를 통해 우리의 삶을 성찰할 수 있도록 기술되어야 한다. 이상우(2017)는 내러티브 결과 보고서의 방향을 다음과 같이 정리하고 있다.

> 독자는 자신의 삶과 관련된 이야기에 관심을 가지는데 이러한 이야기가 추상적이지 않고 실제적인 이야기를 담고 있어야 한다. 지나치게 특정한 이야기는 자신의 삶과 동떨어지게 하고, 지나치게 보편적인 이야기는 흥미를 잃게 한다. 따라서 삶의 이야기를 담되 사회문화적 배경에서 예외적으로 일어나는 사실에 관심을 가진다. 내러티브 글쓰기는 독자에게 보편성에서 약간 빗나간 모호한 삶의 형식을 통해 당연하게 생각했던 삶에 대해 의문을 품고 윤리적 고민을 하게 하며, 내러티브가 지닌 윤리적 판단에 직면하도록 하는 데 의의가 있다. (이상우, 2017, p. 591)

제5장

내러티브 탐구 적용 사례

5.1 제2언어 학습자 내러티브

5.2 ESL 학습 환경의 학습자 내러티브

5.3 EFL 학습 환경의 학습자 내러티브

5.4 온라인 학습 환경의 학습자 내러티브

5.5 내러티브 탐구의 연구 방향

제5장

내러티브 탐구 적용 사례

5.1 제2언어 학습자 내러티브

본 장에서는 응용언어학 분야에서 내러티브 탐구 방법을 사용한 연구 사례를 통해 내러티브 탐구의 주요 연구 주제를 살펴보고자 한다. 주요 연구의 연구 문제, 앞으로의 연구를 위한 제언을 살펴봄으로써 내러티브 탐구를 적용할 수 있는 범위를 탐색하고, 이를 통해 응용언어학 분야에서 다루지 않았던 주제를 조명할 수 있는 연구 도구로써 내러티브 탐구 연구 방법의 활용 가능성을 탐색하고자 한다. 내러티브를 탐구 방법으로 적용한 연구 중, 연구자의 학습 상황(ESL/EFL/온라인)과 연구 유형을 고려하여 학습 상황과 연구 방법의 특징을 보여줄 수 있는 연구 사례를 중심으로 연구 내용을 기술하려고 한다. ESL 환경에서 이루어진 연구는 학습자의 유형의 따라 이민자, 어학연수 학습자, 조기 유학생 등으로 구분하였다. EFL 환경에서 이루어진 연구는 상대적으로 적은 편인데 주로 중국인 학습자와 한국인 학습자에 관한 연구를 포함하였다. 인터넷의 발달로 온라인 환경 역시 중요한 학습 환경으로 등장하여 온라인 환경에의 학습 경험에 대한 내러티브 탐구 연구들도 증가하고 있는 추세이다. 이러한 환경에 있는 학습자를 대상으로 한 연구도 포함하였다. 다음 표는 제2언어 학습자에 대한 내러티브 연구의 예를 보여준다.

표 16. 제2언어 학습자에 대한 내러티브 연구

학습 환경	연구 참여자	관련 연구
ESL	이민자	Block(2007), Catalano, Fox & Vandeyar(2016), Coffey & Street(2008), Harklau(2000), Norton(2000), McKay & Wong(1996)
	어학연수/유학생	Benson(2011), Chik & Breidbach(2011), Diao(2017), Gao(2011), Morita(2004), Giroir(2014), Irie & Brewster(2014), Miyahara(2014)
		김신혜(2015), S. Kim(2016), S. Kim(2018)
EFL	한국, 중국 학습자	김신혜(2019a), Gu(2008)
온라인	중국, 홍콩, 독일 학습자	Chick & Breidach(2011), Gao(2007)

5.2 ESL 학습 환경의 학습자 내러티브

학습자가 물리적으로 이동을 한 경우 제2언어 문화를 접하면서 제

2언어를 습득하게 된다. 이러한 상황에서의 제2언어 습득은 언어학습뿐 아니라 새로운 생활과 문화에 적응하는 과정과 동시에 일어나기 때문에 언어학습 과정에 영향을 미치는 요인들이 다양할 수 있다. 학습자가 이민, 어학연수, 유학 등의 이유로 제2언어 지역에 체류하게 되는 경우 학습자는 새로운 환경과 관계 속에서 자신의 위치를 새롭게 정립해야 할 필요가 생기게 된다. 이에 따라 제2언어 학습 환경이라는 상황이 학습자의 언어습득 과정과 정체성에 어떠한 영향을 미치는지에 관한 연구가 활발하게 이루어졌다. 학습자가 목표어에 많이 노출되면 자연스럽게 제2언어를 습득할 수 있다는 것은 제2언어 습득 분야에서 일반적으로 받아들여지는 가설이지만 실제로 이민자들은 영어권 국가에 거주하면서도 영어 습득에 상당한 어려움을 겪게 된다. 캐나다, 미국, 영국 등 영어를 모국어로 하는 국가로 이주한 학습자들이 이들이 기대하는 수준의 영어습득을 하지 못하는 데 대한 관심이 생기게 되면서 영어학습 과정을 자세히 관찰하는 연구가 시작되었다. 이러한 현상에 관심을 둔 연구들은 학습자가 제2언어를 습득하는 과정이 학습자의 학습동기, 언어적성과 같은 인지적 요인에 영향을 받을 뿐 아니라 이들이 처한 사회문화적 환경이 중요한 영향을 미치기 때문에 개인이 자질과 노력으로만 제2언어 습득과정을 설명할 수 없음을 지적한다. 이런 관점에서 제2언어 습득은 단순히 언어구조를 습득하는 것이 아니라 학습자가 새로운 정체성을 습득하는 문제라고 할 수 있다.

ESL 환경의 학습자들은 이민자 외에도 어학 연수생, 그리고 조기 유학생으로 나누어 볼 수 있다. 이들은 ESL이라는 환경에서 영어를 학습한다는 점에서 유사하지만, 이주의 목적, 이주 시기, 학습 기간에 따라 상당히 다른 학습과정을 겪게 되고, 이에 따라 이들이 모국어와 영어 문화권에 대한 태도, 정체성에 대한 인식이 다르게 나타난다. 구체적인 연구를 살펴보자.

5.2.1 이민 학습자

이민자들의 영어학습 과정을 다룬 대표적인 연구로 Norton(2000)을 들 수 있다. Norton(2000)은 캐나다에 이민 온 여성 5명의 삶을 관찰하여 이들의 영어학습 과정은 단순히 영어학습 동기라는 측면에서만 설명되는 것이 아니라 이들 자신의 정체성에 대한 투자의 개념에서 고찰할 것을 주장한다. 이는 영어학습 성취도가 학습자 동기라는 인지적인 차원에서 고찰하던 이전의 제2언어 학습동기 이론에 대한 새로운 관점을 제공하는 것으로 학습자 동기는 그가 처해 있는 사회문화적 환경과 그 환경 내에서 자신이 어떠한 위치를 차지하는가에 따라 결정된다는 점을 강조한다. Norton(2000)의 연구 참여자 중 가장 성공적인 학습자인 Eva는 백인 중심의 직장에서의 영어를 연습할 기회를 갖지 못하였지만, 직장 밖에서의 활동을 통해 자신이 다중언어 구사자로서의 정체성을 형성하고 자신이 비주류로 소외당하기를 거부하는 과정을 보여주었다. 체코 이민자인 Martina 역시 처음에는 자신의 자녀들에게 의지하였지만, 자녀들의 보호자로서 역할을 다하기 위해 주도적으로 영어학습을 하게 된다. Eva나 Martina는 캐나다라는 새로운 환경에서 직장인으로, 그리고 부모로서 자신의 정체성을 확립하기 위해 영어를 학습한다. 이들에게 영어학습은 언어적 기술을 습득하는 것을 넘어 캐나다라는 새로운 곳에서 새로운 정체성을 확립하는 것이고, 따라서 영어학습 동기는 곧 자신의 새로운 정체성에 대한 투자라고 할 수 있다. Norton(2000)의 연구는 학습자가 목표어 문화에 대해 호의적인 태도를 가지고 있더라도 이들의 불평등한 위치가 목표어를 연습할 기회, 목표어 화자와 접촉할 기회를 제한할 수 있다고 본다. 이런 점에서 영어권 국가에서 영어에 대한 노출이 자연스러운 제2언어 습득으로 반드시 귀결되는 것은 아님을 보여준다. 그러나 Norton의 연구는 내러티브 탐구 방법으로 이루어졌다기보다는 일반적인 질적 연구의 형태를 띤다. 연구 참여자들의 이야기를 장기간에 걸쳐 수집하였다는 점에서는 생애사 성격을 띠기는 하지만 그녀 자신이 생애사나 내러티브 탐구 방법을 연구의 방법으로 선택했다고 밝히고 있지는 않다.

반면 Coffey와 Street(2008)는 문화기술지적 내러티브 방법을 통해 성공적인 성인 제2언어 학습자의 이야기를 들려주고자 하였다. 이들의 연구는 성인 학습자의 전 생애에 걸쳐 제2언어 학습과정을 다룬 언어학습사 연구가 많지 않고, 영어 이외의 다른 제2언어 학습을 다룬 연구가 드물다는 점에서 살펴볼 의의가 있다. 이들은 생애사 방법을 통해 학습자가 전 생애에 걸쳐 제2언어를 어떻게 학습하고 이러한 경험이 개인의 정체성 형성에 어떠한 영향을 미치는지를 내러티브를 통해 보이고자 하였다. 이들의 연구를 요약하면 다음과 같다.

표 17. 연구요약: Coffey & Street(2008)

Coffey, S., & Street, B. (2008). Narrative and identity in the language learning project. *The Modern Language Journal, 92*(3), 452-464.

연구 목적/연구 문제

- 학습자들이 언어학습 프로젝트와 자신의 관계를 어떻게 정의하는지, 시간이 지남에 따라 자신의 주체성을 어떻게 표현하는지 이해한다(to understand how learners

define their relationship with the language learning project - to understand how individual learners express their subjectivity over time).
- 언어학습의 자전적인 기술이 사회적, 문화적 내러티브에 어떻게 내재되어 있는지 알아본다(to see how autobiographical accounts of language learning are embedded in social and cultural narratives).
- 주도성을 구조화하는 전문적, 개인적 정체성의 장을 조사한다(to examine sites of professional and personal identities that structure agency).
- 정체성의 장이 기억과 수행을 통해 어떻게 담화적으로 행해지는지 기술한다(to describe how these sites of identity are discursively enacted through memory and performance).

이론적 배경
- Bruner의 자서전적 내러티브 자아: 살아온 삶은 이야기되는 삶과 분리될 수 없음(autobiographical, narrative self: "a life as led is inseparable from a life as told", 1987, p. 31)
- 내러티브는 단순히 과거 사건에 관한 기술이 아니라 정체성을 실천하는 것(narrative as a model of performance, enacting or performing an identity project) -> 이야기가 발화되는 상황을 고려하여 내러티브를 해석
- 학습자들이 자신의 언어학습 프로젝트를 은유적 정체성(figured identities) 경험으로 기술

연구 방법
- 문어 내러티브: 언어학습 생애사(language learning life stories)
- 구어 내러티브: 반구조적 인터뷰(1시간)
- 자료 분석
  - 1단계: 언어학습 프로젝트에 제시된 사람, 장소, 사건에서 은유적 세계 파악
  - 2단계: 내러티브 인물의 수행적 메타내러티브(performative metanarrative)를 통해 학습자들이 어떻게 자신을 이해하는가를 분석(학습자들의 subjectivity 표현)
  - 문어 내러티브와 구어 내러티브 차이 비교(공식성, 시간적 연대기 vs 비공식적, 플래쉬백, 플래쉬포워드 등)

주요 결과
- 외국어 학습이 새로운 은유적 세계로 진입하는 출현(epiphanies)이 됨
- 고국을 떠나는 것을 자유로운 경험으로 인식, 외국이 더 많은 자유를 허락하는 것으로, 더 흥미롭고 다른 삶을 살게 되는 경험으로 이야기
- 외국으로 여행 경험과 목표어와 문화를 접하는 것이 삶에 일어난 변화를 이야기하는 촉매제로 활용됨(Tales of Escape from "the Ordinary")
- 외부인(outsider)으로서 사회적 책임(social baggage)에서 벗어나는 자유를 누리는 이점, 코스모폴리탄이 되고자 하는 것이 언어학습 동기로 작용
- "Chameleon"(Sue), "Adventurer"(Paul): Sue는 자신의 열망/포부에 관한 이야기, Paul은 모험 이야기로 자전적 이야기를 구성

- 구어 내러티브에서는 직접화법을 사용하여 극적 긴장감을 환기하고, 우습거나 극적인 장면에 관한 기술을 포함한다.

함의점 및 제언

- 학습자들이 어떻게 담화적, 사회적 관행(discursive, social practices)을 이해하는지, 문화적 내러티브가 개인의 생애사에 어떻게 해석되는지 보여줌
- 학습자들이 문화기술지 학자로서(language learners as ethnographers) 자신의 언어학습 경험에 대한 성찰을 하는 기회를 통해 자신의 사회적 정체성을 살피도록 할 필요를 제시
- 문화기술지적 관점(emic)과 내러티브 프레임적 관점(etic)에서 외국어 학습을 고찰할 필요 제시

Coffey와 Street(2008)의 연구 참여자인 Sue와 Paul은 성공적인 성인 제2언어 학습자로, 각각 목표어 국가인 프랑스와 독일에 살면서 일상생활과 전문적인 생활을 하는데 목표어를 사용하는 학습자들이다. 두 사람은 모두 영국인으로, Sue는 교사 교육가로 학계에 입문했고, Paul은 학교에서 프랑스어를 배웠고, 독일에 몇 년간 살았던 경험이 있다. 두 사람 모두 영어를 가르치고, 번역하는 일을 하고, Paul은 독일과 프랑스 회사 자문역할도 하고 있었다. 이들의 자전적 내러티브를 수집하기 위해 다음과 같이 최소한의 프롬트만을 제시하여 참여자들이 자신의 경험을 자유롭게 기술하도록 하였다.

> Please discuss when and how you became interested in learning foreign languages. What do you think have been the main motivating influences? Include formal and informal learning contexts, any periods abroad, and any events or people that you might identify as having been motivating or demotivating factors. (Coffey & Street, 2008, p. 456)

참여자들이 작성한 문어 내러티브는 언어학습사 형태로 기술되어 Sue는 3,044 단어, Paul은 1,975 단어 분량의 내러티브를 작성하였다. 이와 더불어 반구조적 인터뷰를 통해 구어 내러티브도 자료로 수집하였다. 이들의 내러티브에 나타난 은유적 세계, 내러티브 내에서 자신을 어떻게 표현하는지를 분석하여 학습자의 주체성(subjectivity)이 어떻게 드러나는지를 관찰하였다.

수집한 내러티브는 분석을 위해 내러티브 내에서 눈에 띄는 사람, 장소, 사건을 찾아 학습자의 은유적 세계(figured worlds)를 기술하고 수행적 메타내러티브 분석(performative meta-narrative)을 하였다. 참여자들의 내러티브의 공통된 주제는 일상에서 벗어남(tales of escape from "the Ordinary")으로, 이들은 제2언어 학습을 한다는 것이 새로움, 흥분, 다름을 제공하는 역할을 한다고 인식하고 있었다. 목표어 문화로의 여행 및 접촉은 이들 삶에 변화를 가져다주고, 이들의 은유적 세계는 변화와 탈출의 장소로 제시되어 있다. 다음 인터뷰 자료는 참여자들의 제2언어학습 경험에 대한 인식과 이러한 경험이 자신의 정체성 형성에 어떠한 영향을 미치는지 보여준다.

EXCERPT 11 (Sue, Interview)

Sue: I think you do take on a different, sort of, part of your, your know - something in your personality that comes out and you're different. In actual fact, I mean, I can listen to my voice when I'm speaking in French and it's slightly different timbre and, you know, everything.

Sue: When you're in France, you see, you have- there is no social baggage in that sense. (Coffey & Street, 2008, p. 459, 밑줄 필

자 삽입)

EXCERPT 13 (Sue, Interview)

Coffey: So you feel that you slightly become a different person, or you take on-

Sue: I'm a chameleon-

Coffey: or you take on a French persona?

Sue: --I'm a chameleon.

Coffey: Yeah.

Sue: I'm a chameleon and I think I probably should have been an actress. (Coffey & Street, 2008, p. 460, 밑줄 필자 삽입)

EXCERPT 14 (Paul, interview)

Paul: I remember friends in my circle saying (whispers) "so you off, you going to work in Germany? That's brave." "Pardon? Brave?"(chuckles) What was brave about it? It was interesting.

Coffee: Yeah. Didn't you feel at all nervous? You didn't see it as brave?

Paul: No, no exciting. (Coffey & Street, 2008, p. 460, 밑줄 필자 삽입)

Sue는 불어를 할 때 자신의 다른 부분이 발현되고, 다른 목소리를 듣게 된다고 하였다. 또한, 프랑스를 사회적 책무감(social baggage) 없이 자유롭게 살 수 있는 곳으로 묘사한다. 그녀는 영어를 사용할 때와 불어를 사용할 때는 매우 다른 사람이 된다는 의미에서, 카멜레온처럼 불어를 사용할 때는 보다 자유로운 사람으로 변화할 수 있는 존재로 자신을 묘사한다. Paul은 독일에 가서 일한 경험을 "재미있는" 것으로 묘사함으로써 자신을 새로운 모험을 즐기는 탐험가(adventurer)로 인식한다. 이들의 구어 내러티브는 제2언어 학습에 대해 로맨틱하고 이상화된 관점을 보여주지만, 문어 내러티브는 외국어를 어떻게 가장 잘 배울 수 있는지, 왜 배우는지에 대한 이성적 관점을 제시한다. 참여자들은 자신의 언어학습사를 통해 은유적 세계를 묘사함으로써 자신의 이야기를 현재로 가져와 언어학습에 대한 일반적인 의견을 제시하였다.

Coffey와 Street(2008)는 참여자들이 은유적 세계와 내러티브를 통해 담화적 정체성을 구성하는 예를 보여주는 것으로 학습자가 구성하는 담화 내의 개인적 주도성은 더욱 광범위한 사회적 이해에 의해 제약을 받고 구조화되는 예를 보여준다(personal agency is constrained and structured by broader social understandings that shape the discursive narratives available to an individuals, p. 454). 연구 참여자 Sue는 자신을 카멜레온으로 언급하면서 자신의 성공적인 학습활동 및 다른 상황에 적응할 수 있는 능력에 대한 메타내러티브를 구성하고, Paul은 '다름'을 자극제로 즐기는 모험가로서 자신을 규정하는 내러티브를 구성한다. 이들은 제2언어를 통해 모국어로와 모국어에 관련된 사회적 책무로터 자유로워지고, 세계인(cosmopolitan)이 되고자 하는 동기를 보여준다. 즉 개인적 담화는 보다 넓은 범위의 사회적 담화의 영향을 받는다는 것이다.

연구 방법 면에서 이들의 연구는 문화기술지적 방법의 내부적 관점(emic)과 내러티브 프레임의 외부적(etic) 관점을 혼합하여 생애 내러티브(life narrative)를 구성하였다. 이는 내러티브 탐구가 외부적, 내부적 관점을 접목하려고 시도할 필요성이 있음을 제시하였다는 점에서 의의가 있다.

5.2.2 어학연수 프로그램 학습자

Kinginger(2009)는 어학연수란 교육적인 목적을 위해 정해진 기간 동안 일시적으로 체류하는 것(a temporary sojourn of pre-defined duration, undertaken for educational purposes, p. 11)으로 정의한다. 이 점에서 어학연수는 체류 기간, 목적 면에서 차이가 있다. 어학연수 프로그램은 학습자들이 학위 과정에 참여하는 경우도 있지만, 대개는 언어 능력을 향상할 목적으로 참여하게 된다.[14] 따라서 어학연수 관련 연구들은 주로 학생들의 언어적 향상이 얼마나 이루어졌는지를 살펴보는 데 초점을 두었다. 그러나 언어적 향상과 더불어 비언어적 부분, 즉 독립심, 상호문화 이해능력, 학문적 지식 면에서 변화를 가져오기도 한다. 이러한 비언어적 요인들은 주로 학습자의 정체성과 관련되어 있다. 학습자들이 제2언어 능력을 향상하기 위해 참여하는 여러 가지 활동, 목표어 국가에서 경험하는 삶을 통해 학습자들은 언어적 향상과 함께 새로운 자아개념을 수립하게 된다. Benson, Barkhuizen, Bodycott와 Brown(2013)은 어학연수 경험에 대한 내러티브를 언어학습사 내에서 결정적 경험 혹은 자신에 대한 이해에 변화를 예고하는 이야기 내의 이야기(critical experience within the story of a language learning career, or a

14 어학연수란 흔히 영어 능력을 향상하기 위해 비교적 짧은 기간(1개월~1년) 영어권 국가에 체류하면서 대학 혹은 사설 교육기관에서 운영하는 영어 프로그램(English as a Second Language Program, ESL Program)에 참여하는 것을 말한다. 그러나 Benson 외 3인(2013)은 10일 정도의 Study tour 프로그램부터 학위 과정에 참여하는 경우를 모두 Study Abroad 프로그램으로 언급한다. 보다 정확한 한국어 번역은 '해외 연수'이지만 관련 연구들이 해외 연수 프로그램에 참여하는 학생들의 영어 능력 향상에 초점을 두고 있기 때문에 어학연수 프로그램이라는 용어를 사용하기로 한다.

story within a story that signals a change in self-understanding, p. 9)라고 정의한다. 즉 어학연수에 대한 내러티브는 학습자의 언어적 향상에 대한 이야기일 뿐 아니라 자신이 어떤 사람으로 변화 혹은 성장해 가는가에 대한 이야기라고 할 수 있다.

어학연수에 관한 연구는 프로그램이 이루어지는 상황에 따라 크게 세 가지 유형으로 구분한다(Kinginger, 2009). 첫 번째 유형은 북미에서 진행된 연구들로 주로 1학기 이내의 기간 동안 그룹이나 개인적으로 해외에 어학연수를 한 경우를 다룬다. 이러한 연구들은 주로 언어적 향상에 초점을 두는 경향이 있다. 두 번째 유형은 유럽 대학들 간의 교환학생 프로그램을 통한 어학연수이다. 이 유형도 북미에서의 연구와 마찬가지로 언어적 향상에 관심이 있지만 상호문화 이해에 보다 초점을 두고 있다. 세 번째 유형은 주로 아시아 지역 학생들이 영어권 국가의 어학연수에 참여하는 경우로 참여자들의 언어적 향상에 초점을 두는 경우가 대부분이다. 여기에서는 세 번째 유형에 해당하는 사례 두 가지를 소개하고자 한다.

Chik과 Benson(2008)은 Ally라는 홍콩 학생이 영국에서 어학연수를 한 경험에 대한 연구로 4년에 걸쳐 3회 인터뷰를 실시하였다. 인터뷰는 Ally의 해외수학 이전, 중반, 이후에 이루어졌는데 첫 번째 인터뷰는 Ally가 영국으로 가기 전(2003년)에, 두 번째 인터뷰는 2년 후 Ally가 방학 중에 홍콩으로 돌아왔을 때(2005년), 그리고 마지막 인터뷰는 Ally가 학위과정을 마치고 홍콩으로 돌아온 지 6개월 후(2007년)에 이루어졌다. 각 인터뷰는 90~120분 정도 걸렸고, 홍콩어와 영어가 혼용되었다. 인터뷰 연구가 반드시 장기간에 걸쳐 일어날 필요는 없으나 제2언어 정체성을 관찰하거나 학습자의 언어학습 과정을 관찰하기 위해서는 필요할 수 있다(Benson 외 3인, 2013). 이들은 장기간의 걸친 자료 수집을 통해 Ally를 "잦은 여행가(frequent flyer)"로 묘사하였다.

Benson 외 3인(2013)은 어학연수 프로그램에 참여한 홍콩 학생들이 정체성과 관련된 제2언어 사회화용적 언어 역량(sociopragmatic competence), 언어적 자아 개념(linguistic self-concept), 그리고 제2언어에 의해 중재된 개인적 역량 면에서 어떠한 변화를 보였는지 관찰하였다. 이들은 48개의 어학연수 사례 내러티브를 수집한 프로젝트 중 10개를 바탕으로 어학연수 프로그램 참여자의 유형을 다음과 같이 구분하고 있다.

- 학교에서 조직한 교환학생 프로그램에 참여한 중등학교 학생(10일, 2회)
- Study tour 프로그램에 참여한 대학교 1학년 학생(6주)
- 학점 이수를 위해 몰입 학기(immersion semester) 프로그램에 참여한 영어교육 전공 학생(1학기)
- 개별적으로 해외 대학의 교환학생 프로그램에 참여한 대학생들
- 학부 학위 과정을 외국 대학에서 공부하는 학생
- 대학원 과정을 외국 대학에서 공부하는 학생

이러한 유형의 학생들을 대상으로 자료 수집과 분석은 다음과 같은 과정으로 이루어져 있다.

표 18. 연구요약: Benson et al.(2013)

Benson, P., Barkhuizen, G., Bodycott, P., & Brown, J. (2013). ***Second language identity in narratives of study abroad.*** **Basingstoke, UK: Palgrave Macmillan.**

자료 수집

- 사전 인터뷰: 언어학습사, 어학연수에 대한 기대에 대한 질문, 홍콩어 혹은 영어 사용
- 어학연수 중 서신: 정기적으로 해외에서의 경험, 느낌에 대한 요약(blog, email, Facebook 등을 활용, 대부분 영어로 기술, 사진 자료 포함)
- 귀국 후 인터뷰: 어학연수 동안의 경험, 사전 인터뷰, 연수 중 서신 내용에 대한 언급

자료 분석

- 1단계 내러티브 분석: 자료를 바탕으로 내러티브 구조를 갖춘 문어 내러티브로 구성, 내러티브 기술 자체를 자료 분석 방법이자 결과를 기술하는 방법으로 활용, 기술 부분에 두 가지 사례를 내러티브 형식으로 보고
- 2단계 내러티브의 분석: 사례연구 분석 방법에 따른 분석, 사회화용적 역량(sociopragmatic competence), 언어 자아개념(linguistic self-concept), 제2언어 중재 개인적 역량(second language-mediated personal competence)에 대한 증거 분석
- 3단계 내러티브의 분석: 사례들 간의 공통점과 차이점, 일반화할 수 있는 반복적 유형이 아니라 특정 상황에 있는 유형 파악(repeated patterns that remain situated rather than generalized, Josselson, 2007, p. 13, Benson 외 3인, 2013, p. 12에서 재인용), 각기 다른 제2언어 정체성을 형성하는 데 기여하는 요인 파악

연구 참여자 중 호주대학의 몰입 프로그램에 5개월간 참여한 홍콩 대학생 Joey와 10일 동안 미국 학교의 교환 프로그램에 참여한 중등학교 학생 Cindy의 결과를 살펴보자. 두 학생 모두 어학연수 경험을 통해 어휘력이 향상되고 문법에 대해 크게 염려하지 않고 자신의 의견을 유창하게 표현할 수 있게 되면서 영어 사용에 대한 자신감도 증가하였다. 이들은 호스트 패밀리와의 교류를 통해서 사회화용적 역량이 향상되었다. Joey의 경우 호스트 패밀리와 여러 가지 주제에 관한 대화를 나눌 뿐 아니라, 호스트 패밀리 가정에서 부부싸움이 났을 때 부인을 위로하거나 아이들과 놀아주는 역할을 함으로써 영어를 배우는 학습자 이상의 사회적으로 역할을 수행할 수 있게 된다. 그는 다양한 수업을 들으면서 언어뿐 아니라 교수법이 어떻게 이루어지는지에 관심을 두었다. 인터뷰하고 결과를 발표하는 수업 과제를 할 때도 큰 어려움 없이 해낼 수 있었

다. Joey는 어학연수를 시작하는 단계에서는 영어를 가장 잘 배우는 것은 영어환경에 살면서 자연스럽게 배워야 한다고 했지만 연수가 끝난 후 그는 영어가 향상되기는 했지만, 본인이 실감할 정도는 아니라고 평가하였다. 그는 호주 어학연수 경험이 소중하다고 인정하면서도 보다 중요한 것은 영어를 사용할 수 있는 환경이 필요함을 다음과 같이 강조한다.

> If you want to learn English, actually you can learn anytime, it doesn't really matter. ... You have to have a target, like a context, and I think Australia provides such a context. You just use it. Quite a lot of English there. ... If you want to learn you take the initiative, take a very active role to do that. So I don't think it matters where you are. You really need the context to use it. (Benson et al. 2013, p. 58)

Joey와 비교해 Cindy는 10일이라는 매우 짧은 기간 동안 어학연수 프로그램에 참여하였다. 그러나 그는 이 기간에 호스트 패밀리와의 대화를 시도하고 학교에서는 영어와 스페인어 수업에 참여하였다. Cindy는 되도록 많이 이야기 하려고 노력했고 단어가 생각나지 않을 때는 그림을 그리거나 몸짓을 사용하여 의도하는 메시지가 전달되도록 노력했다. 그는 이 과정이 통해 문법과 어휘 문제를 극복하는 데 도움이 되었다고 했다. Cindy는 어학연수 전에 구어 영어 능력은 영어권 국가에 체류함으로써 가장 잘 향상시킬 수 있다고 믿었고, 미국 연수 경험을 통해 이를 확인하게 되었다. 미국 어학연수 경험은 Cindy 자신을 영어학습자인 동시에 영어 사용자로 파악하는 계기가 되었다. 그는 이를 다음과 같이 진술한다.

A user, just a little. When I am a learner, I pay attention to my grammar at every moment, such as when should I add 's' or 'ed'. However, when I was in the United States, I need not consider a lot at the time I was speaking. To some extent I became a user. (Benson et al., 2013, p. 61)

두 학습자 모두 어학연수 경험을 통해 영어 사용자로서의 정체성을 형성하게 되고, 이는 연수 기간 동안 영어를 사용하기 위해 참여했던 여러 가지 활동과 관련이 있다. Benson 외 3인(2013)에 소개된 이러한 사례들은 다양한 기간, 다양한 장소에서 각기 다른 방법으로 영어를 사용하기 위해 노력했던 학습자들이 이런 경험을 통해 획득한 정체성이 무엇인지를 보여준다. 결론적으로 어학연수 학습자에 관한 연구는 이들의 언어 능력 향상을 살펴볼 뿐 아니라 언어적 목표를 달성하기 위해 참여한 활동을 통해 학습자들의 비언어적 역량, 정체성의 변화를 살펴볼 필요가 있음을 제시한다.

어학연수 혹은 유학이라는 학습 환경은 학습자들이 목표어 국가에 체류하면서 언어를 습득할 뿐 아니라 이전 언어학습 경험과 새로운 학습 경험, 익숙한 문화와 새로운 문화가 부딪히면서 갈등을 빚거나 협상을 하는 경험을 하게 된다. 학습자들의 어학연수 경험에 관한 연구는 이러한 사회문화적 경험이 학습자의 언어학습뿐 아니라 학습자의 정체성 형성에 어떠한 영향을 미치는지 살펴보는 데 초점을 둔다.

5.2.3 조기 유학 학습자

어학연수 관련 연구들이 대학생 혹은 대학원생이 일시적으로 영어권에 체류한 경험을 다루었다면 어린 나이에 목표어(영어) 국가에 이주하여 영어를 습득한 학습자를 대상으로 한 연구도 진행되었다. 이런 학습자들은 대학 이전, 초, 중, 고등학교 시기에 영어권 국가로 이주하여 언어와 진학이라는 두 가지 목적을 추구하는 경우이다. 이들은 어린 나이에 ESL 환경에 장기간 체류를 했다는 의미에서 조기 유학생으로 불린다. 조기 유학생은 ESL 환경에서 영어를 학습한다는 점에서는 어학연수 학습자와 유사한 점이 있지만 대개 초, 중, 고등학교 시절에 영어권 국가로 이주했다는 점에서는 어학연수 학습자와 다르고, 영어권 국가에 장기적으로 체류한다는 점에서 이민자와 가깝다. 그러나 가족과 함께 정착한 형태는 아니라는 점에서 전형적인 이민자와도 차이가 있다. 이러한 형태의 조기 유학은 90년대 이후 글로벌화, 세계화 등의 추세를 타고 급격하게 증가하게 되었다. 조기 유학생이 급격하게 증가했지만, 이들이 어떠한 영어학습 과정을 거치고, 이들의 영어학습 과정에 영향을 미치는 요인이 무엇인지, 조기 유학이라는 특이한 경험이 학습자의 제2언어 학습자 정체성에 어떠한 영향을 미치는지에 관한 연구는 매우 미흡하였다. S. Kim(2016, 2018)은 이러한 점에 착안하여 조기 유학생들의 이야기를 수집하고, 이들의 이야기가 무엇을 말하는지 들려주고자 하였다. S. Kim(2016, 2018)은 조기 유학생의 이야기를 내용분석 방법으로 분석하여 학습자들의 영어학습 과정과 이 과정에서 형성되는 학습자 정체성에 대한 주제를 찾는데 초점을 두었다면, 김신혜(2015)는 조기 유학생 Andy 한 사람의 인터뷰를 바탕으로 학습자가 구성하는 담화 내에서 정체성을 어떻게 구성하는지 살펴보았다. 조기 유학 학습자에 대한 연구를 요약하면 다음과 같다.

표 19. 조기 유학 학습자의 내러티브 연구

연구	연구 참여자	자료 수집	주요 결과
김신혜(2015)	조기 유학생 Andy	인터뷰	• 좋은 대학 진학, 전인적인 삶, 완벽한 이중언어 구사력 추구가 조기 유학 내러티브의 주제 • 대학 진학의 갈등, 한국인 정체성 강화, 완벽한 이중언어 구사자가 아니라는 점에 대한 불만과 갈등
S. Kim(2016)	조기 유학생 Andy	인터뷰	• Level 1 analysis: Frog in the well, White students with White, Koreans with Koreans • Level 2 analysis: Self-justification, obligation, distancing through evaluation • Level 3 analysis: Transnational elite with perfect bilingualism as an ideal imagined community
S. Kim(2018)	조기 유학생 6명	인터뷰	• 조기 유학을 통해 Better English, better life를 추구 • 영어 사용이 줄고 한국어 사용이 늘어남 • 현실적 실행 커뮤니티(neither FOB nor Twinkies)와 이상적 커뮤니티(A perfect bilingual speaker) 사이의 갈등

S. Kim(2018)은 미국 대학에 재학 중인 6명의 조기 유학생을 대상으로 인터뷰를 하여 내러티브를 수집하였다. 이들 조기 유학생이 영어학습은 영어 유창성 습득단계(Gaining proficiency) -> 영어보다 한국어를 더 사용하는 단계(Using more Korean than English) -> 영어가 제자리 상태에 머무는 단계(Keeping the status quo)로 자신들이 목표한 완벽한 이중언어 구사력에 미치지 못했음을 표현했다. 이들의 영어 유창성과

영어 사용 빈도는 자신의 민족적인 정체성을 규정하는 데 영향을 미치고, 어떤 언어를 사용해야 하는지에 대한 갈등을 일으키는 원인을 제공한다. 조기 유학생 참여자들은 자신의 영어가 영어 원어민 수준이 아닌 이유를 한국 사람들과 어울릴 수밖에 없는 상황 때문이라고 한다. 다음 Andy와 Dianna의 인터뷰 내용은 이를 보여준다.

> In the department, even in class, there's an assumption that we, Koreans work together for the project even without saying to each other. We're in the business school and have a lot of projects. That's why we keep hang out with Koreans and naturally we do not use English. (Andy, Interview on Nov 6, 2014, S. Kim, 2018, p. 99)

> There has to be place to use English. But I can't just stop hanging out people that I used to just to use more English. (Dianna, Interview on Dec 4, 2014, S. Kim, 2018, p. 99)

영어권 국가에서는 영어만 사용할 것이라는 일반적인 기대와 달리 조기 유학생들은 대학에 진학한 후에는 한국 사람들과 한국어를 사용하는 경향이 많다고 고백한다. Andy가 언급하듯이 한국 사람들은 한국 사람들끼리 모일 것이라는 암묵적인 가정 때문에 영어를 사용하지 않는 것이 일반적인 관행이 되었다. 이러한 관행을 거슬러 미국 학생들의 그룹에 참여하려는 그의 노력이 좌절되면서 그는 자신의 영어에 대한 자신감을 잃게 된다. Dianna는 유학 초기에 영어를 사용하기 위해 한국 호스트 패밀리에서 미국인 호스트 패밀리로 옮길 정도였지만 대학에 오면서 한국인들과 어울리기 위해서는 한국어를 사용할 수밖에 없었다고 한다. 조기 유학생들은 영어를 원어민 수준으로 구사함으로써 미국 주류 사회의 일원으로 인정받는 것과 한국인으로서 한국인 커뮤니티에 소속감을 갖는 멤버가 되어야 하는 갈등을 겪는다. 조기 유학생들은 두 언어 커뮤니티 사이를 오가며 다른 정체성 간의 갈등을 협상해야 한다는 것이 이들 내러티브의 주제이다.

조기 유학생 내러티브는 또한 자신의 영어 능력에 대한 평가가 자신의 정체성을 보여주는 지표가 됨을 보여준다. 이들은 영어 수준에 따라 원어민, 교포 1.5세대 혹은 2세대, 초, 중, 고 시절에 유학 온 조기 유학생, 그리고 'international students'로 분류되는 유학생(주로 대학이나 대학원 시기에 유학)으로 구분한다. 이들은 다른 유학생들과 자신이 동일하게 취급되기를 거부한다. 조기 유학생들은 교포도 아니고 유학생도 아닌, 또한 원어민 그룹에 속할 수도 없는 자신들의 정체성에 대한 의구심이 이들의 내러티브의 주제를 이룬다고 할 수 있다. Esther의 인터뷰는 이런 갈등을 잘 표현하고 있다.

> Esther: Then when I went to the university, I was in dilemma. I felt like I had to hang out with Koreans, and also had to hang out with foreigners. I did not want to hang out with Koreans all the time though. They are not wrong but they are different. The ways we think and live are very different, so we cannot get along. Not everybody is like that but most of them are.
>
> Researcher: You mean those who finished high school in Korea?
>
> Esther: Yes, those students. And even those who have studied here for a long time, there are students who want to hang

> out only with Korean students. For example, those who are from LA. I know everybody doesn't like me if I say this. But everybody knows that I am right. You know, the reason that they came to the US is to learn English. Even when you can speak English totally fluently, that's not it. You can't hang out with 2nd-generation Koreans. I don't seem to be able to getting along with 2nd-generation Koreans either. Then I am confused. I'm not an international student, not a yuhaksaeng, who just came from Korea, not a 1.5-generation those who have lived here for a long time, not a 2nd-generation not an American. Who am I? (Interview on Nov 27, 2014, S. Kim 2018, p. 104, 밑줄 필자 삽입)

Esther는 자신이 교포 1.5세나 2세, 유학생(international students)도 아니고, 미국인도 아닌데 결국 자신이 누구인가라는 질문을 던지고 있다. 이처럼 조기 유학생의 내러티브는 자신이 누구인가에 질문과 그에 대한 답을 스스로 하고 있다고 할 수 있다. 이들은 영어와 한국어 사이를 오가며 자신의 정체성 또한 유동적임을 보여줌으로써 제2언어 학습과 학습자의 정체성이 밀접하게 관련되어 있음을 보여준다. 이 점에서 조기 유학생들의 내러티브는 단순히 제2언어를 학습하는 과정에 대한 이야기가 아니라 자신이 누구인가를 끊임없이 묻고 선택해야 하는 과정임을 보여주는 이야기라고 할 수 있다.

Chik과 Benson(2011), S. Kim(2018) 등의 연구가 내용분석 방법으로 내러티브 결과를 기술했다면 S. Kim(2016)의 연구는 상호작용 분석 방법으로 조기 유학생의 경험을 다루었다. S. Kim(2016)은 조기 유학생이 이야기 속에서 자신을 어떻게 드러내며(How does the participant represent himself in his story of college life?), 이야기를 전달하는 과정에서 어떠한 방법으로 정체성을 구성하는지(How does the participant perform his identity? What interactional means does he employ to accomplish the story?), 이러한 이야기가 어떻게 거대담화와 연결되는지에 초점을 두었다(Who does the participant imagine to be in the future? How is his story related to a broader discourse?). S. Kim(2016)은 Bamberg(1997, 2004)의 위치매김 이론에 근거하여 Andy가 자신의 유학 경험을 어떤 내러티브로 구성하는지 보여주고자 하였다. 위치매김 이론에 따라 1단계에서는 이야기 속에 나타난 인물들이 어떻게 묘사되는지, 2단계에서는 Andy가 연구자에게 어떤 방식으로 자신을 위치하는지, 3단계에서는 거대담화 내에서 자신의 위치가 무엇인지 분석한다. 다음은 연구자와 Andy의 인터뷰 예시이다.

Andy's Stories of College Life

#2 College life[15]

28 I: 그래서 여기 대학에 와서의 4년은 어땠어요?

29 A: 저:는 되게 힘들었던 것 같아요. 대학교 생활 정말 힘들었던 것 같아요(...) 약간

---

15 전사문에 사용된 전사 기호(Transcription Conventions)가 나타내는 바는 다음과 같다.

(. . .)	noticeable pause
:	lengthening words
?	rising intonation
°°	reduced volume
=	latched utterances
[	overlap between utterances
@@	laughter
->	highlights key phenomena

30 우물 안에 있다가 바깥으로 딱 나오니까 '정말 이렇게 내가 정말 이렇게 우물 안
31 개구리였구나'. 저는 그래도 학교에서 그래도 좀 잘나간다고 이렇게 생각을 하고
32 있었는데(...), 대학교 오니까 정말, 이 학교에서 솔직히 운동하는 애들 빼놓고는
33 제가 제:일 멍청한 것 같은 거예요. 그런 자괴감이 제일 많이 들었었어요.
34 I: 어떨 때 그런 생각이 들어요?
35 A: 열심히 해도 성적도 안 나오고? 그리고 클럽 활동 이런 거 막 1학년 때는 막
36 지원하고, 여러 군데 지원하고 면접도 보고 막 이렇게 하는데, 다 이렇게
37 떨어지고 안 되고, 막.
38 I: 클럽 활동조차도?
39 A: 네. 그러면서 막 이렇게 '하, 별로 내가 이렇게 할 수 있는 게 없구나' 그런 생각도
40 많이 하고. 왔을 때 '이렇게 내가 business에 소질이 없나?' 이렇게 그런 생각도
41 많이 하고,
42 I: 그건 왜 그래요? 성적이 잘 안 나와서?
43 A: =아뇨, 아니오. 제가 막 이렇게 성격적으로 말을 막 이렇게 잘 하고, 좀 이렇게
44 사교적으로 이렇게 하는 편이 아니라서. 좀 조용히 혼자 있고, 공부하고 그런
45 편이라서, 그런 데서 좀 한계를 느꼈던 것 같기도 하고. 한 번도 이렇게
46 대학 생활이 쉽다고 생각했던 적이 없었던 것 같아요.

47 I: 공부가 좀 벅찼던 거예요?
48 A: =네, 공부도 벅찼고,
49 I: [공부도 벅차고,
50 A: =생활하는 것도 벅차고.
51 I: 생활이 벅차다는 거는,
52 A: =그런, 활동들을 못 하고.
53 I: [활동들을 못 하고. 본인이 좀 고등학교 때 하던 식으로
54 하고 싶었는데, 기회가 잘 안되고,
55 A: [네, 네.
56 운동도 저는 나름대로 잘 한다고 생각했었는데, 학교 와서 막 클럽 테니스 이런
57 거 갔는데 애들이 수준이 다른 거예요@@. 그래서 막 @@. 여기 끼는 데가
58 이니구나, 이런 @@
59 I: 본인이 고등학생 때 보던 애들은 다 어딜 간 거야 @@
60 A: 그러니까요 @@
61 I: 상대적으로 너무 좀,
62 A: 네, 위축이 많이 됐던 것 같아요. 그래서 대학교 와서 4년은 진짜 계속 전:쟁의
63 연속이었던 것 같아요, 진짜(...) 그래서 막 학교만 들어오면 깝깝하고 학교를
64 벗어나고 싶고(...)

(S. Kim, 2016, pp. 81-82, 밑줄 필자 삽입)

위 예시는 조기 유학생인 Andy가 대학 생활에서 겪는 어려움을 이야기한 내용이다. 이 이야기에서는 Andy는 고등학교 때까지 자신을 "백인"으로 간주할 만큼 영어와 학업에 자신이 있었지만, 대학에서는 "우물 안 개구리(A frog in the well)"로 위축됨을 경험한다. 이와 더불어 보

다 폭넓은 네트워킹을 할 수 있을 것으로 기대했던 대학에서 오히려 백인은 백인끼리, 한국인은 한국인끼리라는 배타적 경향을 발견하게 된다. Andy는 이러한 자신의 위치를 "어쩔 수 없는 상황"으로 묘사함으로써 자신이 무능하거나 게을러서가 아니라 학업 및 사회적 관계를 위해 택할 수밖에 없는 것으로 정당화한다. 그는 이러한 갈등을 본인이 해결할 수 있는 단순한 문제가 아닌 것으로 규정하면서도 본인은 변화의 필요성을 느끼고 있고, 그런 점에서 다른 한국 유학생과는 구별되는 위치에 있다고 인식하고 있다. 그는 글로벌 사회가 필요로 하는 초국가적 엘리트(transnational elite)라는 이상적 이미지를 가지고 있지만, 현실에서는 동양인 이민자, 유학생이라는 정체성 간의 괴리를 경험한다. Andy의 조기 유학은 원어민 수준의 영어 능력과 미국 대학 졸업이 자신의 이상적 정체성을 현실화해 줄 것이라는 믿음에 바탕을 둔다. 이는 Andy라는 개인의 이상적 정체성이 영어와 이민이라는 사회적 담화를 바탕으로 생산된다고 할 수 있다. 조기 유학생의 내러티브는 결국 현재의 자신과 이상적인 자신 사이의 갈등에 관한 이야기라고 할 수 있는데 S. Kim(2016)은 이를 다음 그림과 같이 요약하고 있다.

Actual CoP	**Conflicts**	**Imagined CoP**
Neither FOBs nor Twinkies Fluent but not nativelike Lacking social English	Need to increase English use Need to dissociate from Koreans Peer Pressure/Friendship	*A perfect bilingual speaker* Cultural affiliation with the Korean community Professional affiliation with the English community

그림 3. 조기 유학생의 현실적, 이상적 실행 공동체 간의 갈등(S. Kim, 2018, p. 103)

ESL 상황의 학습자 내러티브는 이민, 어학연수, 조기 유학이라는 다른 학습 환경에서 학습자들이 어떤 정체성 변화, 학습과정을 겪는지에 대한 이야기로 이는 개인의 내러티브인 동시에 사회문화적 특징을 반영하는 사회적 내러티브라고 할 수 있다. 이러한 내러티브는 주로 인터뷰를 바탕으로 한 구어 내러티브인데 앞으로의 연구에서는 그림, 사진들의 시각적 자료를 활용한다든가, 소셜네트워크를 활용한 문자 언어 인터뷰를 고려해 볼 수 있을 것이다.

5.3 EFL 학습 환경의 학습자 내러티브

EFL 환경의 학습자들은 주로 교실수업을 통해 영어를 배우고 일상생활에서는 영어를 사용할 기회가 많지 않다. 따라서 EFL 환경의 학습자들은 시험에서 좋은 성적을 받거나 입시, 취업을 위해 영어를 공부하는 경우가 대부분이다. 영어학습에 대한 도구적인 동기가 강력한 영향을 미치지만, 실제 의사소통을 위한 수단으로 영어를 사용하지 못한다는 것은 학습자들이 자신을 실패한 학습자로 인식하도록 하고, 이는 학습 동기를 저하시키는 요인이 되기도 한다. 즉 학습자들은 자신이 원하는 영어와 외부적으로 강요받는 영어 사이에서 갈등을 느낄 수 있다. 김신혜(2019a)는 시험을 위한 영어와 의사소통을 위한 영어 간의 괴리가 학습자들의 정체성 형성에 어떠한 영향을 미치는지를 살펴보았다. 그는 학습자 제2언어 동기적 자아 체계를 살펴본 연구의 대부분이 설문에 의존하고 있는 점을 지적하면서 내러티브 프레임 방법을 통해 자료를 수집하여 학습자들의 필연적 자아(Ought-to L2 self), 이상적 자아(Ideal L2 self)가 언어학습 경험과 어떠한 관련이 있는지를 살펴보고자 하였다.

표 20. 연구요약: 김신혜(2019a)

김신혜. (2019a). 내러티브 프레임 분석을 통해 본 한국 대학생 영어학습자의 동기적 자아. *Secondary English Education, 12*(1), 175-200.

연구 목적/연구 문제
- 한국 대학생 영어 학습자들의 내러티브에 나타난 영어, 학습자 자신, 영어학습 과정에 대한 인식은 무엇인가?
- 한국 대학생 영어 학습자 내러티브에 나타난 필연적 제2언어 자아, 이상적 제2언어 자아는 무엇이며 이는 학습동기에 어떠한 영향을 미치는가?

이론적 배경
- 내러티브 프레임(Barkhuizen & Wette, 2008)
- 다중모드 내러티브(Nikula & Pitkanen-Huhta, 2008)
- 제2언어 동기적 자아체계이론(Dörnyei, 2005)

연구 방법
- 대학교 3~4학년 34명 내러티브 프레임을 활용한 내러티브 작성, 인터뷰(27명, 40~60분)
- 영어학습 경험, 학습자 자신에 대한 인식, 제2언어 필연적 자아, 이상적 자아에 대한 주제를 찾기 위한 내용분석

주요 결과
- 영어에 대한 인식: 끊임없는 노력의 대상(영어를 좋아하고 잘하고 싶지만 만족할만한 성과가 없어 실망함)
- 영어 학습자로서 자신에 대한 인식
- 영어로 의사소통하지 못하는 학습자: 오랫동안 영어학습을 했지만 유창한 구어 영어를 구사할 수 없음
- 끊임없이 노력해야 하는 학습자: 성실하지 못함, 의지 부족, 게으름이라는 필연적 제2언어 자아
- 막힘없고 당당한 학습자: 원어민 수준으로 영어를 구사하는 이상적 제2언어 자아
- 영어학습 과정에 대한 인식: 영어학습에 대한 목표 불명확 -> 영어학습 지속하지 못함 -> 성취도가 낮음 -> 자신감 결여라는 악순환이 반복

함의점 및 제언
- 학습자들이 자신의 학습과정, 자신과 영어의 관계를 어떻게 인식하는지를 파악하기

위해 내러티브를 매개로 사용할 수 있음, 내러티브에 참여하는 학습자, 연구자가 내러티브 지식을 공유하게 됨
- 학습자들의 경험에 관한 내러티브가 목소리를 가질 수 있도록 함
- 필연적 제2언어 자아와 이상적 제2언어 자아 간의 괴리를 극복하기 위해서는 학습자의 성공경험이 필요함
- 성공적인 영어학습자라는 개념은 사회적으로 구성됨, 의미 있는 영어학습을 통해 이상적 제2언어 자아 개념을 가지도록 하는 것이 필요함

김신혜(2019a)는 자신의 수업을 수강하는 학생을 영어교육 전공 혹은 부전공 3~4학년 대학생 34명(영어교육과 18명, 영문과 9명, 교육학과 4명, 미국학과 1명, 일본어학과 1명)을 연구 참여자로 선정하였다. 총 34명(남 7명, 여 27명)이 내러티브 작성에 참여하였고, 이 중 27명(남 6명, 여 21명)이 인터뷰에 참여하였다. 내러티브 자료를 수집할 때에는 연구자와 연구 참여자의 관계가 중요하다. 따라서 연구자는 잘 알지 못하는 많은 수의 학생들을 대상으로 하지 않고, 적은 수이지만 이전의 관계를 통하여 라포가 형성되어 있는 학생들을 대상으로 내러티브를 수집하였다. 연구에 참여한 학생들은 대부분 다년간 연구자를 알고 있었고, 수업과 면담을 통하여 만나는 기회가 있었다. 이러한 개인적 관계가 내러티브를 구성하는 데 중요한 요인이 될 것으로 생각하여 다른 연구 참여자를 모집하지 않고, 수업을 수강하는 학생들을 대상자로 선정하였다고 기술하였다(p. 183).

학습자들이 어떠한 학습경로를 거쳤는지, 이 과정에서 학습자로서 사신에 대한 어떠한 이미지를 구성하는지에 대한 정보를 구체적으로 수집하기 위해 인터뷰에 앞서 영어학습에 대한 프롬트를 제시하여 자신의 영어 경험을 이야기하는 데 어려움을 느끼지 않도록 하였다. 학습자들은 대개 유사한 영어학습 경험을 가지고 있을 것으로 생각되어 이러한 경험을 기술할 수 있는 문장 첫머리를 제공하고 나머지 부분을 완성하도록

하였다. 연구에 사용된 프레임은 다음과 같다.

표 21. 김신혜(2019a)의 내러티브 프레임

영어학습 경험에 대한 내러티브 프레임 **자 . 화 . 상. 그 . 리 . 기** 영어학습자로서의 자신의 모습을 그려 보세요. 그림을 잘 그릴 필요는 없습니다. 여러 가지 색의 펜을 사용해도 되고, 한 가지 색만 사용해도 됩니다. 영어학습자로서의 자신의 모습을 가장 잘 보여줄 수 있는 사람이나 사물을 함께 그려도 됩니다.

내러티브 프레임은 먼저 참여자들이 영어와 자신을 어떻게 인식하는지를 그림으로 표현하도록 하여 글로 표현하기에 앞서 자신에 대해 떠오르는 이미지를 그림으로 표현하도록 하였다. 내러티브 프레임의 프롬트는 영어를 처음 배웠을 때부터 중, 고등학교, 대학교 시기로 나누어 영어에 대한 태도, 어떤 학습활동을 했는지, 자신의 영어 능력에 대한 평가와 이상적 제2언어 자아에 대한 질문을 포함하였다. 학생들에게 실제 나눠 준 종이에는 자신의 경험을 기술할 수 있도록 충분한 여백을 두었고, 필요한 경우에는 칸을 추가하여 기술해도 됨을 설명하였다. 내러티브를 제출한 후에 연구자는 학생들에 대한 인터뷰를 하였는데, 인터뷰는 학생들의 그림이 무엇을 의미하는지 설명하는 것으로 시작하고, 필요한 경우 연구자가 그림에 대해 질문을 하여 자료를 수집하였다.

연구 결과 학습자들은 초등학교 이전과 초등학교에서는 흥미 중심의 영어 수업이 이루어졌지만, 이후에는 성적, 졸업, 취업이라는 외부적으

로 주어지는 목표를 달성하는 것이 영어학습의 주요한 동인이 되었고 이는 참여자들이 시험성적과 관련하여 자신의 필연적 제2언어 자아를 인식하게 됨을 보여준다. 이들은 영어와 자신의 관계를 "애증관계"라는 양면적 감정으로 표현하였다. 이러한 양면적이고 애매한 감정을 참여자는 다음과 같은 "자석" 그림으로 표현하였다.

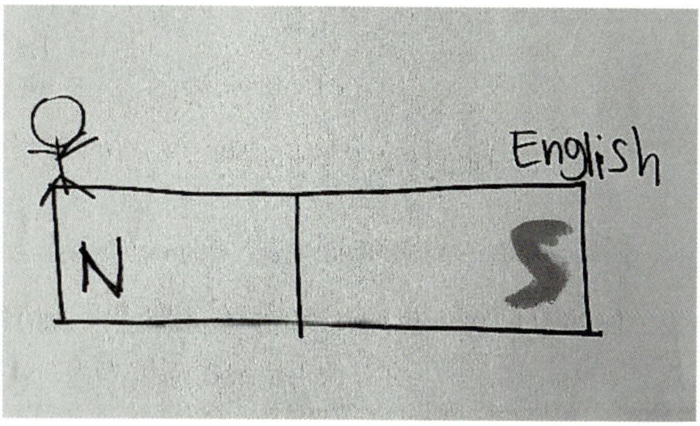

그림 4. 제2언어 학습자와 영어와의 관계(김신혜, 2019a, p. 186)

> 저는 자석을 그렸는데요. 저는 N극이고 영어는 S극이라서(웃음) 상극이라기보다 같은 곳에 선상에 있지만 뭔가 가까이하려고 하면 뭔가 멀어지고 약간 쉽게 이게 같이 있게 되기 힘든 뭔가 어려운? (참여자 #17, 인터뷰, 김신혜, 2019a, p. 186)

참여자는 이 그림을 통해 자신과 영어가 자석의 N극과 S극처럼 같은 선상에 있지만 가까이하기 어려운 점이 있음을 보여준다. 영어에 대해 쉽게 가까이할 수 없지만, 양극 간에 장력이 존재하는 것처럼 싫어한다고만 할 수 없는 양면적인 태도를 보여준다. 또한, 참여자들은 필연적 제2언어 자아, 이상적 제2언어 자아에 대한 모습은 다음 그림과 같이 표현되었다.

그림 5. 제2언어 학습자 인식(김신혜, 2019a, p. 187)

그림에서 보여주듯이 참여자들은 자신들이 오랜 기간의 영어학습에도 불구하고 여전히 영어로 말할 수 없는 모습을 통해 학습자로서 자신에 대한 인식을 보여준다. 이들은 영어를 많이 듣고, 늘 생각하지만 말을 할 수 없는 모습, 여러 가지 방법으로 영어학습을 했지만 정작 말을 할 수 없어 느끼는 좌절감을 표현하였다. 참여자들의 입에 X 표시는 영어로 원활하게 의사소통하지 못하는 좌절감을 단적으로 드러내고 있다. 영어로 의사소통을 잘 하지 못한다는 사실은 참여자들의 자신감을 낮추고 부끄러운 존재로 자신을 인식하게 하는 데 영향을 미쳤다고 할 수 있다. 영어로 원활한 의사소통을 할 수 없다는 점은 참여자들이 자신을 부끄러운 학습자, 성공적이지 못한 학습자로 인식하는 데 결정적인 영향을 미쳤다. 참여자들은 한국이라는 상황적 제약을 언급하면서도 자신의 영어학습이 만족스럽지 못한 것은 본인이 성실하지 못함이라고 인식하고 있다. 이들은 자신이 부끄럽고 자신감 없는 학습자인 이유를 "성실하지 못함, 의지 부족"이라고 보고 이를 극복하기 위한 노력이 필요하다고 언급한다. 이러한 필연적 제2언어 자아의 모습은 "거북이"의 모습으로 묘사되었다.

참여자들은 꾸준히, 열심히 영어학습을 해야 한다는 당위적인 필요를 느끼고 있고, "거북이"처럼 열심히 공부하는 모습을 필연적 제2언어 자아로 그리고 있으나 무엇을 어떻게 하는지에 대한 구체적인 계획은 언급하고 있지 않다. 참여자들은 영어를 충분히 잘 하지 못하는 데 대한 부끄러움을 느끼고 자신감 없는 현재의 모습과는 대조적으로 자신들의 이상적 모습을 원어민과 같은 수준으로 영어를 구사하는 능력으로 언급하고 있다. 이들은 막힘없이 대화에 자유롭게 참여할 수 있는 수준의 영어능력을 이상적으로 설정한다. 이러한 이상적 제2언어 자아와 필연적 제2언어 자아 간에는 큰 괴리가 존재한다. 참여자들은 자신들의 이상적인 모습과 현재 자신 간의 괴리를 다음과 같이 표현한다.

그림 6. 이상적 제2언어 자아에 대한 인식(김신혜, 2019a, p. 189)

참여자 #14: 저는 상상 속에 제 모습은 영어교육과에서 영어를 유창하게 말하고 막 하는 보습이었는데 막상 영어로 물어보면 대답을 못하는 게 . . . 못한다고 그렸어요.

연구자: 얼마나 잘하면 유창하다고 느낄까요?

참여자 #14: 일단 교수님이 일단 외국인이 말했을 때 제가 attention을 깊게 주지 않고도 알아들을 수 있어야 되고 . . . 소음이 있어도 알아들을 수 있는 정도, 지금은 막 온 정신을 기울여야 무슨 말인지 알아듣고 대답하는데도 제가 말하고 싶은 거 한국말로 생각이 나는데 영어로 막 정말 간단한 건데도 생각이 안 나니까. (참여자 #14, 인터뷰, 김신혜, 2019a, p. 190)

그림 5에서 학습자의 입이 X로 닫혀있는 것과 달리 이상적인 학습자는 하고 싶은 말을 유창하게 하는 모습으로 그리고 있다. 간단한 말에도 답을 하지 못하는 자신의 현재 모습과 막힘없이 유창하게 영어를 사용하고 싶은 이상적 제2언어 간의 간극이 영어학습 동기를 부여하기도 하지만 실제 그런 영어를 위한 노력보다 시험, 성적, 진학을 위한 영어를 우선해야 하는 상황 때문에 좌절감을 가져오기도 한다.

이 연구는 내러티브 프레임을 이용한 참여자들의 문어 및 시각 내러티브, 인터뷰를 통해 영어학습 과정에서 학습자들이 자신의 학습과정, 그리고 자신과 영어에 어떠한 의미를 부여하는지를 내러티브라는 매개를 사용하여 탐색하였다는 점과 내러티브 프레임을 사용하여 학습자의 영어학습 경험을 일관성 있는 형식과 내용으로 표현하도록 하였다는 점에서 의의를 부여하고 있다. 내러티브 프레임은 연구 참여자들에게 스캐폴딩을 제공하여 내러티브를 어떻게 구성할지 알려주는 역할을 한다. 이는 연구 참여자들이 무엇을 이야기해야 할지 모르는 막막함을 덜어 주어 자료 수집을 쉽게 하고, 분석 과정에서도 내용을 파악하는 데 도움을 준다.

그러나 김신혜(2019a)의 내러티브 프레임 연구는 연구자가 의도하는 바가 참여자에게 정확하게 전달되지 않는 경우도 있음을 지적한다. 예를 들면 연구 참여자들이 프롬트의 의미를 잘못 이해하여 관련 없는 정보를 제공하거나, 충분한 정보를 제공하지 못하는 경우도 있고(예: '나는 수학을 좋아한다. 왜냐하면 수학은 답이 있기 때문에', '나는 대학에서 영어를 공부했다. 왜냐하면 전공이 영어이기 때문에'), 써야 하는 분량에 대한 언급이 없었기 때문에 한 문장에서 한 문단에 이르기까지 개인차가 크다는 점도 문제로 지적하고 있다. 그림을 통한 참여자들이 자신과 영어의 관계를 시각화하도록 한 것은 참여자들이 자신의 인식을 보다 구체적으로 표현하는 기회가 되기도 하지만 무엇을 그려야 할지 모르거나, 그림의 내용이 지나치게 단순하여 의미 있는 정보가 담겨있지 않은 경우도 있었다. 이러한 점 때문에 내러티브 프레임을 사용하는 경우 일 회에 그치기보다는 여러 번에 걸쳐 내러티브를 구성하도록 하여 이들이 내러티브의 의도를 파악하여 이야기를 할 수 있는 기회를 여러 번 제공하는 방안도 고려해 보아야 할 것이다. 또한, 시각적 내러티브의 경우 참여자에게 즉각적인 도움을 줄 수 있는 상황에서 자료를 수집하고, 그림에 대한 설명을 할 수 있도록 하는 것이 자료를 이해하는 데 도움이 될 것이다.

김신혜(2019a)는 EFL 환경의 학습자들이 영어학습 과정에서 학습자로서 자신의 정체성을 어떻게 형성하는지에 초점을 둔 반면 Gu(2008, 2010)는 EFL 환경의 중국인 학습자들이 영어학습 과정에서 민족적 정체성(national identity)을 어떻게 형성해 가는지 보여주었다. Gu(2008)는 민족적 정체성을 홍보하려는 중국 언론, 전통적인 유교적 가치관에 깊이 뿌리를 둔 중국 문화, 민족적 단결을 강조하는 윤리 교육 등이 학교 교육에 영향을 미치는 상황에서 학습자들이 영어를 배운다는 것이 이들의 민족적 정체성에 어떠한 영향을 미치는지 살펴보고자 하였다. 마찬가지로 Gu(2010)는 대학 생활 동안의 영어학습이 중국 학생들의 민족적 정체성에 어떠한 영향을 미치는지를 장기간의 연구를 통해 조사하였다. 2년에 걸쳐 인터뷰와 일기 자료를 수집하여 분석한 결과, 그는 민족적 정체성 발달을 다음과 같은 3단계로 구분하였다.

- 1단계: "a mania for western cultures"

대학 1~2학년 시기에 연구 참여자들은 영어와 관련된 문화는 선진화되고, 문명화되고, 현대적인(advanced, civilized and modern) 것으로 표현하는 반면 중국 문화는 개발되지 않고 다른 세계와 분리되어 있는(underdeveloped and isolated) 것으로 인식한다.

- 2단계: "a burgeoning awareness of the richness of the mother culture and of the threat of linguistic imperialism"

이 시기에는 학습자들이 자국 문화에 대한 자긍심을 가지게 되고 자신이 중국인임을 자랑스럽게 생각하게 된다. 미디어에 의해 포장된 서구 문화에 대한 묘사가 더 이상 학습자들의 관점을 지배하지 않게 되면서 서구 문화를 무조건 찬양하던 것에서 한 걸음 물러나게 된다. 이는 학습자들의 영어 능력이 향상됨에 따라 영어 모국어 화자와 접촉할 기회가 생기게 되고, 영어로 된 뉴스, TV 방송 등을 접할 수 있게 되면서 초기에 가졌던 서구 문화에 대한 예찬이 점차 사라지고, 중국 문화의 심오함을 깨닫게 되면서 참여자들이 자국 문화에 대한 민족적 자긍심을 가지게 되었음을 의미한다. 즉 제2언어 능력이 향상됨에 따라 목표어를 객관적으로 볼 수 있게 되고, 자국 문화에 대해서도 보다 객관적인 자세를 취할 수 있게 된다. 이는 학습자들의 영어 능력이 향상됨에 따라 다양한 정보를 활용할 수 있게 되면서 글로벌 사회에서 중국의 위치를 확인하게 되었기 때문이라고 할 수 있다.

- 3단계: "a reconciliation between national identity and global identity"

참여자들이 4학년이 되었을 때는 강한 민족적 정체성이 형성되는 동시에 영어 능숙도를 통해 글로벌 사회에서 적법한 위치를 찾으려고 노력하게 되었다. 학습자들의 영어 능숙도가 높아지면서 이들은 자신의 문화를 올바르게 인식할 필요를 느끼는 동시에 중국의 사회적 문제에 대한 인식 또한 높아지게 된다. 중국 영어학습자들은 중국 전통문화와 영어 확산에 따르는 현대성(modernity)이라는 두 가지 영역에서의 갈등을 협상할 필요를 느끼게 된다.

Gu(2010)의 연구는 영어 학습자의 영어 숙도가 높아질수록 보다 자국 문화에 대한 다양한 정보를 접할 기회가 많아지면서 영어권 문화와 자국 문화를 비교하게 되는 과정을 겪게 되고, 이러한 비교가 영어학습 동기를 향상할 수 있음을 보여준다. 즉 영어학습을 하는 것이 민족적 정체성과 반드시 대립적 관계에 있는 것이 아니라 정체성 형성에 기여할 수 있음을 보여준다. 학습자들이 영어를 도구로 객관적 관점에서 자국 문화의 가치를 깨닫고 동시에 문제를 인식함으로써 민족적 정체성을 형성할 수 있음을 보여주는 연구로써 의의가 있다. Gu(2010)의 연구가 민족적 정체성 발달 과정에 초점을 두었다면 Gu(2008)는 학습자가 민족적 정체성과 영어로 대변되는 글로벌 정체성 사이에서 어떤 협상을 하는지를 보여준다. 그는 20대 초반의 중국인 대학생 3명(Pauline, Helena, Jane)이 영어 원어민 화자들과의 대화를 바탕으로 이들이 각기 어떠한 학습자 정체성을 형성하는지 살펴보았다. 이들의 연구를 요약하면 다음과 같다.

표 22. 연구요약: Gu(2008)

Gu, M. (2008). Identity construction and investment transformation College students from non-urban areas in China. *Journal of Asian Pacific Communication, 18*(1), 49-70.

연구 목적/연구 문제

- 제2언어 학습자들은 자신의 정체성과 도시 주류 담화 커뮤니티와 영어를 사용하는 커뮤니티에의 참여를 협상하는가?(How do L2 students negotiate their identities and participations in mainstream urban discourse community and one English speaking community?)

- 제2언어 학습자 정체성과 영어학습에 대한 투자와의 관계는 무엇인가?(What are the interrelationships between L2 students' identities and investments in English learning?)

이론적 배경

- 사회문화적 관점의 제2언어 학습동기(Lave & Wenger, 1991)
- 실행 커뮤니티(communities of practice, Lave & Wenger, 1991; Wenger, 1998): 학습은 개인의 인지적 과정이 아니라 새로운 멤버가 기존 멤버와의 상호작용을 통해 커뮤니티 활동에 참여하게 되는 사회화 과정
- 크리스천 담화(discourse of Christianity): 영어를 가르치는 것이 중국에 접근하는 방법일 뿐 아니라 크리스천적 사명(Christian mission)이 됨
- 학습자 정체성과 투자(identity and investment, Norton, 2000): 학습자 정체성이 언어적 자원에 접근하는 데 중재 요인이 됨, 학습자 동기는 사회적, 역사적으로 형성되는 투자의 개념

연구 방법

- 중국 대학교 3학년 여학생 3명(Pauline, Helena, Jane)
- 영어 원어민 4명과 짝을 이루어 상호작용하고 대화를 녹음, 참여자의 일기 분석
- 개별 인터뷰(3~4개월에 한 번) 실시
- 근거이론 방식으로 분석

주요 결과

- 도시의 교육 환경과 크리스천 영어 원어민과의 상호작용 통해 자신들이 자라온 환경과 다른 환경에서 어떠한 정체성을 구성하는지 보여줌
- 중국인 영어 학습자 3명이 각기 어떤 실행 커뮤니티에 참여하는지 보여줌
- Pauline(Practicality and Conflict): 크리스천 영어 원어민 커뮤니티와 도시 커뮤니티 양쪽 모두에 속하지 않음, 현실적인 선택을 하지만 다면적인 정체성을 가지는 데 대한 갈등이 있음
- Helena(Compromise on Reality): 크리스천 영어 원어민 커뮤니티에 자신을 동질화, 직업적 안정을 위한 현실적인 선택
- Jane(Sense and Sensibility): 중국의 교육받은 커뮤니티와 영어를 사용하는 크리스천 커뮤니티 모두에 소속감을 가짐
- 학습자가 참여하는 영어 관련 구체적 활동이 영어학습 동기에 영향을 미치게 되고, 이에 따라 초기의 상상적 커뮤니티를 다시 점검하고, 새로운 정체성이 생겨남(상상적 커뮤니티-상상적 정체성-상상적 정체성에 대한 투자-구체적 활동 참여-새로운 정체성 출현 등의 나선형 과정)

함의점 및 제언

- 학습자 개인과 상황 간의 상호작용에 대한 분석 필요
- 학습자가 환경적 변화에 어떻게 적용하며, 정체성을 획득하는지를 장기적으로 살펴볼 필요 있음
- 제2언어 습득 연구에서 학습자 목소리를 포함할 필요 있음

Gu(2008)는 연구 참여자 각각의 특징적인 주제를 제목으로 하여 연구 결과를 기술한다. 각 연구 참여자에 대한 기술은 다음과 같다.

- **Pauline: Practicality and Conflict**

중국 도시 교육환경과 다른 곳에서 나고 자란 Pauline은 "good sociable ability"를 지지하는 'us' 커뮤니티와 "bookworms"로 구성되는 'otherness' 커뮤니티 사이에서 자신의 실행 커뮤니티를 찾아가는 과정을 보여준다. 그녀의 이상적 정체성과 영어학습에 대한 동기는 대학에 입학 후 여러 번 바뀌게 되고 그에 따라 활동영역도 달라진다(예: 서양 중산층 여성-크리스천 커뮤니티, 성공적 비지니스 우먼-서구회사에 관련된 비정규직 일 등). 자신이 원하는 삶(Who is wealthy and leads a better life than other ordinary people, having a decent job and dressing up gracefully, p. 59)을 추구하지만 이러한 삶이 주는 공허함에 만족하지 못하고, 영어를 사용하는 기독교 커뮤니티에 관심을 가지게 된다. Pauline은 도시 커뮤니티(urban community)와 크리스천 커뮤니티(Christian community) 모두 너무 피상적이거나 너무 평이하다("too superficial" 혹은 "too banal")고 평가하면서 결국 어느 쪽 커뮤니티의 가치도 적극적으로 수용하지 않는다. 대신 실용적으로 영어를 사용하는 크리스천 커뮤니티와 물질적 안위를 추구하는 중국 도시 커뮤니티 사이를 오가는 선택을 한다. 그녀는 다면적 정체성에 투자할 기회를 추구하는 동시에 그러한 다면적 정체성을 유지하는 데 대한 내면적 갈등을 경험하게 된다.

- **Helana: Comprise on Reality**

여성이 고등교육을 받는 것을 지지하지 않는 환경에서 자란 Helena는 도시의 주류 담화와 자신이 자라온 시골의 담화 간의 갈등을 조정해야 하고, 경제적 어려움을 해결해야 하는 문제가 있었다. 그녀는 자신의 모습과 갈등을 일으키는 경우에도 적법한 멤버로 인정받기를 원했기 때문에 흔쾌히 생명과학 학과라는 커뮤니티의 멤버들이 하는 활동을 모방함으로써 그 커뮤니티에 속하고자 했다. 그녀는 자신의 영어 파트너인 Margaret을 통해 다른 영어권 친구들을 만나게 되고, 자신은 크리스천이 아니지만 영어를 사용하는 크리스천 커뮤니티를 이상적인 생활방식으로 생각하게 된다. Pauline과 달리 이상적인 꿈을 이야기하기보다 현실적으로 안정적 직장을 가지고 가정을 꾸리는 구체적인 상상적 정체성을 이야기한다. 그녀는 자신이 괴리를 느끼는 학과에 소속감을 가지려 하는 대신 절친한 친구인 Margaret의 커뮤니티와 동일화한다. 그녀는 Margaret의 삶의 방식을 동경하지만 동시에 그녀가 자라온 환경에서 영향을 받아 삶에서 많은 것을 기대하기보다 물질적으로 허락되는 삶을 살기 위한 현실적인 타협을 택한다.

• Jane: Sense and Sensibility

Jane은 위에서 언급한 두 연구 참여자와 달리 큰 갈등 없이 도시 커뮤니티와 크리스천 커뮤니티에 소속감을 느낀다. 그녀는 다른 학생에 비해 경제적으로 어려움도 없고, 성별에 근거한 차별을 하지 않는 가정에서 자랐고, 어머니의 영향으로 크리스천이 되었다. 그녀는 대화 상대인 Rita를 만나게 되면서 자신을 영어를 사용하는 크리스천 커뮤니티의 적법한 멤버로 인식한다. 그녀의 이상적 정체성은 이러한 이상적 실행 커뮤니티를 반영하는 것으로 기독교 단체가 설립한 고아원의 사회복지사가 되거나 학술기관의 연구원이 되기를 희망하였다. 그녀는 중국 도시의 교육받은 커뮤니티와 영어를 사용하는 크리스천 커뮤니티 모두에 소속감을 가지고, 이상적 자아를 위해서 영어 말하기 능력을 향상시키고자 하고, 실제적인 자아(practical self)를 위해 영어 읽기와 쓰기를 향상시키고자 한다. 그녀는 전공과 관련된 직업을 가지기 원하지 않음에도 연구원이 되기 위한 길을 택한다. 그녀는 'sensibility'보다는 'sense'에 의해 결정을 하는 과정을 보여준다.

Gu(2008)의 연구는 제2언어 학습자들이 겉으로 보이는 성별, 문화, 언어적 동질성에도 불구하고 커뮤니티에 대해 반응하는 방식은 다를 수 있음을 보여준다. 학습자 정체성은 이들이 소속감을 느끼는 실행 커뮤니티와 밀접한 관계를 가지기 때문에 이들이 커뮤니티에서 어떠한 활동을 하고, 어떠한 상호작용을 하는지 살펴보는 것이 중요하다. 또한, 크리스천 담화가 중국 영어학습자들의 정체성 형성, 제2언어 학습에 대한 투자에 영향을 미칠 수 있는 가능성이 있음을 보여준다. 이 연구는 동일 국적의 학습자라고 해서 이들의 개인적 학습사, 가치, 관심을 고려하지 않고 획일적으로 다루는 정량적 연구 방법의 문제점을 지적한다. 이는 제2언어 습득 연구에서 학습자의 목소리가 중요하게 다루어져야 한다는 점과 개인과 이들이 처한 상황의 상호작용을 이해하기 위해서는 장기적인 연구가 필요함을 제시한다.

5.4 온라인 학습 환경의 학습자 내러티브

Gao(2007)는 중국 영어학습자들이 Blue Rain Café라는 온라인 카페에서 자신의 영어학습 커뮤니티의 이미지를 어떻게 협력적으로 구성하는지, 어떤 식으로 이러한 커뮤니티에 소속감을 가지는지를 보여주고자 하였다. 온라인 커뮤니티는 학습자들이 영어를 통해 성취하고 싶은 상상적 정체성을 실현하는 공간이 된다. 온라인 커뮤니티라는 새로운 공간이 학습자 내러티브의 내용 및 성격에 영향을 미칠 수 있음을 보여준다.

이 연구는 Luo Hao라는 연구 참여자가 Blue Rain Café에 "Everyone from Blue Café has a story to tell others"라는 슬로건하에 글을 탑재하고 다른 회원들이 카페에 글을 쓰는 과정을 통해 영어학습 커뮤니티가 형성되는 과정을 분석하였다. 다음 표 24는 연구 내용의 요약이다.

표 24. 연구요약: Gao(2007)

Gao, X. (2007). A tale of Blue Rain Café: A study on the online narrative construction about a community of English learners on the Chinese mainland. *System, 35*, 259-270.

연구 목적/연구 문제

- 영어 클럽의 회원들은 온라인 포럼을 형성하는 데 어떻게 기여하는가?(How do participants at the English club contribute to the community construction process in the online forum?)
- 회원들의 온라인 포럼 참여는 학습 커뮤니티에 대한 어떤 점을 말해주는가?(What do their contributions reveal about the learning community at the club?)

이론적 배경

- 언어학습은 학습자의 정체성 형성과 유의미하게 관련된 사회적 행동이라는 사회문화적 관점(Block, 2003)
- 실행 커뮤니티(Lave & Wenger, 1991; Wenger, 1998): 학습은 커뮤니티의 관행을 습득함으로써 소속감을 가진 멤버가 되는 과정

연구 방법

- Blue Rain café라는 장소에서 영어연습을 하던 사람들이 'A Tale of Blue Rain Café'라는 온라인 사이트에 자신의 이야기를 올리고 이 중 언어학습과 관련된 이야기를 수집
- 내용분석

주요 결과

- Blue Rain Café는 친구를 사귀고 영어를 연습할 수 있는 곳, 영어학습과 사회화, 상호 소속감이 분리될 수 없음을 경험
- 온라인 카페가 일관성을 가지고 유지되도록 하는 데에는 핵심적 역할을 하는 그룹의 사람들이 있음(성공적인 중산층, 영어 능숙도가 뛰어남)
- 사회적 경계가 낮아 어떤 학습자든 쉽게 접근할 수 있음, 이전 영어학습 경험과는 매우 다른 사회적 학습 경험 분위기, 외부적 압력 없이 학습자 자신이 자신일 수 있는 곳으로 인식

• English club 형성은 개별 학습자의 의도적인 행동이고 영어를 배우고 사용하는 기회를 만들기 위해 다른 학습자와 연대하는 전략을 보여줌
• English club은 비원어민 학습자들이 자신의 사회적 상호작용과 자기주장을 하고자 하는 내면적 필요를 만족하기 위한 노력이 구현되는 곳
• 참여자들의 온라인 토론 참여는 영어를 사용할 기회를 제공할 뿐 아니라 개인적 변환(personal transformation)에도 영향을 미침
• 온라인 커뮤니티 구성이 커뮤니티 멤버로서의 자기인식 고양에 기여하고 이는 다시 English club 활동에 참여하도록 하는 데 기여

함의점 및 제언

• 비원어민 사이의 의사소통 도구로 영어를 사용될 수 있음
• 학습자들이 협동적이고 자율적인 분위기에서 언어향상을 위해 노력할 수 있도록 커뮤니티 의식을 가지는 것이 온라인 커뮤니티 유지에 중요
• 교사가 학습자들의 사회적 관계를 증진할 수 있도록 경계를 제거하는 주도적 역할을 할 수 있음
• 온라인상의 대화가 실제 커뮤니티 참여를 돕고, 이를 통해 다시 온라인 커뮤니티를 구성하는 관계, 학습자가 주어진 상황에 수동적으로 반응하는 것이 아니라 자율성을 발휘하여 학습 커뮤니티를 구성하고, 관계를 형성하여 영어를 배우고 사용하는 전략을 보여줌
• 인간관계가 언어학습 기회보다 중요함(the quality of human relationships overrides the language learning opportunities for individual participants at the club, p. 263)

Gao(2007)는 온라인상의 영어학습은 사회화 과정과 온라인 카페에서의 상호 소속감과 분리될 수 없고, 사회적 경계(low social boundaries)가 낮다는 점이 영어학습에 독특한 경험을 제공함을 보여준다. 참여자들은 이전의 자신과 구별되는 다른 자신이 되고 싶어 하는 욕구가 있는데, Blue Rain Café는 영어라는 매개를 통하여 자신이 속하고 싶은 온라인 커뮤니티를 구성하고 이를 통해 정체성을 구성할 수 있는 장을 제공한다. 다음 Chocolatelin의 인터뷰를 보자.

> Out of curiosity, I decided to find out what the English corner was. [...] Afterwards, I went there quite frequently and made quite a few friends.[...] When I see new faces now, I start feeling that I am an

old-timer. Blue Rain Café, for me, is a place for relaxation. If I am in a good mood, I will talk non-stop. It is also a pleasure to sit there and listen to others when not in a talking mood.[...] If I want to speak English, I will speak English. If I do not, then I can use Chinese. There is no rule at Blue Rain Café. (Chocolatelin, July 26th, 2005, Gao, 2007, p. 266)

Chocolatelin은 Blue Rain Café를 긴장을 풀고 이야기를 하고 싶으면 하고, 그렇지 않으면 듣기만 해도 되는 "쉬면서 자기다울 수 있는 곳"(a place for relaxation and being herself, Gao, 2007, p. 266)으로 언급한다. 이처럼 온라인 커뮤니티는 학습자들이 영어 능력이 낮은 학습자까지도 편안하게 참여하여 자기답게 행동할 수 있는 공간을 제공함으로써 학습자들이 영어를 사용할 뿐 아니라 자연스럽게 소통하는 공간으로 자리 잡게 된다. 따라서 온라인 공간은 관계 중심적으로 이곳에 소속감을 느끼는 것이 온라인 커뮤니티를 유지하는 중요한 요인이 된다. Emily의 경우 J-Group이라는 별도의 그룹을 조직하고 그녀의 이름을 바꾸면서 영어학습 커뮤니티의 멤버가 되고, 이러한 소속감은 영어학습의 자율성을 유지하도록 한다. 다음 Emily의 온라인 내러티브를 살펴보자.

I found that I fell in love with it. I practised my oral English a lot and at the same time I make a great many good friends there. The first time I went there, I had a great time with Jett, Joy, Jason and Jane. It happened that four of us five had names that started with the letter J, so we came up with an idea to form a group, jokingly named J-Group. And I changed my original name Emily to Jemily and then became a member of the group.[...] We formed such a group to help us all practise English well. We had fun chatting in English.[...] We not only chatted in the English corner but also on the internet. (Emily, Sept 13th, 2005, English original, Gao, 2007, p. 267)

위 인용문에서 보듯이 Emily는 온라인 커뮤니티에서 정체성의 변화를 감수할 뿐 아니라 전혀 알지 못했던 사람들과 친구가 됨으로써 영어를 연습할 기회를 마련한다. 온라인 커뮤니티에서의 상호작용은 학습자들의 참여가 영어를 연습할 기회를 더 많이 제공해 줄 뿐 아니라 개인적인 변신(personal transformation, Lave & Wenger, 1991; Wenger, 1998)에도 영향을 미친다는 점을 보여준다. Gao(2007)의 연구는 영어학습이 학습자가 속하고자 하는 상상적 커뮤니티(imagined community), 상상적 정체성(imagined identity)과 밀접한 관련이 있고, 이러한 커뮤니티에 참여하는 과정이 곧 자신의 정체성을 구성하는 과정임을 보여준다.

Gao(2007)가 중국 학습자들 간의 상호작용에 관한 연구라면 Chik과 Breidbach(2011)는 홍콩 학생들과 독일 학생들이 상호 활동하는 과정에서 생산되는 언어학습사를 수집하였다. 언어학습사는 어떻게, 왜 언어가 학습되어 사용되고, 잊히는지에 대한 개인적인 성찰을 끌어내는 데 유용한 방법이다(Pavlenko, 2007). Chik과 Breidbach(2011)는 온라인 내러티브 외에도 인터뷰, 자신의 언어학습 경험에 대한 자기 보고식 내러티브를 쓰도록 하였다. Chik과 Breidbach는 다음과 같은 방법으로 자료를 수집하였다(Chik & Breidbach, 2011, p. 556 참조).

표 25. 연구 참여자 및 자료 수집 방법(Chik & Breidbach, 2011)

	참여자		자료
	홍콩	독일	
Project 1	학부생 12명	석사과정 대학원생 4명	언어학습사 Wiki 사이트에 의견 탑재 인터뷰(홍콩), 성찰 기록(독일)
Project 2	학부생 7명(독일어 학습)	대학원생 8명	언어학습사 wiki사이트에 의견 탑재 Facebook에 탑재한 멀티미디어 자료, 의견 비디오 컨퍼런스 현장노트 인터뷰(홍콩), 성찰 기록(독일)

Chik과 Breidbach는 1, 2차에 걸쳐 홍콩 학생과 독일 학생들이 Wiki 사이트를 이용하여 자신들의 언어학습 경험을 교환하도록 하였다. 첫 번째 연구에서 사용한 Wiki는 연구에 참여한 학생들이 익명으로 언어학습사에 대한 의견을 탑재하였기 때문에 활발한 상호작용이 이루어졌다기보다 과제로 인식하여 최소한의 참여를 하는 경향을 보였다. 두 번째 자료 수집에서는 Facebook을 사용함으로써 학생들이 영어학습뿐 아니라 문화, 일상생활에 관한 이야기를 사진, 비디오 링크 등의 다양한 방법으로 탑재할 수 있게 되면서 상호작용이 더욱 활발하게 일어났다. Wiki나 Facebook이 비동시적으로 상호작용을 가능하게 한다면 비디오 컨퍼런스는 동시간대에 양 집단 학생들이 서로를 보면서 이야기를 하도록 한다는 장점이 있다. 비디오 컨퍼런스는 자신에 대한 이야기를 언어학습사에 관한 이야기로 출발했지만, 개인적인 이야기까지 포함하게 된다. 이 과정에서 참여자들은 상대를 텍스트를 쓰는 사람으로서가 아닌 실제 대화하는 사람으로 인식하게 되었다. 그러나 홍콩 학생들과 독일 학

생들은 자신의 학습 경험을 기술하는 면에서 차이를 보였다. 독일 참여자들은 자신의 언어학습 경험을 언어 교사의 입장에서 기술하고, 의사소통 과제, 동기가 부여되었던 학습 경험에 대해 이야기하면서 긍정적인 경험이 쌓여 자신들이 교사가 되기로 한 결정을 재확인하는 내용을 보여주었다. 이들은 언어 교사, 언어학습자 입장에서 언어학습사를 기술한 반면 홍콩 참여자들은 교실 밖의 개인적 공간에서의 학습에 대해 언급하고, 공인 시험, 학습에 긍정적 영향을 끼친 사람들, 대중문화 텍스트가 특징을 이루었다. 이들은 영어권 국가로의 여행 경험이 제한적이고, 영어 사용 커뮤니티와의 접촉도 제한적인 환경에 있으므로 팝송, TV 시리즈, 영화 등이 영어에 관한 관심을 자극하였다. 이들은 영어 학습자, 사용자, 소비자로 정체성을 구성하는 경향을 보였다.

언어학습사를 통해 홍콩 참여자들은 독일문화에 대한 관심을 가지고, 친구를 사귀고자 하는 관심을 가지게 된 반면 독일 참여자들은 교육적 가치를 판단하고자 하여 두 그룹의 관심사가 매우 다르게 나타났다. 연구 참여자들은 Wiki나 Facebook보다 비디오 컨퍼런스를 통해 서로 얼굴을 보게 될 때 좀 더 활발하게 교류하는 경향을 보였고, 사진, 온라인 링크 공유를 통해 대중문화를 언어학습 자원으로 활용하게 된다. 익명의 대상보다 소셜네트워킹을 통해 개인적 공간에서 상호작용할 때 상호작용이 증가하게 된다. 이러한 연구 결과를 토대로 Chik과 Breidbach(2011)는 디지털 시대의 언어학습사는 교실 밖의 학습 경험을 포함하는 방향으로 가야 하고, 간 문화 소통과 교사 교육을 위해서는 소셜미디어라는 플랫폼을 사용하는 것이 필요하다고 제안한다.

Chik과 Breidbach(2011)의 연구가 자신의 수업을 수강하는 비교적 소수의 연구 참여자를 대상으로 했다면 다수의 참여자를 대상으로 학습자 내러티브를 수집하여 학습자 아카이브를 구성한 예도 있다. Lee와 Patkin(2017)은 홍콩 대학의 3,285명의 학습자 내러티브(2,839명의 학부생, 18~21세, 나머지는 대학원생과 직장인)를 수집하여 다양한 환경의 학습자들이 어떠한 학습전략, 활동에 참여하는지 살펴보았다. 다른 내러티브 연구와 마찬가지로 이러한 내러티브는 학습자 관점에서 자신의 영어 학습 경험의 중요성을 파악하고, 자신의 이야기를 하고, 다른 학습자들의 이야기를 공유함으로써 자신의 경험에 의미를 부여할 수 있도록 해 준다는 점에서 의의가 있다. 학습자들의 내러티브 자료는 면대면 인터뷰 3,016개, 수업에서 학생들에게 쓰도록 한 문어 내러티브 238개, 온라인 내러티브 11개, 비디오 인터뷰 11개이다. 인터뷰는 크게 2개의 질문만으로 구성되고(What is your most memorable English learning experience? What is your most memorable English reading experience?), 나머지 내용은 연구 참여자의 응답에 대한 후속 질문을 하도록 하여 응답자가 되도록 자신의 이야기를 자유롭게 하도록 하여 방해를 최소화하였다.

학습자 내러티브의 주요 주제는 교실, 방과 후 수업, 학습동기 등으로 이러한 큰 주제에 대한 하위범주를 생성하여(예: 방과 후 수업의 하위범주는 travel, drama, tutorial, internet, activity, movies/television 등) 학습자들이 어떤 활동에 참여하는 것이 영어학습에 도움이 되는지 파악하였다.

학생들의 디지털 내러티브는 다른 학습자들이 읽을 수 있으므로 학습 전략, 경험 등을 자신의 경험과 연결하여 생각할 수 있도록 하고, 이 과정을 통해 학습자들은 자신의 학습을 비판적으로 성찰할 수 있도록 해주는 장점이 있다. 학습자 내러티브가 연구 자료로 사용될 뿐 아니라 학습과정에 동기를 부여하고 다양한 학습전략을 사용할 수 있도록 해

준다는 점에서 유용성이 있다.

이 연구에서 인터뷰는 영어로 진행되었기 때문에 학습자 내러티브를 쉽게 접근할 수 있다는 장점이 있다. 그러나 영어가 공식 언어이지만 홍콩어를 선호하는 학습자의 경우 내러티브 구성 및 내용에 차이가 있을 수 있다는 점도 간과하지 않아야 한다. 이 연구는 디지털 내러티브가 학습자의 경험을 기술하는 수단이 될 뿐 아니라 이를 통하여 학습에 대한 동기를 재발견하고 전략을 세울 수 있는 역할을 할 수 있는 가능성을 보여준다는 점에서 의의가 있다.

5.5 내러티브 탐구의 연구 방향

본 장에서는 ESL, EFL 학습 환경, 온라인 학습 환경의 학습자들이 제2언어를 학습하는 과정에서의 이야기를 담은 내러티브의 예시를 살펴보았다. 이민, 어학연수, 조기 유학 등으로 ESL 환경에 거주하면서 영어를 배우는 것은 새로운 곳에서 새로운 정체성을 획득하는 과정이라는 점을 내러티브를 통해 보여주었다. EFL 환경의 학습자들은 의사소통을 위해 영어를 사용하고 이상적인 목표와 현실적으로 시험을 위해 영어학습을 해야 하는 필요 사이에서 갈등하기도 하고, 영어를 통해 민족적 정체성에 대한 인식이 더욱 분명해지기도 함을 보여주었다. 온라인이라는 가상공간은 면대면보다 자유롭게 영어를 사용할 수 있는 공간을 제공하기도 하고, 목표어 문화에 대한 관심을 드러내는 공간이 될 수 있음을 보여준다. 영어학습 환경은 단순히 ESL, EFL, 온라인으로만 구분되는 것이 아니라 같은 환경 내에서도 다양한 경험을 하는 학습자들이 존재할 수 있다. 내러티브 탐구는 그러한 다양한 환경, 다양한 경험에 대한 이야기를 의미 있는 내러티브로 담아내기 위한 연구 방법이라고 할 수 있다. 이런 점에서 보다 다양한 환경, 다양한 경험을 가진 학습자들을 연구에 포함할 필요가 있다. 또한 자료 분석 기술방식의 다양화도 필요하다. 연구참여자의 이야기를 하나의 일관성 있는 이야기로 엮어 기술하는 방안에 대한 시도가 필요하다. 제2언어 학습 분야의 앞으로의 내러티브 탐구는 연구 대상, 연구 방법 면에서 다음과 같은 점을 고려할 필요가 있다.

연구 참여자

내러티브 탐구는 근본적으로 숨겨진 이야기를 드러내고, 이를 통해 개인의 경험에 의미를 부여하는 것이라는 점에서 응용언어학 분야에서 상대적으로 소외되었거나 관심의 대상이 되지 않았던 학습자에게로 관심을 확대해야 한다. 성공적인 영어 학습자뿐 아니라 저성취 학습자, 학습부진아, 동기가 낮은 학습자, 성인 학습자, 조기 유학생, 이민자, 탈북자, 다문화 가정 학생 등 다양한 학습자들의 영어학습 경험과 이들에게 영어를 배운다는 것이 어떤 의미가 있는지 내러티브를 통해 고찰할 필요가 있다. 한국과 같은 환경에서 영어를 잘한다는 것은 단순히 언어적 능력이 우수하다는 것 이상의 사회문화적 의미를 가진다. 이런 점에서 학습자들의 영어학습이 개인의 삶에 미치는 영향, 문화적 자본(cultural capital)으로써 어떠한 의미를 가지는지 살펴보는 것이 내러티브 탐구의 주제가 될 수 있다. 또한 외국어로서 한국어를 배우는 학습자들이 증가하고, 국내 외국인 유학생의 수가 증가한 점도 고려할 필요가 있다. 이들의 한국어 학습에 대한 이야기를 듣는 것도 이전에 들리지 않았던 학습자의 목소리를 들려준다는 점에서 의의가 있을 것이다. 학습자가 자신과 다른 사람, 상황을 이해하는 틀로써 내러티브를 어떻게 사용하는지 이해할 필요가 있다. 이는 학습자가 제2언어 학습과정을 이해하는 데 도움이 될 뿐 아니라, 학습자들에게 자신의 목소리를 낼 수 있는 기회를 마련해 줌으로써 학습자가 자신의 학습과정에 대한 주도성을 가지도록 할 수 있다.

Pavlenko(2001)는 내러티브 탐구의 범위를 이제까지 들어보지 못한 목소리를 듣는 방향으로 가는 것이 바람직하다고 하였다. 이는 이제까지 연구의 대상이었던 중산층 백인, 이민 여성의 언어학습 경험뿐 아니라 노동자 계층, 이민 남성, 성공적이지 못한 학습자들의 이야기도 들을 필요가 있음을 보여준다. Pavlenko는 이러한 필요를 다음과 같이 기술한다.

> Thus, it may be beneficial for the field of SLA to broaden the scope of narrative inquiry and elicit the stories of those who have not yet been heard and in ways they have not yet been told. This means that, in addition to examining learning experiences of middle-class Caucasian men and women, or immigrant women, <u>we may want to examine experiences of working-class immigrant men or of unsuccessful learners who were marginalized or discriminated against for a variety of reasons</u>. Finally, in order to avoid a monolingual bias in this type of research, it would be very informative if the stories were collected in more than one language since recent research also persuasively demonstrates that storylines may shift with the language in which they are told. (Koven, 1998; Pavlenko, 2001, p. 236에서 재인용, 밑줄 필자 삽입)

Pavlenko는 내러티브 탐구자들이 다양한 목소리를 찾을 뿐 아니라 이러한 내러티브가 한 가지 이상의 언어로 수집될 필요도 강조한다. 어떠한 언어를 내러티브 도구로 하여 내러티브가 구성되는가에 따라 이야기의 전개 방식이 달라질 수 있기 때문이다. 또한 학습자의 언어로 자신의 경험을 이야기할 수 있는 기회를 통하여 학습자 자신이 자신의 경험에 구조와 의미를 부여할 수 있기 때문이다.

목표어의 확대

Pavlenko(2001)는 내러티브를 수집하는 언어가 다양해질 필요를 강조하였다. 내러티브 언어가 어떤 언어인가에 따라 내러티브의 구조, 내용이 달라질 수 있기 때문이다. 응용언어학에서 제2언어 학습에 대한 내러티브 탐구는 독어, 불어를 제외하고는 대부분은 영어를 목표어로 하고 있다. 서구어 중심의 연구에서 벗어나 다른 제2언어로 관심이 확대될 필요가 있는데 최근 중국어 학습에 대한 내러티브 연구는 그러한 관심을 반영하고 있다.

예를 들어 Diao(2017)는 비표준 중국어를 사용하는 3명의 미국 학생들이 중국에서 어학연수 프로그램에 참여하는 동안 이들의 억양(accent)과 정체성이 어떤 관련이 있는지에 대해 고찰하였다. 중국어 어학연수 학생들과 중국인 호스트가 언제 비표준 중국어를 사용하는지, 표준 중국어를 고집하는지를 살펴봄으로써 언어사회화 과정이 어떻게 진행되는지 보여주고자 하였다. 어학연수 학습자들의 표준 중국어와 비표준 중국어에 대한 인식은 곧 억양에 대한 사회적 의미를 반영하는 것으로 어떤 중국어를 사용할 것인지는 어느 실행 커뮤니티에 소속감을 가지는지를 보여준다. 이 연구에 참여한 Yun, Melissa, Hasan은 중국 어학연수 이전에 이미 다양한 중국인 커뮤니티와의 접촉을 통해 비표준 중국어를 접한 경험이 있었다. 이들이 어학연수 중 중국인 호스트와 나누는 일상적인 이야기, 어학연수 전, 후의 인터뷰 자료와 관찰 자료를 바탕으로 중국어의 치음/반전음 병합(dental/retroflex merger)이 어느 정도 이루어지는지, 이러한 발음이 중국인들과의 접촉 빈도와 관련 있는지 등을 살펴봄으로써 이들이 표준 중국어와 비표준 중국어에 어떤 의미를 부여하는지 살펴보았다. 연구 결과, 이들의 비표준 중국어 사용은 호스트와의 접촉, 중국인 커뮤니티와의 개인적인 관계 등에 영향을 받는다는 것을 발견하였다. 이 연구는 병합이라는 음운현상이 학습자의 정체성을 드러내는 표지로 어떻게 사용되고 있는지를 보여줌으로써 언어적 발달과 정체성 인식의 관계를 조명하였다는 점에서 의의가 있다. 또한 학습자들이 중국에서 실제 사용한 중국어 자료를 바탕으로 발음이 어떻게 나타나고 있는지 살펴보았다는 점과 영어 이외의 다른 제2언어를 다루고 있다는 점에서 연구 주제와 방법 면에서 새로운 가능성을 보여주었다.

중국어 학습을 다룬 또 다른 연구로 김신혜(2019b)의 자서전적 일기 연구를 들 수 있다. 제2언어 학습에서 장기적으로 자신의 언어학습 과정을 기술한 자료가 많지 않고, 학습자이자 연구자의 입장에서 학습과정을 살펴보는 연구가 드물다는 점에서 학습동기 연구의 새로운 시도라고 할 수 있다. 일기는 학습자 자신이 느끼는 감정, 학습 상황에 대한 분석, 계획, 평가를 하게 하고 학습과정에 대한 내러티브를 형성하게 하여 학습자의 학습 경험을 총체적으로 조망하는 데 도움이 된다. 김신혜(2019b)는 일기 연구를 통해 중국어 학습동기는 학습자 자신이 다중언어 구사자라는 이상적 제2언어 자아라는 목표를 세우고 이에 도달하기 위해 어떤 학습과정을 거치고, 이 과정에서 동기에 영향을 주는 요인이 무엇인지 파악하고자 하였다. 이 연구는 제2언어 학습동기가 학습자 내면의 동기적 요인에 의해서만 결정되는 것이 아니라 학습자가 처해 있는 학습 환경의 여러 요소가 영향을 미치고, 학습자가 이러한 영향을 어떻게 학습에 활용하는가 하는 주도성에 따라 학습과정이 달라질 수 있음을 보여준다.

이처럼 영어 이외의 다른 제2언어 학습과정에 대한 탐색, 일기처럼 장기간에 걸친 자서전적 혹은 민속지학적 학습사, 생애사 등의 다양한 내러티브 유형에 대한 연구가 필요하다. 연구 참여자, 목표언어의 다양화와 함께 수집하는 자료의 다양성도 고려해야 한다. 질적 연구의 타당도와 신뢰도를 확보하기 위해 자료의 삼각화가 중요한 것과 마찬가지로 다중모드 자료를 통해 연구 참여자가 다양한 방식으로 자신의 목소리를 표현할 수 있도록 하는 것이 필요하다. 그림, 사진 등의 시각적 자료 외에 동영상, 인공물 등을 통해 보다 입체적인 이야기를 할 수 있도록 유도하는 것이 필요하다.

분석 방법 및 기술방식의 확대

내러티브 탐구는 자료를 분석하고 결과를 기술하는 면에서도 다른 질적 연구와 구별된다. 지속적인 비교 혹은 근거 이론적 분석 방법을 통해 자료에서 떠오르는 주제를 찾고자 하는 질적 연구의 분석 방법을 수용하여 내용분석을 하는 것이 주된 분석 방법이었다. 그러나 내용뿐 아니라 학습자가 들려준 이야기에 연구자가 어떤 플롯을 부여하여 그럴듯한 내러티브로 구성할 것인가 하는 내러티브 분석, 이야기 화자와 청자가 어떤 상호작용을 통해 이야기를 구성하는지에 대한 상호작용 분석 등을 적용하는 것이 필요하다. 분석 방법을 달리하는 것은 곧 내러티브를 어떻게 기술할 것인가 하는 문제와도 연결되는데 통상적인 학술논문 양식뿐 아니라 예술 기반의 글쓰기에 대한 좀 더 적극적인 시도를 할 필요가 있다. 연구자가 구성하는 내러티브는 학술논문 양식이 아니라 예술적 장르(시, 소설 등)로 구현될 수도 있다. 학계에서는 양적 연구 결과 기술 방법이 아직 지배적이지만, 학습자의 이야기를 담기에 효율적인 방법을 모색한다는 점에서 학술논문 형식이 아닌 다양한 양식을 실험해 볼 필요가 있다. 내러티브가 가지는 예술적 성격에 기반하여 제2언어 학습에 관련된 주제에 대한 대중적 이해를 도울 수 있는 기술이 필요하다는 점을 고려할 필요가 있다.

내러티브는 자료 수집 과정 및 분석의 주관성, 학술논문 형식에서 벗어난 결과 기술방식 때문에 연구의 타당성과 신뢰성을 의심받는다. 이를 극복하기 위해서는 연구자가 연구 참여자에 공감하는 동시에 연구 참여자의 이야기 전체를 조망할 수 있어야 한다. 즉 연구 상황에 몰입하여 연구 참여자와 공감하지만 동시에 한 발 물러서서 연구자로서의 객관적인 입장으로 자료를 볼 수 있어야 한다. 이런 점에서 Coffey와 Street(2008)는 문화기술지적 관점과 내러티브적 관점 두 가지를 다 필요로 한다고 하였다. 내부자적 관점에서 참여자의 내러티브를 이해하지만 이를 내러티브로 구성할 때에는 객관적, 외부자적인 관점으로 분석, 기술하는 것이 필요하다. 내부자적, 외부자적 관점의 균형을 유지하려는 노력을 통해 내러티브 탐구의 신뢰도, 타당도를 확보하려는 노력이 필요하다.

맺음말

내러티브 탐구는 실증주의적 패러다임에 대한 대안으로 생겨난 연구 방법으로 1920~1940년대에 생애사 중심의 내러티브, 1960~1970년대의 개인적 내러티브의 영향을 받아 형성되었다. 이러한 연구들은 도시 빈민, 미국 인디언, 노예, 여성 등 소외받은 집단의 목소리에 귀를 기울이고 이들의 집단적 혹은 개인적 내러티브를 통하여 이전에 침묵하였던 목소리를 들려주고자 하였다. 이후 다양한 학문 분야에서 폭넓게 적용되어 심리학, 교육학, 사회학 등의 분야의 주제를 다루는 데 연구 방법으로 활용되었다. 특히 교육학 분야에서는 Clandinin과 Connelly(2000)의 연구 이래로 교육과정, 교사의 삶, 정체성, 교사의 지식과 맥락의 상호작용, 학교의 변화, 가르침의 다양성 등의 주제에 대한 내러티브 탐구 연구가 활발하였다. 내러티브 탐구에 관한 관심이 높아지면서 국내 연구들도 다양한 학습자, 집단의 경험을 살펴보고자 하는 노력을 보였다. 기러기 엄마

(염지숙, 2010), 북한이탈 청소년(이부미, 2012; 조소연, 2013), 조기 유학생(정광순, 2006; 정용교, 2013), 학사경고 대학생(이선아, 2017) 등의 연구에서 볼 수 있듯이 다양한 화자들이 들려주는 경험에 관한 이야기를 통해 개인이 자신의 경험을 어떻게 해석하는지 보여주고자 하였다.

일반 교육학 분야에서 내러티브 탐구에 관한 연구가 활발한 데 비해 영어교육, 응용언어학 분야에서의 연구는 아직 미비하다. 교사 전문성에 대한 관심이 높아지면서 교사 전문성 향상을 위한 성찰에 대한 내러티브 연구가 많이 이루어졌다(Golombek & Johnson, 2004; Johnson & Golombek, 2002). 그러나 학습자의 목소리를 담은 내러티브는 비교적 최근에 와서야 관심을 받기 시작했다. Benson과 Nunan(2004)이 다양한 학습자들의 이야기를 들려주고자 한 데서부터 점차적으로 학습자들의 목소리에 관심을 가지게 되었으나 내러티브 탐구라는 연구 방법이 본격적으로 활용된 것은 아니다. 1990년대에 후기구조주의, 사회문화적 이론의 영향을 받으면서 학습자 내면적 요인뿐 아니라 사회문화적 요인에 관심을 가지게 되고, 이러한 관심은 다양한 환경에 있는 학습자가 어떤 학습 경험을 하는지를 연구하도록 하는 데 기여하였다.

제2언어 학습에 대한 내러티브 연구가 조금씩 진행되고 있으나, 연구의 대상, 연구 방법 면에서 좀 더 확대될 필요가 있다. 내러티브 탐구는 제2언어 습득에 대한 사회문화적 관점과 관련 있다. 사회문화적 관점은 제2언어를 습득하는 것이 오로지 개인의 내면적인 인지, 정서적 요인에 의해 결정되는 것이 아니라 학습자가 언어를 배우는 다양한 환경에서 어떠한 기회를 가질 수 있는가 하는 사회문화적 환경으로 관심을 확대한다. 다양한 환경의 학습자가 어떠한 과정을 거쳐 제2언어를 습득하는지에 대한 이야기를 담아내는 방법으로써 내러티브 탐구는 유용하다. 내러티브 탐구는 제2언어 학습자가 언어 습득과정에서 자신이 어떤 존재가 되어 가는지, 어떤 존재가 되고 싶은지를 표현할 수 있는 수단을 제공한다. 이 점에서 내러티브 탐구는 제2언어 학습자 집단에 일반화할 수 있는 거대담론을 찾기보다 개인의 특이성에 초점을 두어 개인이 자신의 경험에 부여하는 의미가 무엇인지를 보여주고자 한다. 과학 기술의 발달로 이동이 빈번해지면서 다른 문화권의 사람들과 의사소통할 필요가 증대하고, 이에 따라 제2언어의 필요성에 대한 인식도 높아지고 있다. 제2언어를 배운다는 것이 시험이나 자격증 취득을 위한 요건으로써만 중요한 것이 아니라 학습자 자신이 하는 일과 구체적인 연관성을 가지게 되고, 이러한 경험이 삶의 중요한 부분을 이루게 된다. 따라서 앞으로의 제2언어 학습 분야 연구는 다양해져 가는 학습 환경에서 개인이 어떤 학습경험을 하게 되고, 이 경험이 의미하는 바가 무엇인지를 밝히는 데 관심을 둘 필요가 있다.

내러티브 탐구는 한국이라는 영어교육 환경의 영어 학습자들이 가지는 독특한 경험을 탐색하고, 이러한 경험이 학습자들에게 어떠한 의미가 있는지, 이를 통해 학습자들이 영어학습에 대해 어떤 내러티브를 구성하는지 살펴볼 필요가 있다. 내러티브 탐구는 숨겨진 목소리, 억압된 목소리를 찾아 힘을 실어 주고, 의미를 더해주는 작업이다. 또한 연구자와 연구 참여자가 공동의 노력으로 그럴듯한 내러티브를 생산하는 과정이라고 할 수 있다. 한국 영어 학습자들이 한국인 연구자와 함께 만들어 내는 이야기가 내러티브 구조 안에서 어떤 내용을 담는지, 어떤 상호작용을 통해 이러한 내러티브가 구성되는지 탐색할 필요가 있다. 이런 내러티브 생산 과정 자체가 학습자들이 자신의 영어 학습과정을 성찰하는 기회가 되고, 이를 통해 자신의 학습과정, 학습자, 제2언어 사용자로서 자신에 대해 의미를 부여할 수 있다는 점을 고려할 필요가 있다.

우리는 태어나면서 내러티브에 노출된다. 이야기는 삶에 의미를 제공하고, 이야기를 통해 정체성을 가지게 된다. 이야기를 하는 것은 우리가 누구인지, 우리 삶의 의미는 무엇인지를 찾는 과정이라고 할 수 있다. Ricoeru(1985)는 인간의 삶은 우주의 먼지와 같지만 죽는 순간까지 삶의 의미를 끊임없이 묻는 존재라고 정의하였다(이상우, 2017, p. 553에서 재인용). 즉 우리는 이야기를 통해 의미를 찾고, 이야기는 우리 삶의 의미를 찾도록 해 주는 방법이 된다. 내러티브 탐구자는 다른 사람들의 이야기를 통해 이들이 자신의 경험에 어떤 의미를 부여하는지를 찾고자 한다. 이 과정에서 연구자는 다른 사람의 의미를 공감하고, 이를 통해 자신의 삶에 대한 의미를 찾는다고 할 수 있다.

내러티브 탐구는 연구 방법 면에서 다른 질적 연구와 차별화되지 않는다는 점과 연구자의 통찰력에 의존적이라는 비판을 받고 있다. 그러나 내러티브 탐구는 질적 연구 방법 중 연구자와 연구 참여자가 가장 밀접한 관계를 형성하면서, 내러티브라는 공동작업을 한다. 내러티브 탐구에서는 연구자가 질문을 하고, 이에 대해 연구 참여자가 응답을 하는 단순한 과정이 아니라, 연구자의 질문, 참여자의 응답이 공동의 내러티브를 구성하고, 이러한 내러티브는 내용의 사실성보다 이를 통해 연구 참여자가 어떤 의미를 드러내고자 하는가를 중요시한다. 이 점에서 객관적인 사실을 보이고자 하는 실증주의적 입장의 연구와 다를 뿐 아니라 다른 질적 연구와도 차별화된다. 내러티브 탐구는 연구자와 연구 참여자가 내러티브를 통해 이야기를 공유하고, 이야기를 살아가는 경험을 한다는 점에서 연구를 통해서만 관계를 가지는 것이 아니라 연구를 넘어서 라포를 형성하게 된다는 점에서도 다른 연구 방법과 차별된다. Clandinin과

Murphy(2007)는 내러티브 탐구는 연구자와 연구 참여자의 관계가 연구에만 국한되는 것이 아니라 상대의 삶을 자기 삶의 일부로 수용함으로써 서로에게 의미를 부여하는 방식으로 탐구를 넘어서 삶을 살아가는 방식이라고 하였다. 이런 점에서 내러티브 탐구 연구자는 제2언어 학습자, 교사의 삶을 공감하고 이들이 경험한 삶에 의미를 부여하는 동시에 연구자 자신의 삶에서 제2언어 학습의 의미를 찾고자 한다고 볼 수 있다. 내러티브 탐구는 인간의 경험을 객관화, 일반화하는 것만이 의미 있는 것이 아니라 어떤 방식으로 경험에 의미를 부여하는지를 이해하는 것이 중요함을 고찰하도록 해 준다는 점에서 가치가 평가되어야 한다.

내러티브 탐구는 연구자의 통찰력이 자료 수집, 분석, 기술 과정에서 매우 중요한 역할을 한다. 이 점에서 좋은 내러티브 탐구자란 어떤 자질을 가져야 하는지 생각해 볼 필요가 있다. Clandinin과 Connelly(2000)는 내러티브란 내러티브적으로 생각하고, 내러티브적으로 살아가는 것에 관심을 가지고, 내러티브의 3차원적 공간에서 탐구하는 방법을 배우는 과정이라고 했다. 즉 내러티브 탐구자는 일상의 삶에 나타나는 현상을 내러티브적으로 보고, 생각해야 한다는 것이다. 염지숙(2002, p. 136)은 "내러티브 탐구는 연구자와 참여자의 삶 그 자체"라고 했다. 내러티브는 인간의 경험을 표현하는 방법이기 때문에 연구자와 삶의 경험, 경험을 기술하는 내러티브가 분리될 수 없다는 점을 강조한다. 따라서 좋은 내러티브 연구자가 되기 위해서는 무엇보다 다른 사람의 경험, 내러티브에 관심을 가지는 것이 필요하다. 이를 통해 개인의 경험이 어떻게 서술되고 이야기로 구성되는지 이해할 필요가 있고, 이런 이해를 바탕으로 좋은 내러티브 탐구에 대한 설계를 할 수 있을 것이다. 내러티브 탐구는 주변에 있는 사람들을 이해하고 공감하려는 인간적인 공감에서 시작된다고 할 수 있다. 내러티브 연구자는 언뜻 보기에 이해되지 않는 인간 행동, 현상을 이해하기 위해 구조와 의미를 파악하는 작업을 하는 사람이라고 할 수 있다. 내러티브 탐구를 위해서는 인간에 대한 이해와 배려, 인내심, 그리고 공감할 수 있는 능력이 요구된다고 할 수 있다.

염지숙(2002)은 또한 내러티브 탐구를 할 때 마주할 수 있는 위험과 딜레마를 두려워하지 말 것을 당부한다. 내러티브 탐구는 질적 연구 방법 중에서 연구자의 직관, 통찰력에 가장 많이 의존하는 방법이라고 할 수 있다. 따라서 검증할 수 있는 객관적 사실이라는 명제를 연구의 기본으로 생각하는 연구자들로부터 비판을 받을 수 있다. 또한, 일반화할 수 없는 결과, 전형적이지 않은 글쓰기 방식이 학계에서 쉽게 인정되지 않을 수도 있다. 그럼에도 불구하고 다른 연구 방법으로 보여줄 수 없는 학습자의 목소리를 내러티브 탐구를 통해 보여주려는 노력이 필요함을 인정하고 이를 설득하고자 하는 시도를 지속적으로 할 수 있어야 한다. 자료 수집과 분석 과정을 투명하게 하여 연구의 타당도와 신뢰도를 높이는 노력과 더불어 새로운 주제, 새로운 연구 대상에 대한 관심과 시도를 포기하지 않는 것이 새로운 통찰력을 가질 수 있는 방법일 것이다.

참고문헌

강현석. (1998). 지식구조론 이후 Bruner의 교육과정이론 탐구. *교육과정연구, 16*(2), 105-128.

강현석. (2005). 합리주의적 교육과정 체제에서 배제된 내러티브 교육과정의 가능성과 교과목 개발의 방향 탐색. *교육과정연구, 23*(2), 83-115.

강현석. (2016). *인문 사회과학의 새로운 연구방법론: 내러티브학 탐구*. 서울: 한국문화사.

곽영순. (2014). *교사 그리고 질적 연구 앎에서 삶으로*. 서울: 교육과학사.

김병극. (2012). 내러티브 탐구의 존재론적, 방법론적, 인식론적 입장과 탐구과정에 대한 이해. *교육인류학연구, 15*(3), 1-28.

김신혜. (2015). 조기 유학생의 내러티브에 나타난 정체성 형성. *중등영어교육, 8*(3), 51-77.

김신혜. (2019a). 내러티브 프레임 분석을 통해 본 한국 대학생 영어학습자의 동기적 자아. *중등영어교육, 12*(1), 175-200.

김신혜. (2019b). 중국어 학습동기 변화에 관한 일기연구: 행위이론 관점에서.

외국어교육, 26(2), 143-168.

김영천. (2010). *질적연구방법론 III: 글쓰기의 모든 것*. 파주, 경기도: 아카데미프레스.

김정희, 소경희. (2014). 교육연구에서 내러티브 탐구의 의의와 예술기반 연구로서의 가능성 탐색. *교육과정연구, 32*(2), 21-40.

김해연, 김용진, 김명희, 서경희, 김규현, 박용예, 김혜숙, 백경숙. (2016). *담화분석*. 서울: 종합출판.

소경희. (2004). 교사양성 교육과정에 있어서 '내러티브 탐구'(narrative inquiry)의 함의. *교육학연구, 42*(4), 189-211.

신동일, 유주연. (2016). *내러티브 탐구 방법의 이해*. 서울: 경진사.

염지숙. (2002). 교육 연구에서 내러티브 탐구(narrative inquiry)의 개념, 절차, 그리고 딜레마. *교육인류학연구, 6*(1), 119-140.

염지숙. (2010). 기러기 엄마와 조기유학 어린이의 삶. *유아교육학논집, 14*(5), 367-386.

이부미. (2012). 북한이탈 청소년들의 학습경험 및 정체성 재구성에 대한 내러티브 탐구. *교육인류학연구, 15*(2), 23-57.

이상우. (2017). 내러티브 탐구. 김영천, 이현철(편). *질적 연구: 열 다섯가지 접근*(pp. 550-603). 경기: 아카데미프레스.

이선아. (2017). 학사경고 대학생의 대학생활의 어려움에 대한 내러티브 탐구: 사회적 관계를 중심으로. *교육인류학연구, 20*(3), 227-257.

정광순. (2006). 초등학생의 유학경험에 대한 내러티브 탐구. *교육인류학연구, 9*(2), 117-139.

정용교. (2013). 조기유학생의 교육적 적응을 통해 본 세계시민적 정체성 형성. *사회과교육, 52*(1), 117-132.

조소연. (2013). 커밍아웃: 탈북청소년의 자기 드러내기 경험. *교육인류학회, 16*(2), 12-42.

한승희. (2006). 내러티브 사고의 장르적 특징에 관한 고찰. *교육과정연구, 24*(2), 135-158.

홍영숙. (2016). 대학 편입학을 경험한 두 대학생이 살아낸 삶의 이야기 탐

구: 편입학 경험에 이르기까지의 '교육 전환의 여정(Curricular Transition Journey)'를 통하여. *내러티브와 교육연구, 4*(2), 99-126.

홍영숙. (2019). '관계적 탐구'로서의 내러티브 탐구. *질적탐구, 5*(1), 81-107.

Bamberg, M. (1997). Positioning between structure and performance. *Journal of Narrative and Life History, 7*, 335-342.

Bamberg, M. (2003). How does environmental concern influence specific environmentally related behaviors? A new answer to an old question. *Journal of Environmental Psychology, 23*, 21-32

Bamberg, M. (2004). Talk, small stories, and adolescent identities. *Human Development, 47*, 366-369.

Bamberg, M. (2006). Stories: Big or small: Why do we care? *Narrative Inquiry, 16*(1), 139-147.

Bamberg, M., & Georgakopoulou, A. (2008). Small stories as a new perspective in narrative and identity analysis. *Text & Talk, 28*(3), 377-396.

Barkhuizen, G. (2006). Immigrant parents' perceptions of their children's language practices: Afrikaans speakers living in New Zealand. *Language Awareness, 15*(2), 63-79.

Barkhuizen, G. (2010). An extended positioning analysis of a pre-service teacher's better life small story. *Applied Linguistics, 31*(2), 282-300.

Barkhuizen, G., Benson, P., & Chik, A. (2014). *Narrative inquiry in language teaching and learning research*. New York: Routledge.

Barkhuizen, G., & Wette, R. (2008). Narrative frames for investigating the experiences of language teachers. *System, 36*(3), 372-387.

Barone, T. (2001). *Touching eternity: The enduring outcomes of teaching.* New York: Teachers College Press.

Barone., T. & Eisner, E. W. (1997). Arts-based educational research. In R. M. Jaeger (Ed.), *Complementary methods for research in education* (2nd ed.). Washington, DC: American Educational Research Association.

Barry, L. (2002). *One hundred demons*. Seattle, WA: Sasquatch Books.

Bazerman, C. (1988). *Shaping written knowledge. The genre and activity of experimental article in science*. Madison, WI: University of Wisconsin Press.

Bell, J. S. (2002). Narrative inquiry: More than just telling stories. *TESOL Quarterly, 36*(2), 207-213.

Bell, J. S. (2011). Reporting and publishing narrative inquiry in TESOL: Challenges and rewards. *TESOL Quarterly, 45*(3), 575-584.

Bellingham, L. (2004). Is there language acquisition after 40? Older learners speak up. In P. Benson & D. Nunan (Eds.), *Learners' stories: Difference and diversity in language learning* (pp. 56-68). Cambridge: Cambridge University Press.

Benson, P. (2004). (Auto)biography and learner diversity. In P. Benson & D. Nunan (Eds.), *Learners' stories: Difference and diversity in language learning* (pp. 4-21). Cambridge: Cambridge University Press.

Benson, P. (2011). Language learning careers as a unit of analysis in narrative research. *TESOL Quarterly, 45*(3), 545-553.

Benson, P., Chik, A., & Lim, H. (2003). Becoming autonomous in an Asian context: Autonomy as a sociocultural process. In D. Palfreyman & R. Smith (Eds.), *Learner autonomy across cultures: Language education perspectives* (pp. 23-40). London: Palgrave Macmillan.

Benson, P., Barkhuizen, G., Bodycott, P., & Brown, J. (2013). *Second language identity in narratives of study abroad.* New York: Palgrave Macmillan.

Benson, P., & Gao, X. (2008). One country, two learners: Biographical research in a Chinese context. *Asian Journal of English Language Teaching, 18*, 41-66.

Benson, P., & Nunan, D. (Eds.). (2004). *Learners' stories: Difference and diversity in language learning*. Cambridge: Cambridge University Press.

Block, D. (1998). Tale of a language learner. *Language Teaching Research, 2*(3), 148-176.

Block, D. (2000). Problematizing interview data: Voices in the minds' machine? *TESOL Quarterly, 34*(4), 757-763.

Block, D. (2002). Destabilized identities and cosmopolitanism across language and cultural borders: Two case studies. *Hong Kong Journal of Applied Linguistics, 7*(2), 1-19.

Block, D. (2003). *The social turn in second language acquisition*. Edinburgh, UK: Edinburgh University Press.

Block, D. (2006). *Multilingual identities in a global city: London stories*. Basingstoke, UK: Palgrave Macmillan.

Block, D. (2007). The rise of identity in SLA research, post Firth and Wagner (1997). *The Modern Language Journal, 91*(5), 863-876.

Bruner, J. (1986). *Actual minds, possible worlds.* Cambridge, MA: Cambridge University Press.

Bruner, J. (1987). Life as narrative. *Social Research, 54*(1), 11-32.

Bruner, J. (1990). *Acts of meaning*. Cambridge, MA: Harvard University Press.

Butler, J. (1990). *Gender trouble.* London: Routledge.

Butler, J. (1993). *Bodies that matter*. London: Routledge.

Cadman, K., & Brown, J. (2011). TESOL and TESD in remote aboriginal

Australia: The "true" story? *TESOL Quarterly, 14*(3), 440-462.

Campbell, R. (1996). New learners and new challenges. In R. C. Lafayette (Ed.), *National standards: A catalyst for reform* (pp. 97-117). Lincolnwood, IL: National Textbook.

Canagarajah, S. (1996). From critical research practice to critical research reporting. *TESOL Quarterly, 30*(2), 321-331.

Casanave, C. P. (2012). Diary of a dabbler: Ecological influences on an EFL teacher's efforts to study Japanese informally. *TESOL Quarterly, 46*(4), 642-670.

Casanave, C., & Schecter, S. (1997). *On becoming a language educator.* Mahwah, NJ: Lawrence Erlbaum.

Case, R. E. (2004). Forging ahead into new social networks and looking back to past social identities: A case study of a foreign-born English as a second language teacher in the United States. *Urban Education, 39*, 125-148.

Catalano, T., Fox, J., & Vandeyar, S. (2016). Being "in a Limbo": Perceptions of immigration, identity and adaptation of immigrant students in South Africa and the United States. *Journal of Language, Identity, and Education, 15*(3), 137-150.

Chase, S. E. (2005). Narrative inquiry: Multiple lenses, approaches, voices. In N. K. Denzin & Y. S. Loncoln (Eds.), *The Sage handbook of qualitative research* (pp. 651-679). Thousand Oaks, CA: Sage.

Chen, J. (2002). EFL student motivation across different educational tracks in Taiwan. In M. Megan & A. Jyu (Eds.), *Reflection and innovation in language teaching and learning* (pp. 63-81). Hong Kong SAR: Hong Kong University of Science and Technology.

Chik, A. (2007). From learner identity to learner autonomy: A biographical study of two Hong Kong learners of English. In P. Benson (Ed.), *Learner autonomy 8: Teacher and learner perspective* (pp. 41-60). Dublin: Authentik.

Chik, A. (2008). Native English-speaking students in Hong Kong EFL classrooms: A case study. *Innovation in Language Learning and Teaching, 2*(1), 18-32.

Chik, A. (2011). Digital gaming and social networking: English teachers' perceptions, attitudes and experiences. *Pedagogies, 6(2),* 154-166.

Chik, A., & Benson, P. (2008). Frequent flyer: A narrative of overseas study in English. In P. Kalaja, V. Menezes, & A. M. F. Barcelos (Eds.), *Narratives of learning and teaching EFL* (pp. 155-168), Basingstoke, UK: Palgrave Macmillan.

Chick, A., & Breidbach, S. (2011). Online language learning histories exchange: Hong Kong and German perspectives. *TESOL Quarterly, 45*(3), 553-564.

Clandinin, D. J. (2007). *Handbook of narrative inquiry: Mapping a methodology*. Thousand Oaks, CA: Sage.

Clandinin, D. J. , & Connelly, F. M. (1998). Stories to live by: Narrative understandings of school reform. *Curriculum Inquiry, 28*(2), 149-164.

Clandinin, D. J., & Connelly, F. M. (2000). *Narrative inquiry: Experience and story in qualitative research*. San Francisco, CA: Jossey-Bass.

Clandinin, D. J., & Murphy, M. S. (2007). Looking ahead: Conversations with Elliot Mishler, Don Polkinghorne, and Amia Lieblich. In D. J. Clandinin (Ed.), *Handbook of narrative inquiry: Mapping a methodology* (pp. 632-650). Thousand Oaks, CA: Sage.

Coffey, S. (2010). Stories of Frenchness: Becoming a Francophile.

Language and Intercultural Communication, 10(2), 119-136.

Coffey, S., & Street, B. (2008). Narrative and identity in the "Language Learning Project". *The Modern Language Journal, 92*, 452-464.

Cole, A. L., & Knowles, J. G. (2001). *Lives in context: The art of life history research*. Walnut Creek, CA: AltaMira Press.

Connelly, F. M. & Clandinin, D. J. (1999). Shaping a professional identity: Stories of educational practice. New York: Teachers College Press.

Connelly, F. M. & Clandinin, D. J. (2006). Narrative inquiry: A methodology for studying lived experience. *Research Studies in Music Education, 27*, 44-54.

Conle, C. (2003). An anatomy of narrative curricula. *Educational Researcher, 32*(3), 3-15.

Cortazzi, M. (2001). Narrative analysis in ethnography. In P. Atkinson, Coffey, A., Delamont, S., Lofland, J. & Lofland, L. (Eds.), *Handbook of ethnography* (pp. 384-394). London: Sage.

Coryell, J. E., Clark, M. C., & Pomerantz, A. (2010). Cultural fantasy narratives and heritage language learning: A case study of adult heritage learners of Spanish. *The Modern Language Journal, 94*(3), 453-469.

Cotterall, S. (2004). "It's just rules…that's all it is at this stage…". In P. Benson & D. Nunan (Eds.), *Learners' stories: Difference and diversity in language learning* (pp. 101–118). Cambridge: Cambridge University Press.

Coulter, C. A., & Smith, M. L. (2009). The construction zone: Literary elements in narrative research. *Educational Researcher, 38*(8), 577-590.

Creswell,, J. W. (2007). *Qualitative inquiry and research design: Choosing among five approaches*. Thousand Oaks, CA: Sage.

Curtis, A., & Romney, M. (2006). *Color, race, and English language teaching: Shades of meaning*. Mahwah, NJ: Lawrence Erlbaum.

Davies, B., & Harré, R. (1990). Positioning: The discursive production of selves. *Journal for the Theory of Social Behaviour, 20*(1), 43-63.

Davies B. (1991). The concept of agency: A feminist poststructuralist analysis. *Social Analysis, 30*, 42–53.

De Fina, A. (2003) Crossing borders: Time, space and disorientation in narrative. *Narrative Inquiry, 13*, 1-25.

De Fina, A. (2011). Researcher and informant roles in narrative interactions: Constructions of belonging and foreign-ness. *Language in Society, 40*, 27-38.

De Fina, A. (2013). Narratives as practices: Negotiating identities through storytelling. In G. Barkhuizen (Ed.), *Narrative research in applied linguistics* (pp. 154-175). Cambridge: Cambridge University Press.

De Fina, A., & Georgakopoulou, A. (2012). *Analyzing narrative: Discourse and sociolinguistic perspectives*. Cambridge: Cambridge University Press.

Denzin, N. K. (1989). *Interpretive biography*. Newbury Park, CA: Sage.

Denzin, N. K. & Lincoln, Y. S. (2011). *The Sage handbook of qualitative research*. London: Sage.

Dewey, J. (1997). *Experience and education*. New York: Simon and Schuster. (original work published in 1938).

Diao, W. (2017). Between the standard and non-standard: Accent and identity among transnational Mandarin speakers studying abroad in China. *System, 71*, 87-101.

Dörnyei, Z. (2005). *The psychology of the language learner: Individual differences in second language acquisition*. Mahwah, NJ:

Lawrence Erlbaum.

Dörnyei, Z. (2007). *Research methods in applied linguistics: Quantitative, qualitative, and mixed methodologies*. Oxford: Oxford University Press.

Dörnyei, Z., & Ushioda, E. (2011). *Teaching and researching motivation.* (2nd ed.). Harlow, UK: Pearson Longman.

Duff, P. (2008). *Case study research in applied linguistics*. New York: Lawrence Erlbaum/Taylor & Francis.

Elbaz-Luwisch, F. (2007). Studying teachers' lives and experience: Narrative inquiry into K12 teaching. In D. J. Clandinin (Ed.), *Handbook of narrative Inquiry: Mapping a methodology* (pp. 357-382). Thousand Oaks, CA: Sage.

Ellis, C. (2004). *The ethnographic I: A methodological novel about autoethnography*. Walnut Creek, CA: AltaMira Press.

Ely, M. (2007). In-forming re-presentations. In D. J. Clandinin (Ed.), *Handbook of narrative inquiry: Mapping a methodology* (pp. 567-598). Thousand Oaks, CA: Sage.

Faerch, C., & Kasper, G. (1987). Perspectives on language transfer. *Applied linguistics, 8*(2), 111-136.

Gao, F. (2011). Exploring the reconstruction of Chinese learners' national identities in their English-language-learning journeys in Britain. *Journal of Language, Identity, and Education, 10*, 287-305.

Gao, X. (2007). A tale of Blue Rain Café: A study on the online narrative construction about a community of English learners on the Chinese mainland. *System, 35*, 259-270.

Gao, X. (2010). To be or not to be: Shifting motivations in Chinese secondary school English teachers' career narratives. *Teacher Development, 14*(3), 321-334.

Garcia-Pastor, M. D. (2018). Learner identity in EFL: An analysis of digital texts of identity in higher education. *Digital Education Review, 33*, 55-76.

Gee, J. P. (2014). *An introduction to discourse analysis: Theory and method* (4th ed.). New York: Routledge.

Geertz, C. (1973). Thick description: Toward an interpretive theory of culture. In C. Geertz (Ed.), *The interpretation of cultures* (pp. 3-30). New York: Basic Books.

Golombek, P. R., & Johnson, K. E. (2004). Narrative inquiry as a mediation space: Examining emotional and cognitive dissonance in second-language teachers' development. *Teachers and Teaching, 10*, 307-327.

Giroir, S. (2014). Narratives of participation, identity and positionality: Two cases of Saudi learners of English in the United States. *TESOL Quarterly, 48*, 34-56.

Gu, M. (2008). Identity construction and investment transformation: College students from non-urban areas in China. *Journal of Asian Pacific Communication, 18*(1), 49-70.

Gu, M. (2010). National identity in EFL Learning: A Longitudinal inquiry, *Changing English, 17*(1), 57-67.

Gu, M., Patkin, J., & Kirkpatrick, A. (2014). The dynamic identity construction in English as lingua franca intercultural communication: A positioning perspective. *System, 46*, 131-142.

Harklau, L. (2000). From the "Good kids" to the "worst": Representations of English language learners across educational settings. *TESOL Quarterly, 34*(1), 35-67.

Hayes, D. (2010). Language learning, teaching, and educational reform in rural Thailand: An English teacher's perspective. *Asia Pacific Journal of Education, 30*, 305-319.

Hoffman, E. (1989). *Lost in translation: A life in a new language*. New York: Penguin Books.

Holmes, J., & Marra, M. (2011). Harnessing storytelling as a sociopragmatic skill: Applying narrative research to workplace English courses. *TESOL Quarterly, 45*(3), 510-534.

Irie, K., & Brewster, D. R. (2014). Investing in experiential capital: Self-efficacy, imagination and development of ideal L2 selves. In K. Csizér & M. Magid (Eds.), *The impact of self-concept on language learning* (pp. 171–188). Bristol, UK: Multilingual Matters.

Johnson, M. (1987). *The body in the mind: The bodily basis of meaning, imagination, and reason.* Chicago, IL: University of Chicago Press.

Johnson, K. E. & Golombek, P. R. (2002). *Teachers' narrative inquiry as professional development*. Cambridge: Cambridge University Press.

Johnston, B. (1999). The expatriate teacher as postmodern Paladin. *Research in the Teaching of English, 34*(2), 255-280.

Kanno, Y. (2000). Bilingualism and identity: The stories of Japanese returnees. *International Journal of Bilingual Education and Bilingualism, 3*(1), 1-18.

Kanno, Y. (2003). *Negotiating bilingual and bicultural identities*. Mahwah, NJ: Erlbaum.

Kaplan, A. (1993). *French lessons: A memoir*. Chicago, IL: University of Chicago Press.

Kim, J. H. (2011). Narrative inquiry into (re)imagining alternative schools: A case study of Kevin Gonzales. *International Journal of Qualitative Studies in Education, 24*(1), 77-96.

Kim, J. H. (2016). *Understanding narrative inquiry*. Thousand Oaks, CA:

Sage.

Kim, J. H., & Abernathy, D. (2012). Understanding curriculum as a polyphonic text: Curriculum theorizing in the midst of standardization. *Journal of Curriculum Theorizing, 28*(1), 31-46.

Kim, S. H. (2012). Living as a welcomed outsider: Stories from native speaker teachers in Korea. *Korean Journal of Applied Linguistics, 28(2), 27-58.*

Kim, S. H. (2016). Small story of an early study abroad student: A positioning analysis. *Korean Journal of Applied Linguistics, 32*(4), 57-87.

Kim, S. H. (2018). Learning English and identity construction of Korean early study abroad students. *English Language & Literature Teaching, 24*(2), 89-110.

Kinginger, C. (2004). Alice doesn't live here anymore: Foreign language learning and identity reconstruction. In A. Pavlenko & A. Blackledge (Eds.), *Negotiation of identities in mutilingual contexts* (pp. 219-242). Clevedon, UK: Multilingual Matters.

Kinginger, C. (2009). *Language learning and study abroad: A critical reading of research.* New York: Palgrave Macmillan.

Kouritzin, S. (1999). *Face[t]s of first language loss*. Mahwah, NJ: Erlbaum.

Kouritzin, S. (2000). Bringing life to research: Life history research in ESL. *TESL Canada Journal, 17*, 1-35.

Lam, A. (2002). English in education in China: Policy changes and learners' experiences. *World Englishes, 21*(2), 245-256.

Lave, J., & Wenger, E., (1991). *Situated learning: Legitimate peripheral participation*. Cambridge: Cambridge University Press.

Labov, W. (1972). *Language in the inner city: Studies in the Black vernacular*. Philadelphia, PA: University of Pennsylvania Press.

Labov, W., & Waletsky, J., (1967). Narrative analysis: Oral versions of personal experience. In J. Helm (Ed.), *Essays on the verbal and visual arts* (pp. 12-44). Seattle/London: University of Washington Press.

Lee, B. C., & Chern, C. L. (2011). ESP reading literacy and reader identity: A narrative enquiry into the reader in Taiwan. *Journal of Language, Identity and Education, 10*(5), 346-360.

Lee, K. H. Y., & Patkin, J. G. (2017). Building the digital archive of Hong Kong English learning: Methodology, challenges and reflection. *System, 65*, 61-68.

Lincoln, Y. S. (1997). Self, subject, audience, text: Living at the edge, writing in the margins. In W. G. Tierney & Y. S. Lincoln (Eds.), *Representation and the text: Re-framing the narrative voice* (pp. 37-56). Albany, NY: State University of New York Press.

Liu, Y., & Xu, Y. (2011). Inclusion or exclusion? A narrative inquiry of a language teacher's identity experience in the "new work order" of competing pedagogies. *Teaching and Teacher Education, 27*, 589-597.

Li, W. (2011). Multilinguality, multimodality, and multicompetence: Code-and mode-switching by minority ethnic children in complementary school. *The Modern Language Journal, 95*(3), 370-384.

Macalister, J. (2012). Narrative frames and needs analysis. *System, 40,* 120-128.

Malcolm, D. (2004). An Arabic-speaking English learner's path to autonomy through reading. In P. Benson & D. Nunan (Eds.), *Learners' stories: difference and diversity in language learning* (pp. 69-82). Cambridge: Cambridge University Press.

McKay, S. L., & Wong, S. L. C. (1996). Multiple discourses, multiple identities: Investment and agency in second-language learning among Chinese adolescent immigrant students. *Harvard Educational Review, 66*(3), 577-608.

Menard-Warwick, J. (2004). "I always had the desire to progress a little": Gendered narratives of immigrant language learners. *Journal of Language, Identity, and Education, 3*(4), 295-311.

Menard-Warwick, J. (2011). A methodological reflection on the process of narrative analysis: Alienation and identity in the life histories of English language teachers. *TESOL Quarterly, 45*(3), 564-574.

Menezes, V. (2008). Multimedia language learning histories. In P. Kalaja, V. Menezes, & A. M. F. Barcelos (Eds.), *Narratives of learning and teaching EFL* (pp. 199-213), Basingstoke, UK: Palgrave Macmillan.

Miller, R. M. (2010). Agency in the making: Adult immigrants' accounts of language learning and work. *TESOL Quarterly, 44*(3), 465-487.

Miyahara, M. (2014). Emerging self-identities of second language learners: Emotions and the experiential profile of identity construction. In K. Csizér & M. Magid (Eds.), *The impact of self-concept on language learning* (pp. 206-231). Bristol, UK: Multilingual Matters.

Morita, N. (2004). Negotiating participation and identity in second language academic communities. *TESOL Quarterly, 18*(4), 573-603.

Murphey, T., & Carpenter, C. (2008). The seeds of agency in language learning histories. In O. Kalaja, V. Menezes, & A. M. F. Barcelos (Eds.), *Narratives of learning and teaching EFL* (pp. 17-34). Basingstoke, UK: Palgrave Macmillan.

Murphey, T., Chen, J., & Chen, L-C. (2004). Learner' constructions of identities and imagined communities. In P. Benson & D. Nunan (Eds.), *Learner's stories: Difference and diversity in language learning* (pp. 83-100). Cambridge: Cambridge University Press.

Murray, G., & Kojima, M. (2007). Out-of-class language learning: One learner's story. In P. Benson (Ed.), *Learner autonomy 8: Insider perspectives on autonomy in language learning and teaching* (pp. 25-40). Dublin: Authentik.

Nam, C., & Oxford R. L. (1998). Portrait of a future teacher: Case study of learning styles, strategies, and language disabilities. *System, 26*(1), 51-63.

Nelson, C. D. (2011). Narratives of classroom life: Changing conceptions of knowledge. *TESOL Quarterly, 45*(3), 463-485.

Nelson, C. D. (2013). From transcript to playscript: Dramatizing narrative research. In G. Barkhuizen (Ed.), *Narrative research in applied linguistics* (pp. 220-243). Cambridge: Cambridge University Press.

Nikula, T., & Pitkanen-Huhta, A. (2008). Using photographs to access stories of learning English. In P. Kalaja, V. Menezes, & A. M. F. Barcelos (Eds.), *Narratives of learning and teaching EFL* (pp. 171-185). Basingstoke, UK: Palgrave Macmillan.

Norton Peirce, B. (1995). Social identity, investment, and language learning. *TESOL Quarterly, 29*(1), 9-31.

Norton, B. (2000) *Identity and language learning: Social processes and educational practice*. London: Longman.

Norton, B., & Early, M. (2011). Researcher identity, narrative inquiry, and language teaching research. *TESOL Quarterly, 45*(3), 415-439.

Nunan, D., & Choi, J. (2010). *Language and culture: Reflective narratives and the emergence of identity*. London: Routledge.

Ochs, E., & Capps, L. (2001). *Living narrative: Creating lives in everyday storytelling*. Cambridge, MA: Harvard University Press.

O'Mocháin, R. (2006). Discussing gender and sexuality in a context-appropriate way: Queer narratives in an EFL college classroom in Japan. *Journal of Language, Identity, and Education, 5*(1), 51-66.

Oxford, R. L. (1995). When emotion meets (meta)cognition in language learning histories. *International Journal of Educational Research, 23*(7), 581-594.

Oxford, R. L. (2001). The bleached bone of a story: Learners' construction of language teachers. In M. Breen (Ed.), *Learners contribution to language learning* (pp. 86-111). London: Longman.

Pavlenko, A. (2001). "How am I to become a woman in an American vein?": Transformations of gender performance in seond language learning. In A. Pavlenko, A. Blackledge, I. Piller, & M. Teutsch-Dwyer (Eds.), *Multilingualism, second language learning and gender* (pp. 133-173). Berlin: Mouton de Gruyter.

Pavlenko, A. (2002). Narrative study: Whose story is it, anyway? *TESOL Quarterly, 36*(2), 213-218.

Pavlenko, A. (2007). Autobiographic narratives as data in applied linguistics. *Applied Linguistics, 28*(2), 181-195.

Pavlenko, A., & Blackledge, A. (2004). *Negotiation of identities in multilingual contexts*. Clevedon, UK: Multilingual Matters.

Polkinghorne, D. E. (1988). *Narrative knowing and the human science*. Albany, NY: State University of New York Press.

Polkinghorne, D. E. (1995). Narrative configuration in qualitative analysis. *Qualitative Studies in Education, 8*(1), 5-23.

Polkinghorne, D. E. (1997). Reporting qualitative research as practice. In

W. G. Tierney & Y. S. Lincoln (Eds.), *Representation and the text: Re-framing the narrative voice* (pp. 3-21). Albany, NY: State University of New York Press.

Polkinghorne, D. E. (2007). Validity issues in narrative research. *Qualitative Inquiry, 13*(4), 471-486.

Rajadurai, J. (2010). Malays are expected to speak Malay: Community ideologies, language use and the negotiation of identities. *Journal of Language, Identity, and Education, 9*(2), 91-106.

Reeves, J. (2009). Teacher investment in learner identity. *Teaching and Teacher Education, 25*, 34-41.

Richards, K. (2003). *Qualitative inquiry in TESOL*. London: Palgrave Macmillan.

Richards, K. (2011). Using micro-analysis in interviewer training: 'Continuers' and interviewer positioning. *Applied Linguistics, 32*(1), 95-112.

Riessman, C. K. (1993). *Narrative analysis*. Newbury Park, CA: Sage.

Riessman, C. K. (2003). Performing identities in illness narrative: Masculinity and multiple sclerosis. *Qualitative Research, 3*(1), 5-33.

Riessman, C. K. (2008). *Narrative methods for human science*. Thousand Oaks, CA: Sage.

Riessman, C. K., & Lee, Q. (2005). Narrative in social work: A critical review. *Qualitative Social Work, 4*(4), 391-412.

Sakui, K. (2002). Swiss cheese syndrome: Knowing myself as a learner and teacher. *Hong Kong Journal of Applied Linguistics, 7*(2), 136-151.

Schiff, B. (2006). The promise (and challenge) of an innovative narrative psychology. *Narrative Inquiry, 16*(1), 19-27.

Schön, D. (1983). *The reflective practitioner: How professionals think in action*. New York: Basic Books.

Schumann, J. (1997). *The neurobiology of affect in language*. Boston, MA: Blackwell.

Schmidt, R., & Frota, S. (1986). Developing basic conversational ability in a foreign language: A case study of an adult learner of Portuguese. In R. Day (Ed.). *Talking to learn* (pp. 237-369). Rowley, MA: Newbury House.

Shedivy, S. L. (2004). Factors that lead some students to continue the study of foreign language past the usual 2 years in high school. *System, 32*(1), 103-119.

Shin, S. J. (2010). "What about me? I'm not like Chinese but I'm not like American": Heritage-language learning and identity of mixed-heritage adults. *Journal of Language, Identity, and Education, 9*(3), 203-219.

Shoaib, A., & Dörnyei, Z. (2004). Affect in life-long learning: Exploring L2 motivation as a dynamic process. In P. Benson & D. Nunan (Eds.), *Learners' stories: Difference and diversity in language learning* (pp. 22-41). Cambridge: Cambridge University Press.

Simon-Maeda, A. (2004). The complex construction of professional identities: Female EFL educators in Japan speak out. *TESOL Quarterly, 38*(3), 405-436.

Swain M. (2006). Languaging, agency and collaboration in advanced second language learning. In H. Byrnes (Ed.), *Advanced language learning: The contributions of Halliday and Vygotsky* (pp. 95-108). London/New York: Continuum.

Swain, M., & Miccoli, L. S. (1994). Learning in a content-based, collaboratively structured course: The experience of an adult ESL learner. *TESL Canada Journal, 12*(1), 15-28.

Takeuchi, O. (2003). What can we learn from good foreign language learners? A qualitative study in the Japanese FL context. *System, 31*, 385–392.

Tse, L. (2000). The effects of ethnic identity formation on bilingual maintenance and development: An analysis of Asian American narratives. *International Journal of Bilingual Education and Bilingualism, 3*, 185-200.

Tsui, A. B. M. (2007). The complexities of identity formation: A narrative inquiry of an EFL teacher. *TESOL Quarterly, 41*(4), 657-680.

Van Maanen, J. (1988). *Tales of the field: On writing ethnography*. Chicago, IL: University of Chicago Press.

Vasudevan, L., Schultz, K., & Bateman, J. (2010). Rethinking composing in a digital age: Authoring literate identities through multimodal storytelling. *Written Communication, 27*(4), 442-468.

Watson, C. (2007). Small stories, positioning analysis, and the doing of professional identities in learning to teach. *Narrative Inquiry, 17*(2), 371-389.

Weedon, C. (1999). *Feminism, theory, and the politics of difference*. Oxford: Blackwell.

Wenger, E. (1998). *Communities of practice*. Cambridge: Cambridge University Press.

Wette, R., & Barkhuizen, G. (2009). Teaching the book and educating the person: Challenges for university English language teachers in China. *Asia Pacific Journal of Education, 29*, 195-212.

찾아보기

ㅊ

ㅋ

ㅌ

ㅍ

ㅎ